Bernhard Seiler

Fernsehen, das Wissen schafft

Bernhard Seiler

Fernsehen, das Wissen schafft

Forschungsthemen in Magazin- und Doku-Formaten

Tectum Verlag

Bernhard Seiler

Fernsehen, das Wissen schafft.
Forschungsthemen in Magazin- und Doku-Formaten
ISBN: 978-3-8288-9952-0
Umschlagabbildung: © Emrah Turudu | istockphoto.com

Besuchen Sie uns im Internet
www.tectum-verlag.de

Bibliografische Informationen der Deutschen Nationalbibliothek
Die Deutsche Nationalbibliothek verzeichnet diese Publikation in der Deutschen Nationalbibliografie; detaillierte bibliografische Angaben sind im Internet über http://dnb.ddb.de abrufbar.

INHALT

1. Wissen, Wissenschaft und Medien

Naturwissenschaften sind traditionell am Rande des Bildungssystems angesiedelt.
Joachim Bublath

1.1 Einleitung

Wissen, Wissenschaft und Medien prägen unsere Welt. Während wir den Einfluss der Medien mit eigenen Augen und Ohren spüren können, wirkt der Geist der Wissenschaft oft unbemerkt im Hintergrund. Dennoch hat er einen großen Einfluss auf unser Leben. Wir leben nicht nur in einer Wissens- und Mediengesellschaft, sondern in einer Wissenschaftsgesellschaft.

Wissenschaft und Technik haben unser modernes Zeitalter wesentlich geprägt und prägen es immer weiter; sie sind ebenso wichtig wie Wirtschaft und Politik, sie beeinflussen alle gesellschaftlichen Bereiche, erfahren aber häufig nicht die gebührende Beachtung.

Das Tempo der „Verwissenschaftlichung" nimmt stetig zu, und es wird immer schwerer, mit der Entwicklung Schritt zu halten. Wissen über Wissenschaft ist unerlässlich, mangelndes Wissen oder falsche Vorstellungen können gefährlich sein. Das unerlässliche „lebenslange Lernen" schließt deshalb insbesondere die neuesten Erkenntnisse der Wissenschaft ein. Dafür ist es nötig, dass die Öffentlichkeit nicht nur über Wirtschaft und Politik, sondern auch über die Wissenschaft und deren Ergebnisse umfassend, angemessen und verständlich informiert wird.

Die Massenmedien, allen voran das Fernsehen, können dabei einen entscheidenden Beitrag leisten, denn sie erreichen wegen ihrer Popularität einen besonders großen Teil der Bevölkerung.

Doch Wissenschaft, besonders klassische Naturwissenschaft, ist als Wissensgebiet und Lernthema nicht gerade beliebt. Mangelndes Wissen über Wissenschaft wird von der Gesellschaft toleriert: Man gilt nicht als ungebildet, wenn man keine Ahnung von wissenschaftlichen Zusammenhängen hat, man wird im Gegenteil eher als Fachidiot betrachtet, wenn man zu viel darüber spricht. Wie Untersuchungen gezeigt haben, sind große Teilen der Bevölkerung in der Tat ausgesprochen desinteressiert an Themen aus Wissenschaft und Forschung, am ehesten interessieren sie sich noch für Wissenschaftsthemen mit praktischer und gesellschaftlicher Relevanz. Das klingt zwar einerseits logisch und sinnvoll, andererseits ist aber gerade das Grundlagenwissen für echtes, umfassendes Verständnis entscheidend und für beruflichen Erfolg wichtig.

Wissen schaffende Inhalte haben es im Kampf um Sendeplätze schwer, weil die Massenmedien ihren eigenen Gesetzen gehorchen und ihre eigenen Prioritäten setzen. Das Fernsehen ist nur deshalb als Massenmedium so erfolgreich, weil es Inhalte anbietet, die für die Massen attraktiv sind und von ihnen gerne genutzt werden. Um erfolgreich zu bleiben, muss es also ein Programm machen, das bei der Masse gut ankommt und von ihr freiwillig konsumiert wird. Das gilt ganz besonders seit der Einführung des kommerziellen Fernsehens 1984, denn dessen Existenzgrundlage, die Werbeeinnahmen, korrelieren direkt mit den Zuschauerzahlen und damit der Massenattraktivität. Die hiermit verbundene Ausrichtung der Inhalte an den zu erwartenden bzw. erhofften Einschaltquoten ist nur logisch und hat schon lange auch die öffentlich-rechtlichen Anstalten erfasst. Die sind zwar wegen der Rundfunkgebühren wirtschaftlich unabhängiger, durch zu niedrige Zuschauerzahlen wäre aber auch ihre Existenzberechtigung in Frage gestellt. Das Fernsehen ist also - egal ob öffentlich-rechtlich oder privat - darauf angewiesen, ein Programm zu machen, das für viele Zuschauer attraktiv ist. Und das bedeutet in der Praxis vor allem Unterhaltung.

Ein schwieriges Umfeld für die Vermittlung anspruchsvoller wissenschaftlicher Inhalte, aber kein unlösbares Problem. Fest steht, dass auch Informationen über Wissenschaft mit den Gesetzen der Massenmedien in Einklang gebracht werden müssen, wenn sie die „Masse" erreichen wollen. Denn Wissenschaftssendungen müssen sich im Fernsehen gegenüber vielfältigen Unterhaltungsangeboten behaupten, und das gelingt wohl am besten, wenn sie sich die Waffen ihrer Gegner - also Unterhaltungsqualitäten - aneignen, gleichzeitig aber verständlich und informativ bleiben, und damit in der Lage, Lernprozesse auszulösen.

Doch nicht nur bei den Zuschauern, sondern schon auf Seiten der Medienmacher hat es die Wissenschaft als Themengebiet schwer. Sie gilt allgemein als Marginalressort, ist als eigene Redaktion längst nicht in allen Medienbetrieben vorhanden und wird oft nebenbei abgehandelt. Das liegt natürlich auch daran, dass sich die Medienschaffenden nach den (vermeintlichen) Zuschauerwünschen und -erwartungen richten. Von Wissenschaftssendungen wünschen die Zuschauer vor allem, sofern sie nicht völliges Desinteresse zeigen, dass sie die praktische und gesellschaftliche Relevanz der Forschung darstellen, und nicht so sehr die theoretischen Grundlagen. Es soll wenig über Naturwissenschaft und viel über gesellschaftliche Einflüsse berichtet werden, und die Sendungen sollen unterhaltend, verständlich, anschaulich und lehrreich sein.

Wissenschaft hat es im Fernsehen also eher schwer, zum Zuge zu kommen, obwohl gerade dieses Medium in inhaltlicher und gestalterischer Hinsicht ideale Voraussetzungen für die allgemeinverständliche und massenattraktive Darstellung komplexer wissenschaftlicher Inhalte hat: Es kann mit Bildern unterhalten und veranschaulichen sowie mit Sprache erklären und verständlich machen. Und diese Möglichkeiten werden ja auch genutzt: In der gesamten Bandbreite der Sendungs-Formate wie Magazin, Spielfilm, Dokumentarfilm, Quizshow oder Nachrichten finden sich Beispiele, auf welch verschiedene Art und Weise wissenschaftliche Inhalte im Fernsehen vermittelt werden können. Jede dieser Sendungsformen hat ihre Besonderheiten. Sei es, dass sie beim Publikum besonders beliebt ist oder dass sie eine sehr umfassende Darstellung ermöglicht.

Die bei weitem am häufigsten für die Darstellung von Wissenschaftsinhalten genutzten Formate im deutschen Fernsehen sind Magazin und Dokumentation, und das aus gutem Grund: Sie bieten besonders gute Voraussetzungen für eine verständliche und informative wie unterhaltsame Darstellung, und sie sind bei Publikum wie Produzenten als Vermittlungsformen verschiedenster Inhalte sehr beliebt. Offenbar gelingt es gerade mit diesen beiden Genres besonders gut, auch ein weniger nachgefragtes Thema wie Wissenschaft ansprechend und erfolgreich „unters Volk zu bringen".

Trotz großer Gemeinsamkeiten hinsichtlich der Prinzipien, mit denen sie Wissenschaft im Fernsehen vermitteln, gibt es aber auch deutliche Unterschiede zwischen Magazin und Dokumentation, die Auswirkungen darauf haben, was sich am besten darstellen lässt und wie das auf den Zuschauer wirkt. Für die Planung und Produktion zukünftiger Wissenschaftssendungen sowie für deren differenzierte Beurteilung innerhalb der Medienforschung ist es deshalb von großem Interesse, mehr über die spezifischen Eigenarten dieser beiden Vermittlungsformen zu erfahren.

Dazu möchte die vorliegende Arbeit einen Beitrag leisten. Ziel ist es, Unterschiede und Gemeinsamkeiten der Vermittlung wissenschaftlicher Inhalte im deutschen Fernsehen durch Magazin und Dokumentation theoretisch und empirisch zu untersuchen. Dazu werden zunächst die wichtigsten theoretischen Erkenntnisse vorgestellt, die zur Vermittlung wissenschaftlicher Inhalte in Magazin und Dokumentation bekannt und bedeutsam sind. Der zweite Teil nähert sich empirisch den Gemeinsamkeiten und Unterschieden zwischen Magazin und Dokumentation hinsichtlich der Wissenschaftsvermittlung, und zwar anhand der drei Wissenschaftssendungen „ABENTEUER WISSEN" (ZDF), „BBC EXKLUSIV" (VOX) und „QUARKS & CO" (WDR).

1.2 Entwicklung der Wissenschafts-Sendungen des Fernsehens

In den ersten Jahren nach Sendestart des bundesdeutschen Fernsehens am 25.12.1952 (zunächst vom Nordwestdeutschen Rundfunk (NWDR), seit 1954 von der ARD ausgestrahlt) merkte man dem Fernsehen seine zwei wichtigsten Vorgängermedien noch deutlich an: Es wurde hauptsächlich als „Pantoffelkino" und „Dampfradio mit Bildern" (SCHUMACHER 1994, S. 105f) genutzt. Aber schon in den 50er Jahren wurde das didaktische Prinzip für das Fernsehen entdeckt und das Fernsehen zum Medium für die ganze Familie erklärt (vgl. BLEICHER 1999, S. 113). In den 60ern begann das Fernsehprogramm, politisches Eigengewicht zu entwickeln, hauptsächlich durch die Einführung mehrerer Politmagazine, die zum Teil heute noch laufen. In diese Zeit fällt auch die Gründung des ZDF (auf Sendung seit 1.4.1963) und die Einführung der Dritten Programme (ab 1964) mit Bildungs- und regionalen Inhalten. In den 70ern begann die Unterhaltung wichtiger zu werden, damit verbunden war der allmähliche Abschied vom Bildungsfernsehen (vgl. SCHUMACHER 1994, S. 144f). Durch die allgemeine Programmexpansion (u.a. Ausbau der Dritten Programme zu Vollprogrammen) bis Mitte der 70er Jahre wurde das Zielgruppen-Fernsehen (z.B. Kinderprogramme) interessant (vgl. BLEICHER 1999, S. 114). In den 80ern waren zwei Haupttendenzen von Bedeutung: Einerseits die weitere Programmexpansion durch Privatsender (ab 1984) und Satellitenkanäle, andererseits die Magazinierung und Serialisierung im Hauptprogramm (vgl. SCHUMACHER 1994, S. 162). Die 90er Jahre schließlich waren besonders durch Hybridisierung (Genrevermischung) gekennzeichnet (vgl. BLEICHER 1999, S. 132).

Erste Wissenschaftssendungen

Die Wissenschaft ist ein Thema, mit dem sich das Fernsehen von Anfang an auseinander setzte. Schon vor Sendebeginn der ARD 1954 hatte der NWDR Wissenschaftssendungen im Programm. Die erste ARD-Wissenschaftssendung war ein Dokumentarbericht zum Thema Raumfahrt, der schon damals die vielfältigen Darstellungsmittel nutzte, die das Fernsehen bot. Die Personalunion von Autor und Moderator führte dazu, dass Wissenschaftsberichterstattung häufig als Personalityshow daherkam. Das ist auch heute noch so. In den ersten Jahren galten Wissenschaftsjournalisten als TV-Stars (vgl. FREUND / KÖCK 1994, S. 189).

Bedeutend für die Entwicklung der verschiedenen Formen der Wissenschaftsberichterstattung waren vor allem zwei Faktoren (vgl. FREUND / KÖCK 1994, S. 188): Die enorme technische Innovation in den Sendeanstalten, die es ermöglichte, wissenschaftliche und technische Themen immer verständlicher aufzubereiten, und der Konkurrenzdruck - zuerst innerhalb der ARD, später zwischen den verschiedenen Fernsehanstalten.

Das ZDF war, um sich gegenüber der ARD zu profilieren, von Anfang an gezwungen, neue Sendeformen zu finden und anzubieten. Der neue Sendungstyp „Magazin", der sich durch mehrere mittels Moderation verbundene Themen auszeichnet, bot nicht nur die Möglichkeit, das Angebot zu erweitern, sondern ermöglichte auch, flexibel auf aktuelle Themen zu reagieren.[1] Bereits 1964, also ein Jahr nach dem Sendestart des ZDF, gingen die Magazine „Aus Forschung und Technik" und „Gesundheitsmagazin Praxis" auf Sendung.[2] Damit kommt dem ZDF eine „Pionierrolle bei der Einführung eigener Wissenschaftsmagazine" (HÖMBERG 1990, S. 51) zu. Wegen des Konkurrenzdrucks gegenüber dem ZDF brachten die ARD-Anstalten naturwissenschaftliche Themen in ihren Kulturmagazinen unter, z.B. in den Sendungen „Studio III: Aus Kunst und Wissenschaft" (ab 1965, von NDR, SFB und Radio Bremen) und „Spectrum: Ein Magazin aus Kunst und Wissenschaft" (ab 1967, vom

---

[1] zu Eigenschaften und Bedeutung des Genres „Magazin" s. Abschnitt 2.3.5.2 Wissenschaftsvermittlung im Magazin (S. 91)

[2] Beide Sendungen haben sich bis ins Jahr 2004 im Programm gehalten (das Magazin „Aus Forschung und Technik" änderte seinen Titel 1988 in „Abenteuer Forschung" und 2004 in „Joachim Bublath", das „Gesundheitsmagazin Praxis" wurde am 22.9.2004 zum letzten Mal ausgestrahlt).

WDR). Die parallele Präsentation von Kultur und Wissenschaft (damals ausschließlich Naturwissenschaft) gab es nur in dieser Phase der Programmentwicklung (vgl. SCHUMACHER 1994, S. 139ff). 1971 führte die ARD als Antwort auf das ZDF-Magazin „Praxis" ihre „Ratgeber"-Reihe zu verschiedenen Themen ein, und ab 1973 hatte sie das Wissenschaftsmagazin „Bilder aus der Wissenschaft" (abwechselnd von BR, NDR und WDR) im Programm (vgl. HÖMBERG 1990, S. 51).

Die Dritten Programme

Eine besondere Rolle für die Vermittlung wissenschaftlicher Inhalte im Fernsehen spielen die Dritten Programme: Laut einer Erhebung von HÖMBERG waren im Jahr 1984 fast drei Viertel (25 von 34) der regelmäßigen Wissenschaftssendungen des bundesdeutschen Fernsehens dort zu sehen. Ursprünglich als Studien- und Bildungsfernsehen gedacht, waren die Dritten Programme der richtige Ort für anspruchsvolle und didaktisch gut aufbereitete Wissenschaftssendungen. Der Ausbau zu Vollprogrammen hat dieses ursprünglich angestrebte Profil dann aber weitgehend verwischt (vgl. HÖMBERG 1990, S. 53). Nach wie vor bestreiten die „Dritten" trotzdem einen Großteil des Wissenschaftsprogramms im deutschen Fernsehen, wie die Studie von SCHOLZ und GÖPFERT (SCHOLZ / GÖPFERT 1997, S. 7) zeigt.

Drei Entwicklungsphasen

FREUND und KÖCK teilen die Entwicklung der Wissenschaftsberichterstattung im Fernsehen der BRD in drei Hauptphasen ein (vgl. FREUND / KÖCK 1994, S. 182ff): Die Phase der Wissenschaftseuphorie (50er und 60er Jahre), die Phase der angewandten Wissenschaft und der Wissenschaftskritik (70er) und die Phase des Infotainment (80er).

Die erste Phase (Wissenschaftseuphorie), in die bedeutende Ereignisse der Raumfahrt wie der Sputnik-Schock (1957) und die Mondlandung (1968 / 69) fielen, war vom Glauben an die Wissenschaft als Basis des gesellschaftlichen Fortschritts und von starkem öffentlichen Interesse an wissenschaftlichen Leistungen geprägt. Zentrales Kriterium bildungspolitischer Maßnahmen war die „Verwissenschaftlichung". Das Fernsehen präsentierte Wissenschaft „staunend" und „pädagogisch" (vgl. FREUND / KÖCK 1994, S. 184).

In der zweiten Phase (angewandte Wissenschaft und Wissenschaftskritik) wurde die Bedeutung der Wissenschaft für das Leben auf zweierlei Weise verdeutlicht:

Zum einen wurde der praktische Nutzen der Wissenschaft in den Vordergrund gestellt, durch Einbeziehung lebenspraktischer Themen in die aktuelle Wissenschaftsberichterstattung und durch den neuen Sendungstyp „Ratgebersendung". Das Magazin „Praxis" gilt als erster Vertreter dieses erfolgreichen Sendungstyps (vgl. MOHL 1977, S. 37). Die Akzeptanz solcher Sendungen, die Expertenwissen anwendbar machen, ist auch heute noch hoch (vgl. FREUND / KÖCK 1994, S. 184f). Ratgebersendungen (wie auch die beliebten Tiersendungen) liegen allerdings eher „... an der Peripherie einer enger definierten Wissenschaftsberichterstattung" (HÖMBERG 1990, S. 53).

Zum anderen begann das Fernsehen im Zuge der Formierung der Anti-Atomkraft-Bewegung Anfang der 70er Jahre, verstärkt kritisch über wissenschaftliche und technische Entwicklungen zu berichten und den Grundsatzstreit zwischen Technologieskeptizismus und Fortschrittsglauben zu thematisieren. Man begann, die Wissenschaft auch politisch zu sehen. Verbunden mit der kritischen Sichtweise war die teilweise „Entmündigung der Wissenschaftsredaktionen" (FREUND / KÖCK 1994, S. 186; vgl. auch YOGESHWAR 1990, S. 270), d.h. andere Ressorts - in erster Linie die Politikredaktionen - übernahmen die Berichterstattung über Wissenschaftsthemen. Besonders deutlich wurde das im Rahmen der Berichterstattung über den Reaktorunfall in Tschernobyl.

Die dritte Phase (Infotainment) ist durch den Versuch gekennzeichnet, Wissenschaft wie auch alle anderen Inhalte im Fernsehen unterhaltsam darzubieten („Infotainment"). Dieser bereits in den 70er Jahren einsetzende Trend verstärkte sich durch die Etablierung der Privatsender und den damit entstehenden Konkurrenzdruck (vgl. FREUND / KÖCK 1994, S. 189). Um auch die unterhaltungsorientierten Zuschauer zu erreichen, wurden wissenschaftliche Inhalte unterhaltsam präsentiert: Als Show-, Quiz- und Spielsendung oder als traditionelles Wissenschaftsmagazin mit Unterhaltungselementen. Diese Situation gilt in ähnlicher Form bis heute. Die Frage nach der Anreicherung von Wissenschaft mit Unterhaltung wird nach wie vor kontrovers diskutiert (vgl. FREUND / KÖCK 1994, S. 186f).[3]

[3] zur Problematik der Unterhaltung in Wissenschaftssendungen s. Abschnitt 2.3.3.6 Unterhaltung und Wissensvermittlung (S. 84)

Aktuelle Situation

Heute gilt Wissenschaft gegenüber anderen Themengebieten als Marginalressort. Regelmäßige Wissenschaftsberichterstattung findet praktisch nur innerhalb spezieller Sendungen statt (vgl. HÖMBERG 1990, S. 53). Die beliebtesten Sendeformen sind nach wie vor Magazin und Feature bzw. Dokumentation (vgl. FREUND / KÖCK 1994, S. 191).[4] Laut einer Studie von SCHOLZ und GÖPFERT hat die Wissenschaftsberichterstattung in den 90er Jahren zugenommen, der Schwerpunkt liegt nach wie vor auf Naturwissenschaft, Technik und Medizin, die Sozialwissenschaften werden immer noch deutlich weniger beachtet (vgl. SCHOLZ / GÖPFERT 1997, S. 6f).[5]

---

[4] zu den Genrepräferenzen der Wissenschaftssendungen s. Abschnitt 2.3.5.5 Magazin und Dokumentation im Vergleich (S. 96)

[5] zur heutigen Situation der Wissenschaft im Fernsehen s. Abschnitt 2.3.2 Stand der Wissenschaftsberichterstattung (S. 76)

2. FERNSEHEN UND WISSENSCHAFTSVERMITTLUNG

Der Rundfunk darf den Menschen nicht nur das geben, was sie wollen, sondern auch das, was sie brauchen.
ADOLF GRIMME

Informationen werden im Fernsehen auf andere Art und Weise vermittelt als etwa im Druckmedium, Hörfunk oder persönlichen Gespräch. Um die Wirkung von Informationssendungen richtig beurteilen zu können, müssen deshalb neben allgemeinen auch einige fernsehspezifische Zusammenhänge berücksichtigt werden.

2.1 Das Medium Fernsehen

Nach dem Programmstart 1952 entwickelte sich das Fernsehen schnell zum Massenmedium: Bereits fünf Jahre später (1957) gab es über eine Million Gebührenzahler. Seitdem gilt das Fernsehen als gesellschaftliches Leitmedium, das eine Vielzahl kollektiver Funktionen erfüllt (vgl. BLEICHER 1999, S. 272). Die Gründung des ZDF und die Einführung der Dritten Programme trugen deutlich zu Programmvielfalt und Erfolg des Mediums bei, ebenso das 1984 hinzugekommene Privatfernsehen.

Inzwischen bietet das Fernsehen eine nahezu unüberschaubare Vielfalt von Programmen und wird als das Medium mit dem größten Einfluss auf die öffentliche Meinung angesehen: „Programmverantwortliche wie der ehemalige ZDF-Intendant Günter von Hase sehen das Fernsehen als Bezugsrahmen, in dem Ereignisse eingeordnet und die Weltsicht der Zuschauer bestimmt wird. Wahr sei, was im Fernsehen berichtet wird. Gesellschaftliche Alternativen, die keinen Eingang in die Berichterstattung finden, haben auch keinen Einfluß auf das öffentliche Bewußtsein.“ (BLEICHER 1999, S. 274) Damit kommt dem Fernsehen eine wichtige Rolle als „agenda-setter"[1] zu: Es berichtet über Ereignisse und Themen, die es für relevant hält, und diese Themen werden für die Gesellschaft dadurch bedeutend, dass sie im Fernsehprogramm vorkommen.

Die Aufgabe der öffentlich-rechtlichen Anstalten wurde im sogenannten „dritten Fernsehurteil" des Bundesverfassungsgerichts (1981) auf die Grundversorgung in den drei Bereichen Bildung, Information und Kultur (bzw. Unterhaltung) festgelegt. Mit der Einführung des dualen Rundfunksystems veränderte sich das Verständnis des Fernsehens von einer öffentlichen Dienstleistung mit gesellschaftlicher Funktion zum Vermittler zwischen werbetreibender Industrie und dem Zuschauer (vgl. BLEICHER 1999, S. 92f). Damit verbunden war der Wandel vom Angebots- (der Zuschauer muss sich das ansehen, was die Fernsehanstalten ihm anbieten) zum Nachfragemedium (der Zuschauer bestimmt mit seinem Nachfrageverhalten, was für ein Programm die Fernsehanstalten machen).

Integration verschiedener Medien

Seine besondere Wirkungskraft verdankt das Fernsehen der gleichzeitigen Ansprache mehrerer Sinne, die durch Kombination der verschiedenen Darstellungsmöglichkeiten seiner Vorgängermedien möglich wird: Szenische Struktur und inszenatorische Aspekte hat es vom Theater übernommen, die visuellen Vermittlungskonventionen hinsichtlich Kameraarbeit und Montage vom Kinofilm[2], dazu kamen die Formen journalistischer Informationsvermittlung aus Zeitung und Hörfunk (vgl. BLEICHER 1999, S. 89; 105). Ebenfalls vom Hörfunk übernommen wurde der Bereich des Auditiven und die damit verbundene Aura der Aktualität und Präsenz, die zwar auch schon den Tonfilm kennzeichnete (vgl. HELLER 1994, S. 96), aber im Fernsehen durch die direkte technische Übertragung von Bildern und Tönen und den damit verbundenen Live-Charakter noch stärker zur Geltung kam.

---

[1] zum Modell des „agenda-setting" s. Abschnitt 2.2.2.1 Entwicklung der Massenkommunikationsforschung (S. 25)

[2] HICKETHIER hat darauf hingewiesen, dass es sich beim Film strenggenommen nicht um ebenso ein Medium wie Theater oder Fernsehen handelt. Das in diesem Zusammenhang gemeinte Medium ist das Kino, der Film ist ein Medienprodukt, so wie auch Theaterstück und Fernsehsendung Medienprodukte sind (vgl. HICKETHIER 1993, S. 8). Da sich die eigentlich unpräzise Begriffsverwendung aber durchgesetzt hat, soll sie auch hier Anwendung finden.

Weil es so vielfältige Sinneseindrücke bietet, gilt das Fernsehen als besonders leicht zu konsumierendes Medium, das im Gegensatz zum aktiven Lesen eines Buches oder eines Zeitungsartikels keine Anstrengung zu erfordern scheint und geradezu passiv aufgenommen werden kann. Aus diesem Grunde ist das Fernsehen schon seit langem „[...] für die Mehrheit der Bevölkerung das dominante Medium für Unterhaltung und kulturelle Freizeitaktivitäten." (KREUZER 1979, S. 13)[3]

Das Besondere am Thema „Wissenschaft"

Die Annahme, im Fernsehen angebotene Inhalte wie z.B. Wissen über Wissenschaft ließen sich besonders leicht transportieren und konsumieren, stellte sich als nicht ganz zutreffend heraus. Das Themengebiet „Wissenschaft" zeichnet sich durch komplexe Zusammenhänge und Sachverhalte aus, die dazu noch mit der Alltagswelt der Zuschauer häufig wenig zu tun haben. Das macht die Informationsvermittlung umso schwerer, weil besonders viele und für die meisten Zuschauer völlig neue Informationen vermittelt werden müssen. Nachrichtensendungen etwa können mit Ihren Themen viel stärker an das Allgemeinwissen des Zuschauers anknüpfen. Wissenschaftssendungen müssen dagegen versuchen, beim Zuschauer ganze Wissensstrukturen neu aufzubauen.[4] Hier ist Fernsehen gegenüber Printmedien zwar einerseits im Vorteil, denn es kann wissenschaftliche Inhalte mit bewegten Bildern besonders anschaulich vor Augen führen (Visualisierung) und hat die Möglichkeit zu emotionalisieren und Betroffenheit zu wecken (vgl. FREUND / KÖCK 1994, S. 191), andererseits können Ablaufzwang und Bild-Text-Kombination von Nachteil sein, wenn zu viele Informationen in zu kurzer Zeit vermittelt und die Zuschauer damit überfordert werden.[5]

---

[3] zur Nutzung des Fernsehens als Unterhaltungsmedium und die Konsequenzen für die Wissenschaftsvermittlung s. Abschnitt 2.3.3 Wissenschaft zwischen Information und Unterhaltung (S. 78)

[4] zum Modell der Wissensstrukturen s. Abschnitt 2.2.2.2 Theoretische Aspekte der Informationsverarbeitung (S. 31)

[5] zu Ablaufzwang und Bild-Text-Kombination s. Abschnitt 2.2.2.3 Besonderheiten des Fernsehens (S. 35)

2.2 Theorien und Modelle zur Medienwirkung

2.2.1 Ursachen und Wirkungen

Wenn über Medienwirkungen gesprochen wird, ist oft nicht klar, was genau z.B. Wissenszuwachs oder Entspannung verursacht. Der Inhalt der medialen Botschaft selbst ist jedenfalls nur einer von mehreren Faktoren, und möglicherweise nicht immer der entscheidende. So behauptet VAN APPELDORN: „Für den Erfolg oder Misserfolg von Filmen und Fernsehsendungen sind die Inhalte nicht ausschlaggebend." (VAN APPELDORN 1990, S. 15) Laut BOCK dagegen ist die Wirkung einer Botschaft in erster Linie sehr wohl vom Inhalt abhängig, da dieser die individuelle Relevanz des Themas und damit die Zuschaueraufmerksamkeit bestimmt. Alle anderen Faktoren haben zwar eine wichtige Hilfsfunktion, Inhalte können sie aber nur in Ausnahmefällen ersetzen (vgl. BOCK 1990, S. 85). Das Transportmittel entscheidet jedoch zumindest, ob der Inhalt überhaupt beim Zuschauer ankommt. Es muss ihm deshalb angepasst sein (vgl. VAN APPELDORN 1990, S. 16).

In der massenmedialen Kommunikation existieren verschiedene Faktoren, die Medienwirkungen verursachen können. Diese werden allerdings nicht unabhängig voneinander wirksam (vgl. BOCK 1990, S. 73). Grundsätzlich lassen sich unterscheiden:

1. Das Medium an sich (Eigenschaften und Eigenarten)
2. Die Botschaft selbst (Thema, Inhalt; Relevanz)
3. Die formale und inhaltliche Gestaltung der Botschaft (Verständlichkeit, Emotionalität)
4. Die Eigenschaften des Kommunikators (Sympathie, Glaubwürdigkeit)[6]
5. Die Eigenschaften des Rezipienten (Vorwissen, Einstellungen, Fähigkeiten)[7]

Die Wirkungen, die diese Faktoren beim Zuschauer auslösen können, erstrecken sich auf verschiedene Bereiche wie etwa Einstellungen, Meinungen,

[6] zur Bedeutung des Kommunikators s. Abschnitte 2.3.5.2 Wissenschaftsvermittlung im Magazin (S. 91) und 2.3.3.4 Unterhaltung als Produkteigenschaft (S. 81)

[7] zur Bedeutung der Rezipienteneigenschaften s. Abschnitt 2.2.3.5 Kontext- und Rezipientenvariablen (S. 58)

Lernen, Wissen, Gefühle, Entspannung und Ablenkung. Diese vielfältigen Wirkungsebenen können grob in drei Dimensionen geordnet werden, die sich an den drei Ebenen des öffentlich-rechtlichen Programmauftrags (Information, Bildung und Unterhaltung/Kultur) orientieren, was aber nicht heißen soll, dass es in der Hinsicht keine deutlichen Überschneidungen (insbesondere zwischen 1. und 2.) gibt:

1. Information: Beeinflussung von Einstellungen, Meinungen, Überzeugungen
2. Bildung: Vermittlung von Wissen, Kenntnissen, Fertigkeiten
3. Unterhaltung: Ermöglichung von Entspannung, emotionalem Erleben, Ablenkung

Einflussmöglichkeiten

Einstellungen und Meinungen sind das Ergebnis kognitiver und emotionaler Prozesse, die durch die Medieninhalte ausgelöst werden (vgl. BOCK 1990, S. 82). Sie sind aber nicht nur eine Folge, sondern auch eine wichtige Ursache von Medienwirkungen, denn sie bestimmen unter anderem, welche Sendungen der Zuschauer auswählt und wie er sie ansieht (vgl. BOCK 1990, S. 81). Die Wirkungen von Wissenschaftssendungen sind deshalb auch im Zusammenhang mit der bestehenden Meinung über Wissenschaft und Technik zu sehen (vgl. TÜRER 1989, S. 102).

Nach Erkenntnissen der empirischen Medienwirkungsforschung ist der direkte Einfluss der Massenkommunikation auf die Meinung eher gering: Sie kann vorhandene Meinungen und Einstellungen verstärken, verringern oder modifizieren; die Bekehrung, also die Umkehrung der Einstellung durch Medien, ist eine sehr seltene Wirkung, die nur unter besonderen Bedingungen eintritt. Massenkommunikation hat sich allerdings dann als besonders wirksam erwiesen, wenn sich der Rezipient zu dem jeweiligen Thema noch keine eigene Meinung gebildet hatte (vgl. KLAPPER 1964, S. 50, zit. nach DORSCH 1983, S. 386; vgl. auch NOELLE-NEUMANN et al. 1993).

Wesentliche Voraussetzung für die Beeinflussung der Meinung ist die Überzeugungskraft einer Sendung. Diese hängt in hohem Maße vom Kommunikator, also z.B. vom Moderator oder Nachrichtensprecher, ab: Wenn der Zuschauer ihn als glaubwürdig, uneigennützig und sympathisch empfindet, ändert er seine Meinung eher. Weitere wichtige Einflussfaktoren sind Verständlichkeit und inhaltliche Gestaltung der Botschaft (vgl. BOCK 1990, S. 82f).

Die möglichen Zusammenhänge zwischen den unterschiedlichen Ursachen und Wirkungen veranschaulicht diese Wirkungsmatrix:

		Wirkung / Einfluss auf		
		Einstellungen	Wissen	Emotionen
Ursache	Medium	+	+	+
	Botschaft	+	+++	+
	Gestaltung	+	+	+++
	Kommunikator	+++	++	+++
	Rezipient	+	++	+

Abbildung 1: Wirkungsmatrix (eigener Entwurf, fiktive Werte)

Die einzelnen Felder sind an jedem medialen Kommunikations- bzw. Rezeptionsprozess in unterschiedlicher Weise und Intensität beteiligt. Beispielsweise wird der Einfluss des Kommunikators in einem moderierten Magazin relevanter sein als in einer Dokumentation. Jedes Feld in dieser Matrix stellt gleichzeitig ein mögliches Feld der Medienwirkungsforschung dar, z.B. die Wirkung der Botschaft auf die Einstellungen des Rezipienten, oder den Einfluss der Rezipienteneigenschaften auf seinen Wissenserwerb. Je nach Gewichtung der verschiedenen Faktoren ergeben sich unterschiedliche Modelle und Ansätze zur Erklärung von Medienwirkungen, von denen die wichtigsten im folgenden Abschnitt vorgestellt werden sollen.

2.2.2 Informationsaufnahme und -verarbeitung

Da das Fernsehen verschiedene Medien (bewegte Bilder, Sprache, Musik, Geräusche, Texte) in sich vereinigt, und diese jeweils eigenen Gesetzen gehorchen, steht die wissenschaftliche Untersuchung von Fernsehprodukten vor der Herausforderung, ihnen allen gerecht zu werden. Das führt dazu, dass die Fernsehforschung in hohem Maße interdisziplinär und gewissermaßen „... nirgends zu Hause ist." (KÖCK 1990, S.132) Unterschiedliche wissenschaftliche Disziplinen müssen zusammenarbeiten, was häufig zu Problemen führt. So lassen sich die verschiedenen Theorien und Erkenntnisse, die bisher gewonnen wurden, nicht ohne weiteres zu einer Gesamt-Theorie zusammensetzen, denn die Ergebnisse weisen in unterschiedliche Richtungen, teilweise widersprechen sie sich sogar.[8]

---

[8] s. Abschnitt 5.2 Die Situation der Fernsehforschung (S. 160)

Aufnahme und Verarbeitung von Informationen eines Mediums durch einen Rezipienten sind in der bisherigen Medienwirkungsforschung durch verschiedene Theorien und Modelle beschrieben worden. In der Film- und Fernsehforschung lassen sich drei Orientierungen unterscheiden (vgl. MEUTSCH et al. 1990, S. 28):

1. Mediensemiotische Ansätze
2. Medienwirkungsansätze mit mikroskopischer Perspektive
3. Medienwirkungsansätze mit makroskopischer Perspektive

Aufgabe der *mediensemiotischen Ansätze* ist es, aus Film- und Fernsehprodukten spezifische Sprachcodes (dazu gehören nicht nur Text- und Bildsprache, sondern auch z.B. die Körpersprache der gezeigten Personen) herauszufiltern, zu untersuchen und zu systematisieren. Es handelt sich also um ein produktanalytisches Vorgehen. Eine Fernsehsendung wird als „hochkomplexes Zeichen" (BLEICHER 1999, S. 255) aufgefasst. Für die Untersuchung kognitiver und emotiver Verarbeitungsprozesse liegt die Bedeutung dieser Ansätze „...in der Bereitstellung von Analyseverfahren, mit denen Filmbeiträge präzise beschrieben werden können." (MEUTSCH et al. 1990, S. 29)

Die *Medienwirkungsansätze* mit *mikroskopischer* bzw. *makroskopischer Perspektive* untersuchen die Wirkung der Medien auf das Individuum (Einstellungen, Wissen, Verhalten) bzw. auf die Gesellschaft und ihre Teilsysteme (vor allem den politischen Bereich).

2.2.2.1 Entwicklung der Massenkommunikationsforschung

Stimulus-Response-Modelle

Das erste und denkbar einfachste Kommunikationsmodell war das Stimulus-Response-Modell: Ein bestimmter Reiz (Stimulus) führt beim Rezipienten zu einer bestimmten Reaktion (Response), und zwar bei jedem in annähernd gleicher Weise. Im Mittelpunkt dieses Ansatzes stand der Glaube „... an die Omnipotenz des ‚Manipulationsapparates Massenmedium'" (BOMMERT / WEICH / DIRKSMEIER 1995, S. 14) und an eine uniforme, passive Rezipientenmasse.

Frühe Vorstellungen von Medienwirkung beruhten auf makroskopischen Stimulus-Response-Ansätzen, z.B. das sogenannte „Kaffeehaus-Modell der Medienwirkung" (KATZ 1978, zit. nach WINTERHOFF-SPURK 1986, S. 34): Die Presse vermittelt Informationen, die Bürger diskutieren im Kaffeehaus darüber, daraus entsteht die öffentliche Meinung, die dann Entscheidungsträger erreicht und beeinflusst. In der Wirkungs- und Kampagnenforschung der 20er und 30er Jahre wurde den Medien diese starke und direkte, unmittelbare und kollektiv-massenhafte Wirkung zugeschrieben bzw. unterstellt (vgl. WINTERHOFF-SPURK 1986, S. 34). Die in diesem Zusammenhang forschungsleitende Fragestellung lässt sich mit der LASSWELL-Formel auf den Punkt bringen: „*Wer* sagt *was, warum, wie* und mit *welchem Effekt* zu *wem*?" (LASSWELL 1927, zit. nach WINTERHOFF-SPURK 1986, S. 34)

Mit der Zeit stellte sich jedoch heraus, dass dieses Konzept der „starken Medien" wohl doch zu einseitig gefasst war. Studien wie „The People's Choice" (LAZARSFELD / BERELSON / GAUDET 1944), die sich mit dem Einfluss der Wahlpropaganda auf das Wählerverhalten beschäftigte, zeigten, dass der Einfluss der Medien doch geringer war als gedacht. Zwei Faktoren wurden für die Abschwächung des Einflusses verantwortlich gemacht: „interpersonale Beziehungen" und „defensive Selektivität". Das Konzept der *interpersonalen Beziehungen* und die damit verbundene *Diffusionsforschung* besagen, dass mediale Inhalte nicht wie vorher angenommen direkt, sondern über sogenannte Meinungsführer zum Rezipienten gelangen. Die *defensive Selektivität* hat mit dem Konzept der selektiven Wahrnehmung zu tun.[9] Demnach nehmen Rezipienten vorzugsweise die Aussagen wahr, mit denen sie übereinstimmen und ignorieren eher die, denen sie nicht zustimmen (vgl. WINTERHOFF-SPURK 1986, S. 35f). Damit wehren sie sich gewissermaßen gegen Angriffe auf ihre Meinung.

In der Wirkungsforschung wurde also der Rezipient selbst als forschungsrelevantes Objekt ausgemacht (analog zur Entwicklung des Behaviorismus in der Psychologie). Das Stimulus-Response- (S-R-) Modell wurde um den „Organismus" zum S-O-R-Modell erweitert. Der „Organismus" sollte Rezipientenfaktoren „wegfiltern" und „Störgrößen" kontrollierbar machen (vgl. BOMMERT / WEICH / DIRKSMEIER 1995, S. 10).

Nach behavioristischen Prinzipien wurde er als „unergründbare ‚black box'" (SCHMITT 1990, S. 211) aber zunächst von der Forschung ausgespart, Basis-Paradigma der Forschung blieb das „Injektionsnadel-Modell", das im übertragenen Sinne besagt, dass ein bestimmter Reiz injiziert wird, der zu einer beobachtbaren Reaktion führt (SALOMON 1990, S. 169).

---

9 zur selektiven Wahrnehmung s. Abschnitt 2.2.2.2 Theoretische Aspekte der Informationsverarbeitung (S. 31)

Die „Kognitive Wende"

Die Anerkennung des Zuschauers als aktives Element im Wirkungsprozess vollzog die Forschung erst mit der sogenannten „kognitiven Wende" in der Psychologie und den Geistes- und Sozialwissenschaften. Damit verbunden war ein Paradigmenwechsel vom behavioralen (verhaltensorientierten) zum epistemologischen (erkenntnisgeleiteten) Subjektmodell. Der Zuschauer wurde als eigenständig denkendes und handelndes (und nicht nur reagierendes) Wesen entdeckt, dessen Verhalten nicht primär von den Medieninhalten sondern von komplexen kognitiven und emotionalen Prozessen bestimmt wird.

Von Bedeutung ist in dieser Hinsicht vor allem der *Uses-and-Gratifications-Ansatz* (KATZ / BLUMLER 1974), der davon ausgeht, dass jeder Zuschauer bestimmte (physische, psychische und soziale) Bedürfnisse hat, die er durch den Fernsehkonsum befriedigen möchte. Die Medien stellen bestimmte Gratifikationen in Aussicht, die zur Befriedigung der Bedürfnisse genutzt werden können (vgl. WEGENER 2001, S. 93). Das können z.B. Orientierungshilfe, emotionale Sicherheit, Strukturierung des Tagesablaufs, Kompensation nicht erfüllter Wünsche und Träume, Identifikation mit Personen der Massenmedien, Flucht vor der Realität und Ersatz für soziale Kontakte sein. Der Zuschauer hat also bestimmte Nutzen- und Gratifikationserwartungen an das Medium und richtet seinen Fernsehkonsum danach aus: „Der Rezipient bestimmt, ob ein Kommunikationsprozess stattfindet, sein Selektionsverhalten wird zum konstituierenden Element der massenmedialen Kommunikation." (MERTEN / GIEGLER / UHR 1992, S. 79f) An diesem Punkt wird die Nähe des Uses-and-Gratifications-Ansatzes zum oben erwähnten Konzept der defensiven Selektivität deutlich. Die entscheidende Frage lautet (in Umkehrung der LASSWELL-Formel): „*Wer* benutzt *welche Medieninhalte* aus *welchen Medien* unter *welchen situativen Bedingungen* aus *welchen Gründen* und mit *welchem Effekt*?" (WINTERHOFF-SPURK 1989, S. 26)[10] Es geht also um Funktionen und Motive der Mediennutzung, um

---

[10] In Anlehnung an das oben dargestellte S-O-R-Modell könnte man hier von einem O-S-R-Modell sprechen: Der Rezipient (O) wählt auf verschiedenen Ebenen aktiv seine Stimuli (S) aus (durch Wahl des Mediums und eines Programms sowie durch mehr oder weniger konzentriertes Verfolgen der Sendung), die Response (R) kann also durchaus (besonders dann, wenn man nicht eine einzelne Sendung in einer Laborsituation testet) in höherem Maße vom Rezipienten abhängig sein als vom Stimulus. So gesehen baut sich der Rezipient seine individuelle Kombination von Stimuli selbst zusammen.

den Zusammenhang zwischen Persönlichkeitsmerkmalen und Fernsehkonsum und um die Entwicklung von Zuschauertypologien.

Die Vorstellung von einer uniformen Rezipientenmasse tritt dabei in den Hintergrund, zugunsten der Individualität des Zuschauers: Jeder hat andere Bedürfnisse und Erwartungen, und jeder trifft deshalb eine andere Auswahl. Allerdings lassen sich Zuschauer mit ähnlicher Bedürfnisstruktur und ähnlichem Auswahlverhalten zu Gruppen zusammenfassen.[11] Auf diesem Prinzip beruht das heutige „Zielgruppen"-Denken der Fernsehmacher. Die in Frage kommenden Bedürfnisse lassen sich einteilen in kognitive (Information, Wissen, Verstehen), affektive (emotionale, ästhetische Erfahrungen), integrative (Vertrauen, Stabilität, Glaubwürdigkeit) und interaktive (Kontakt zur Umwelt und zum eigenen Ich) (vgl. KATZ / GUREVITCH / HAAS 1973). Eine besonders wichtige Nutzungsperspektive ist dabei die „eskapistische Mediennutzung": Ihr Ziel ist Kompensation, Ablenkung oder das Aussteigen aus der realen Welt (vgl. WEGENER 2001, S. 94).

Der Gegensatz zwischen Stimulus-Response-Modell und Uses-and-Gratifications-Ansatz findet sich sinngemäß auch in den zwei Grundauffassungen vom Fernsehen nach HICKETHIER wieder: Hier das Fernsehen als *Dispositiv*, als „präfigurierende, strukturierende Macht", die den passiven Zuschauer manipuliert, dort das Fernsehen als *„Warenhaus"*, in dem der aktive Zuschauer auswählt, was er sehen möchte (vgl. HICKETHIER 1994, S. 15f). Diese Auffassungen schließen sich jedoch nicht gegenseitig aus. Das Verhältnis zwischen Zuschauer und Medium ist wohl eine Mischung aus beidem: Das Fernsehen als Dispositiv gibt mit dem Gesamtangebot seiner Programme den Rahmen vor, der aktive Zuschauer wählt innerhalb dieses Rahmens sein persönliches Programm nach dem Warenhausprinzip aus und verhält sich dann möglicherweise wieder längere Zeit passiv gegenüber dem Dispositiv Fernsehen (vgl. HICKETHIER 1994, S. 16).

---

[11] Eines dieser Zielgruppen-Modelle sind die Sinus-Milieus (s. Abschnitt 3.2.5.1 Die Sinus-Milieus (S. 107)

Wiederbelebung der „starken Medien"

Ende der 1960er Jahre lebte das Konzept der starken Medien in verschiedenen spezifischen Ansätzen wieder auf, die KATZ mit folgenden Stichworten bezeichnet (vgl. KATZ 1978, zit. nach WINTERHOFF-SPURK 1986, S. 38):

- Sozialisation
- Medium als Botschaft
- Ideologische Wirkung
- Thematisierungsfunktion („agenda-setting")
- Wissenskluft („knowledge-gap")

Die Forschung im Bereich *Sozialisation* befasst sich vor allem mit dem Einfluss der Medien auf die Prägung von Kindern und Jugendlichen, insbesondere geht es um den Einfluss des Fernsehens auf aggressives oder prosoziales Verhalten. Dieser Bereich gehört zu den am intensivsten bearbeiteten in der Medienwirkungsforschung (vgl. HAASE 1981; WINTERHOFF-SPURK 1986, S. 38f).

Das Konzept vom *Medium als Botschaft* geht zurück auf MCLUHAN und seinen vielzitierten Satz „the medium is the message" (vgl. MCLUHAN 1962; 1995). Laut seiner These geht die entscheidende Wirkung der Medien nicht vom übermittelten Inhalt, sondern vom Medium selbst aus. Die Art und Weise der Übermittlung verändere das Denken der Mediennutzer und führe zur Herausbildung bzw. zum Training der zur Rezeption benötigten kognitiven Fähigkeiten, so MCLUHAN. Er untersuchte die Wirkung des Fernsehens im Vergleich zu den Druckmedien.

Die Überlegungen zur *ideologischen Wirkung* des Fernsehens beziehen sich auf Einschätzungen und Darstellungen der gesellschaftlichen und politischen Realität, die in den Sendungen gewissermaßen als Sub-Botschaften enthalten sind, vom Zuschauer „versehentlich" mit aufgenommen werden und sein Bild der Realität beeinflussen (vgl. GERBNER / GROSS 1976.1; 1976.2; NOELLE-NEUMANN 1980; WINTERHOFF-SPURK 1986, S. 39f).

Die Hypothese der *Thematisierungsfunktion* (bzw. *Agenda-Setting-Hypothese*) wirft die Frage auf, ob die Medien den größten Einfluss möglicherweise nicht über den Inhalt, also die Themen*umsetzung*, sondern über die Themen*auswahl* ausüben. Demnach bestimmen die Medien dadurch, dass sie die Aufmerksamkeit des Publikums auf bestimmte Themen lenken, zwar nicht wie, aber worüber wir denken (vgl. ROBERTS / BACHEN 1981; ROBINSON / LEVY 1986, zit. nach DIEDERICHS 1994, S. 28).

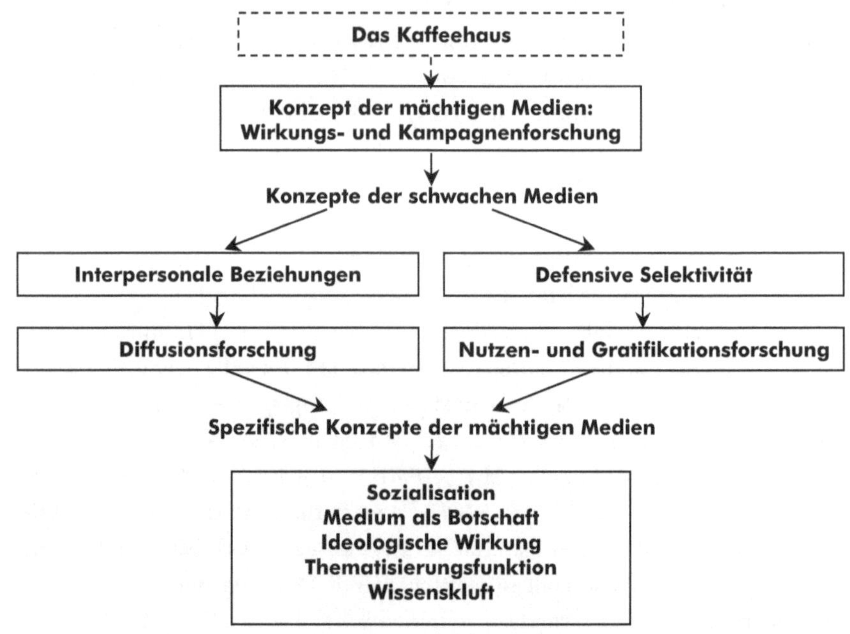

Abbildung 2: Entwicklung der Massenkommunikationsforschung (nach WINTERHOFF-SPURK 1986, S. 41)

Die *Wissenskluft-Hypothese* stellt eine Annahme aus der Anfangszeit des Fernsehens in Frage: Damals hatten Medienwissenschaftler vermutet, das Fernsehen könne die Wissenskluft in der Gesellschaft durch ein großes Angebot von Bildungssendungen verringern und damit zum Abbau von Bildungsunterschieden beitragen. Das Gegenteil scheint aber der Fall zu sein: Den Untersuchungen von TICHENOR et al. zufolge baut das Fernsehen keine Wissensunterschiede ab, sondern vergrößert bestehende sogar. Offenbar sind höher Gebildete besser in der Lage, das Fernsehen zum Wissenserwerb zu nutzen (vgl. TICHENOR et al. 1970; WINTERHOFF-SPURK 1986, S. 40f).

Zusammenfassend lässt sich feststellen, dass Medien offenbar großen Einfluss auf den Rezipienten ausüben, allerdings auf deutlich subtilere Weise, als es die einfachen Stimulus-Response-Modelle unterstellen.

2.2.2.2 Theoretische Aspekte der Informationsverarbeitung

Der kognitionspsychologische Ansatz

Eine komplexere Theorie zur Erklärung der Prozesse zwischen Medium und Rezipient ist der kognitionspsychologische Ansatz, der insbesondere auf den Bereich zielt, „... der nach klassischen behavioristischen Prinzipien als unergründbare ‚black box' [...] ausgespart wurde" (SCHMITT 1990, S. 211), nämlich das kognitive System des Rezipienten. Im Zuge der oben angesprochenen „kognitiven Wende" wurde er zu einem wichtigen Forschungsansatz. Gemäß dem „kognitiven Paradigma" wird der Mensch nicht mehr als bloß auf Umweltreize reagierendes Wesen betrachtet, sondern als aktives informationsverarbeitendes System, das seine Handlungen kognitiv reflektiert und seine Realität selbst konstruiert, wobei die Umweltreize diese Konstruktion zwar mehr oder weniger stark beeinflussen, aber nicht determinieren (vgl. STRITTMATTER et al. 1990, S. 258; GROEBEN / SCHEELE 1977, S. 15ff). Unmittelbare kausale Wirkungen bestimmter Eigenschaften der Objekte der Umwelt gibt es also nicht (vgl. KÖCK 1990, S. 135).

Daraus folgt auch, dass Verstehen und Verständnis nicht in erster Linie von der Umwelt bzw. Umweltreizen selbst, sondern von der eigenen (Re-) Konstruktion dieser Umwelt abhängen. Der Vorgang des Verstehens von Fernsehsendungen ist keine einfache „Informationsübermittlung", sondern ein komplexer Interaktionsprozess zwischen Medienangebot und Rezipient (vgl. FREUND / KÖCK 1994, S. 195; SCHMITT 1990, S. 191)[12]

Von besonderer Bedeutung für diese Prozesse sind subjektive Theorien und mentale Strukturen. *Subjektive Theorien* bildet sich jedes Individuum selbst aufgrund eigener Erfahrungen. Sie helfen ihm, die Welt geordnet wahrzunehmen, zu beschreiben, zu erklären, vorherzusagen und Handlungsempfehlungen zu entwickeln (vgl. DANN 1983). *Mentale Strukturen* sind zugleich Voraussetzung und Ergebnis von Informationsverarbeitungsprozessen, etwa Lernvorgängen. Bereits in früheren Lernsituationen erworbene Strukturen, z.B. das Wissen über ein bestimmtes Gebiet und die damit verbundenen Er-

[12] SALOMON weist darauf hin, dass die Medienforschung aber trotz „Lippenbekenntnis" zum kognitiven Ansatz häufig noch mit dem behavioristischen „Injektionsnadel"-Paradigma und somit in der Tradition abhängiger (Motivation, Emotion, Kognition) und unabhängiger (Stimuli) Variablen operiert (vgl. SALOMON 1990, S. 169f).

wartungen an die gerade betrachtete Sendung, bilden den Hintergrund der Informationsverarbeitung (vgl. AUGST / SIMON / WEGNER 1982, S. 10). Sie beeinflussen, welche Informationen der neuen Situation entnommen und wie sie interpretiert werden: Wenn die neuen Informationen in ein bereits vorhandenes Schema passen, werden sie in dieses Schema aufgenommen (*Assimilation*), wenn sie nicht passen, wird entweder das Schema abgeändert (*Akkomodation*) oder die Informationen werden einfach ignoriert (vgl. SALOMON 1990, S. 174). Informationsverarbeitung ist also ein Wechselspiel zwischen den gerade aufgenommenen neuen Reizen und den als Ergebnis früherer Prozesse bereits gespeicherten Informationen (SCHMITT 1990, S. 211). Die auf diese Weise aufgebauten neuen Strukturen müssen folglich nicht besonders viel mit der tatsächlich gegebenen Information zu tun haben (vgl. SALOMON 1990, S. 173).

Wissen wird also nicht als Kopie des ursprünglichen Gegenstandes abgespeichert, sondern sozusagen im Gehirn eigens „nachgebaut", d.h. als Repräsentation[13] in Form komplexer Strukturen konstruiert (vgl. SCHMITT 1990, S. 211; SALOMON 1990, S. 172). Der Mensch ist kein ausschließlich passiv reagierender Organismus, und wenn er reagiert, dann nicht auf die Information selbst, sondern auf seine eigene (von der ursprünglichen Information mehr oder weniger stark abweichenden) Repräsentation derselben (vgl. SALOMON 1990, S. 172f).

An dieser Stelle wird die Nähe des kognitionspsychologischen Ansatzes zur Lehre des Konstruktivismus deutlich: Der Fernsehzuschauer als kognitives System ist autonom und erzeugt seine eigene Wirklichkeit (vgl. KÖCK 1990, S. 136). Der „kognitive Konstruktivismus" (GROEBEN 1982, S. 48f) sieht Verstehensprozesse nicht mehr als passive Kognition, sondern als aktives, konstruktives Handeln. Information wird also nicht einfach *übermittelt*, sondern aktiv *geschaffen*, „... wo immer es die Umstände ‚erlauben' und wo immer wir sie zwischen die Fakten der Welt hineinprojizieren können - letzten Endes sind wir es, die die Welt sinnvoll und informationshaltig machen." (HÖRMANN 1976, S. 470)

[13] im Falle von medienvermittelter Realität sogar als (mentale) Repräsentation der (medialen) Repräsentation

Der aktive Rezipient

Die neue Richtung, die die Fernsehforschung mit dem kognitionspsychologischen Ansatz eingeschlagen hat, lässt sich mit der Fragestellung „Was machen die Menschen mit dem Fernsehen?" (anstelle von „Was macht das Fernsehen mit den Menschen?") beschreiben. Medienangebote „wirken" nicht einfach, sondern mit ihnen wird etwas gemacht (vgl. KÖCK 1990, S. 136; 144). Statt *Input-Output*-Forschung wird nun *Prozess*forschung betrieben (vgl. SALOMON 1990, S. 170).

Im Zusammenhang mit dem Konzept des aktiven Rezipienten ist die oben bereits angesprochene selektive Wahrnehmung ein wichtiger Aspekt. Sie ist allein schon deshalb nötig, weil die Informationsdichte der Summe aller Umweltreize für eine vollständige Verarbeitung zu hoch ist.[14] Zur Selektion kommt es auf verschiedenen Ebenen: Einerseits durch die Auswahl bestimmter Sendungen aus dem Angebot der Fernsehprogramme, andererseits durch unterschiedlich aufmerksames Verfolgen der ausgewählten Sendung.[15]

Die Steuerung der Aufmerksamkeit erfolgt in erster Linie durch den Zuschauer. Er wendet sich nicht unbedingt den Informationen zu, die seine Aufmerksamkeit erregen sollen, sondern vor allem denen, die er verstehen möchte. Was ihm unwichtig, redundant oder unverständlich erscheint, ignoriert er (vgl. SALOMON 1990, S. 170f).

Formale Gestaltungsmerkmale können die Aufmerksamkeit des Zuschauers aber ebenfalls beeinflussen, und zwar besonders dann, wenn er keine Lust hat zu denken oder wenn er das Thema nicht versteht. Die Bildsprache rückt in diesem Fall in den Vordergrund (vgl. SALOMON 1979). Der Extremfall dieser Form der Fernsehwahrnehmung ist die „Berieselung" (vgl. WEMBER 1983): Es werden nur noch formale und vordergründige Gestaltungsmerkmale wahrgenommen, aber kein Inhalt mehr.

Eine optimale Fernsehsendung ist so an die Wahrnehmung des Zuschauers angepasst, dass deren formale Gestaltung als solche gar nicht mehr wahrge-

---

[14] zum Zusammenhang zwischen Informationsdichte und Selektion s. auch Abschnitt 2.2.2.4 Elemente des Fernsehens und deren Wirkung (S. 38)

[15] Bei der Informationsverarbeitung kann es sowohl zur Selektion (Verkürzung der wahrgenommenen Informationen) als auch zur Elaboration (Erschließung nicht vorhandener Informationen durch Inferenzen) kommen (SCHMITT 1990, S. 211).

nommen wird, sondern nur der Inhalt (vgl. VAN APPELDORN 1990, S.23), ein Ideal, dem man sich freilich nur annähern kann, allein schon deshalb, weil jeder Mensch anders wahrnimmt.

Der Inhalt ist zwar das zu Vermittelnde, aber das Medium entscheidet, ob und vor allem wie er beim Zuschauer ankommt. Wissenschaftssendungen müssen verständlich (kognitiv wirksam)[16] und attraktiv (emotional wirksam)[17] sein, damit sie überhaupt bis zum Bewusstsein des Zuschauers vordringen und ihre Wirkung (d.h. Informationsvermittlung) entfalten können.

Das folgende Kommunikationsmodell stellt die geschilderten Zusammenhänge und Prozesse zusammenfassend dar:

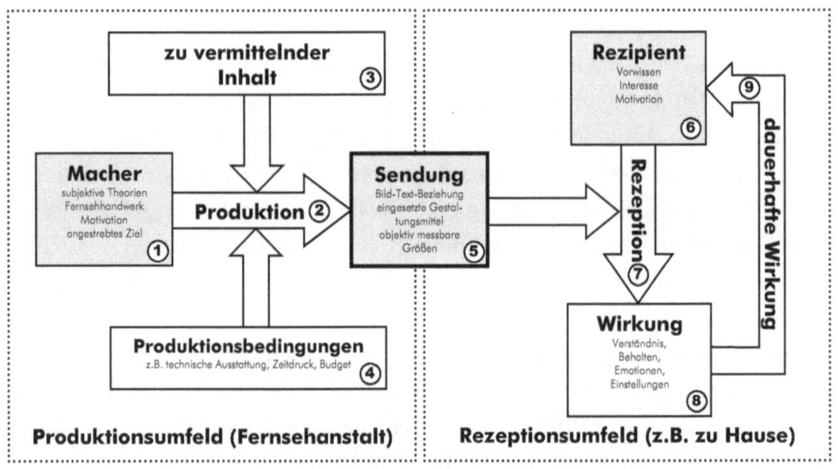

Abbildung 3: Kommunikationsmodell (eigener Entwurf)

Macher (1) und Rezipient (6) sind die aktiven Elemente. Der Macher produziert (2) die Sendung (5) und nutzt dazu den zu vermittelnden Inhalt (3), um ihn in die Sendung einzuarbeiten, unter Berücksichtigung der Produktionsbedingungen (4), um die Sendung auf bestimmte Art und Weise zu gestalten. Der Rezipient bringt die Bereitschaft zur aktiven Rezeption (7) und Umstrukturierung seiner Gedächtnisinhalte mit, er nutzt die durch die Sendung darge-

[16] s. Abschnitt 2.2.3 Kognitive Wirkungen: Verständlichkeit (S. 46)

[17] s. Abschnitt 2.2.4 Emotionale Wirkungen: Attraktivität (S. 61)

botenen Inhalte, um sie in sein Wissen und seine Einstellungen einzugliedern. Das Ergebnis (8) sind mehr oder weniger umfangreich modifizierte Strukturen und damit eine dauerhafte Wirkung (9) auf den Rezipienten, z.B. in Form neu erworbenen Wissens.

Rezipienten konstruieren sich ihre Fernseherlebnisse im Wesentlichen selbst. Dabei beziehen sie ihre bisherigen Erfahrungen ein, indem sie die Sendungen sehr selektiv konsumieren und nur das bewusst wahrnehmen, was in ihre vor der Betrachtung bereits vorhandenen Schemata passt. Jene Elemente der Sendung, die kognitive Dissonanzen hervorrufen würden, werden ausgeblendet (übersehen, überhört, ignoriert, uminterpretiert,...) oder sogar die ganze Sendung weg gezappt (defensive Selektivität).

Ähnliches gilt auch für die Macher. Inhalt und Erscheinungsbild der Sendung werden in hohem Maße von Vorstellungen, Intentionen und mentalen Strukturen der Macher bestimmt, und nur teilweise vom wissenschaftlichen Sachverhalt selbst.[18]

2.2.2.3 Besonderheiten des Fernsehens

Fernsehen als audiovisuelles Medium

Fernsehen kann durch gezielten Einsatz seiner optischen und akustischen Mittel in der Einflussnahme auf Meinungen und in der Vermittlung von Information und Bildung erheblich wirksamer sein als andere Massenmedien. (vgl. AUGST / SIMON / WEGNER 1982, S. 58).

Wesentlicher Vorteil audiovisueller Medien ist die große Anschaulichkeit durch Kombination verschiedener sich ergänzender Informationsträger wie Bilder, Ton, Text, Sprache und Musik (vgl. BLEICHER 1999, S. 254): Bilder und Filme können komplexe Vorgänge gut veranschaulichen und große Informationsmengen in kurzer Zeit anbieten. Durch das Zusammenwirken von Bild

---

[18] Allerdings setzen sich die Macher im Vorfeld der Produktion einer Sendung (in der Recherchephase) über einen längeren Zeitraum intensiv mit dem Thema auseinander, und zwar intensiver, als es der Rezipient während der z.B. 45 Minuten dauernden Betrachtung der fertigen Sendung tut. Die Gedächtnisinhalte der Macher werden also durch den Rechercheprozess, und damit durch die letztlich zu vermittelnden Inhalte, in hohem Maße umstrukturiert, insofern hat der zu vermittelnde Inhalt (3) doch einen deutlichen Einfluss auf die Macher (1) und damit auf die Produktion der Sendung (2). Das hier vorgestellte Modell ist in dieser Hinsicht nicht vollständig, da es diese Wirkungen nicht erfasst. Zur Veranschaulichung der wesentlichen Zusammenhänge ist es aber ausreichend.

und Ton können unterschiedliche Wahrnehmungskategorien angesprochen und Betroffenheit und Identifikation hervorgerufen werden. Audiovisuelle Medien kommen der Realität besonders nahe und können Sachverhalte zugänglich machen, die sich direkter Beobachtung entziehen (vgl. KITTELBERGER / FREISLEBEN 1994, S. 16).

Diesen Vorteilen stehen aber auch Nachteile gegenüber, etwa der Visualisierungszwang, d.h. die Tatsache, dass das Fernsehen gezwungen ist, immer Bilder zu zeigen, unabhängig davon, ob sich das behandelte Thema überhaupt visualisieren lässt. Zudem kommt der Vorteil des multisensorischen Charakters für die Verständlichkeit nur dann zum Tragen, wenn Bild und Text aufeinander bezogen sind. Sonst besteht die Gefahr, dass der Zuschauer sich von der Bildinformation ablenken lässt und wichtige Textpassagen überhört.[19] WEMBER spricht in diesem Zusammenhang von „Schadstoffen", die die Informationsaufnahme behindern (WEMBER 1983, S. 13).

Die Fernsehpraxis zeigt außerdem, dass meist der Text die Informationsvermittlung dominiert und die zusätzlichen Möglichkeiten, die das Fernsehen bietet, wenig genutzt werden. Fernsehmacher konzentrieren sich auf den Text und verwenden das Bild häufig undifferenziert und oberflächlich (vgl. KÖCK 1990, S. 141). Das liegt einerseits an der journalistischen Tradition, in der das Fernsehen steht, andererseits aber auch daran, dass sich Texte zur eindeutigen Informationsvermittlung meist besser einsetzen lassen als Bilder.[20]

Auch die Forschung präferiert den Wort-Anteil des Fernsehens gegenüber dem Bild: Hauptsächlich wird der Text analysiert, weil er sich mit relativ geringem Aufwand und sehr objektiv erfassen lässt. Bildliche Zusammenhänge müssen zur Erfassung und Auswertung häufig erst verbalisiert werden.

Fernsehen als lineares Medium

Neben dem Verhältnis von Text und Bild hat vor allem die Linearität, die das Fernsehen mit dem Hörfunk teilt und die es von Printmedien und Internet unterscheidet, Konsequenzen für die Informationsvermittlung: Die Reihenfolge und die Geschwindigkeit, mit der die Informationen angeboten werden, ist

[19] zum Problem des Bild-Text-Verhältnisses s. Abschnitt 2.2.2.4 Elemente des Fernsehens und deren Wirkung (S. 38)

[20] s. auch Abschnitt 2.1 Das Medium Fernsehen (S. 19)

vom Autor festgelegt und kann vom Rezipienten nicht beeinflusst werden. „Anhalten, Zurückblättern und nochmal Nachschauen geht leider nicht." (WEMBER 1983, S. 57) Beim Lesen kann der Einzelne seinen Lernprozess nach Belieben und nach seinen individuellen Fähigkeiten und Bedürfnissen organisieren, das Angebot des Fernsehens dagegen muss jeder so konsumieren, wie es produziert wurde. „Eine Anpassung an individuelle Lernbedürfnisse ist ausgeschlossen." (VON CUBE 1984, S. 156) Der Zuschauer ist dem *Ablaufzwang* des Mediums ausgesetzt, er müsste seine Verarbeitungsgeschwindigkeit an das Fernsehen anpassen, was er aber oft nicht schafft. Folge ist, dass der Zuschauer - wenn überhaupt - sehr oberflächlich lernt, weil er kaum die Möglichkeit hat, sich aktiv mit dem Inhalt der Fernsehsendung auseinander zu setzen oder über ein dargestelltes Problem nachzudenken, ohne die nächsten Informationen zu verpassen (vgl. AUGST / SIMON / WEGNER 1982, S. 18).[21] Wichtig ist für Fernsehsendungen deshalb eine deutliche Struktur und genug Zeit zur Verarbeitung. Schnell inszenierte Filme und Fernsehbeiträge verhindern die Verinnerlichung des Gezeigten, führen zur Überforderung des Zuschauers und nutzen die Vorteile des Fernsehens nicht (vgl. SCHNELL 2002, S. 46).

Das Fernsehen gilt grundsätzlich als „low-involvement-Medium" (KRUGMAN 1965, zit. nach BOCK 1990, S. 75), der Zuschauer ist hauptsächlich passiv. Das führt dazu, dass er vieles aufnimmt, was ihn gar nicht interessiert, weil er aktiv werden müsste, um die laufende Sendung weg zu zappen oder gar den Fernseher auszuschalten. Dagegen erfordert etwa schnelleres Weiterblättern in einem Druckmedium keinen zusätzlichen Aufwand (vgl. BOCK 1990, S. 76). Gerade Wissenschaftssendungen mit ihren komplexen Inhalten sind auf einen wachen und aufmerksamen Zuschauer angewiesen und sollten deshalb darauf achten, ihn nicht zu passivem Konsum zu verleiten, sondern ihn zu aktiver Auseinandersetzung anzuregen.[22]

Fernsehen als Nebenbei-Medium

In diesem Zusammenhang ist es als Nachteil anzusehen, dass Fernsehen von den meisten Zuschauern als Entspannungs- und Unterhaltungsmedium

[21] Durch die fehlende Möglichkeit zum Nachdenken können Fernseh-Informationen glaubwürdiger erscheinen als gedruckte, weil sie nicht kritisch hinterfragt werden.

[22] zu Möglichkeiten der Anregung einer aktiven Auseinandersetzung s. Abschnitte 2.2.4.2 Motivation (S. 62) und 2.2.4.3 Aufmerksamkeit und Interesse (S. 64)

empfunden wird, dem man ohne große Mühe folgen kann und das Informationen so anschaulich präsentiert, dass man sie ohne besonderen eigenen Aufwand aufnehmen und behalten kann. Das trifft aber oft nicht zu, gerade im Fall anspruchsvoller Wissenschaftssendungen. Die Vorstellung des Zuschauers, Fernsehen ließe sich leicht konsumieren, führt dazu, dass er den eigentlich nötigen mentalen Aufwand beim Betrachten einer Sendung nicht aufbringt. Das hat schlechtere Lern- bzw. Behaltensleistungen zur Folge (vgl. SCHNELL 2002, S. 43). Dem Zuschauer fällt das aber nicht auf, er empfindet die Sendung im Gegenteil als umso angenehmer, je weniger Konzentration und Anstrengung die Rezeption erfordert. Es zeigt sich, dass die „... subjektive Befriedigung der Zuschauer [...] nicht unbedingt mit Information zu tun" hat (KÖCK 1990, S. 143): Der Zuschauer empfindet die Sendung als unterhaltsam und betrachtenswert, nutzt sie aber nicht zum Wissenserwerb. Aufgabe einer Wissenschaftssendung - sofern sie tatsächlich einen Wissenszuwachs beim Zuschauer erreichen will - muss es also sein, den Zuschauer dazu zu bewegen, einen höheren mentalen Aufwand in die Rezeption der Sendung zu investieren.

Drei Theorien zur Beeinflussung des mentalen Aufwands sollen hier kurz erwähnt werden:

- Die *Attribuierungstheorie*, nach der die Bereitschaft, sich mental anzustrengen, von der wahrgenommenen Schwierigkeit der Aufgabe abhängt und bei anspruchsvollen aber lösbaren Aufgaben am größten ist (vgl. WEINER 1984, S. 296)
- Die *Schematheorie*, die besagt, dass die Vorerfahrungen entscheidend sind, da sie Überzeugungen und Erwartungen über den notwendigen Aufwand enthalten (vgl. DÖRR 1997, S. 72)
- Die Theorie der *epistemischen Neugier*, die das Bestreben, aufgrund neuartiger Informationen erlebte Unsicherheit aufzulösen, als entscheidendes Motiv für die Steigerung des mentalen Aufwands ansieht (vgl. BERLYNE 1974, S. 42).

2.2.2.4 Elemente des Fernsehens und deren Wirkung

Das Wesen des Fernsehens ergibt sich wie angesprochen aus der Kombination verschiedener Elemente:

- Bilder (Realbilder, Animationen, Standbilder, Grafiken etc.)
- Ton (Originalgeräusche, nachvertonte Geräusche, Toneffekte, Musik)
- Text (Sprache und Schrift)

Im Folgenden sollen vor allem Text- und Bildverarbeitung betrachtet werden, denn „[...] die gleichzeitige Verarbeitung von Bildern und Text in ihrer wechselseitigen Beeinflussung [stellt] das zentrale Problem des Audiovisuellen dar[...], auch wenn noch andere Informationen wie O-Ton oder Musik beteiligt sind." (BALLSTAEDT 1990, S. 30). Im Zusammenhang mit Informationsvermittlung ist unter Ton deshalb vor allem der Text zu verstehen, andere Ton-Elemente haben hauptsächlich unterstützende Funktion (z.B. Erzeugung von Authentizität, Emotionen und Orientierung).

Text: Sprache und Schrift

Text ist nicht in der gleichen Weise unmittelbarer Bestandteil des Fernsehens wie Bild und Ton, sondern ein mittelbares, abstraktes Phänomen. Er kommt im Fernsehen sowohl auf der Bild- als auch auf der Ton-Ebene vor: als Schrift und als gesprochener Text.

Schrift als Form direkter sprachlicher Informationsvermittlung wird im Fernsehen als Gliederungsinstrument (Vor- / Abspann, Schrifttafeln, Einblendungen) und zur Orientierung, jedoch nicht in ihrer klassischen Form als Speicher- und Übermittlungsmedium größerer Informationsmengen genutzt (vgl. BLEICHER 1999, S. 256f). Diese Aufgabe übernimmt hier die Sprache: Der größte Teil der Informationen wird im Fernsehen normalerweise über den gesprochenen Text vermittelt.

Das kognitive System speichert Bildliches und Sprachliches offenbar in ähnlicher Form, nämlich als abstrakte „Propositionen" bzw. „Konzepte" (BALLSTAEDT 1990), die amodal, also weder Bild noch Ton sind.[23] Deswegen sehen AUGST, SIMON und WEGNER linguistische Theorien als für die Analyse des Fernsehprogramms geeignet an (vgl. AUGST / SIMON / WEGNER 1982, S. 13).

So lassen sich „... Erklärungen, Begriffe und Theorien über die Verständlichkeit von ‚Wort'texten [...] ohne Einschränkungen auf ‚Fernseh'texte übertragen" (AUGST / SIMON / WEGNER 1985, S. 352), und es erscheint gerechtfertigt, auch eine gesamte Fernsehsendung, die aus Text, Bildern und Tönen besteht, als „Text" aufzufassen, der zwar komplexer als ein reiner Wort-Text ist, aber wie dieser ein Gebilde darstellt, das aus dem Ineinandergreifen verschiedener Regelsysteme resultiert (vgl. AUGST / SIMON / WEGNER 1982, S. 11).

---

23 Im Gegensatz dazu sind „Perzepte" Wahrnehmungseinheiten, die sich eindeutig einer Modalität (Bild oder Ton) zuordnen lassen (vgl. BALLSTAEDT 1990).

Das Hören und Verstehen eines Textes kann man sich als Integration der im Text angebotenen Wissensstruktur in das Vorwissen des Rezipienten vorstellen (vgl. AUGST / SIMON / WEGNER 1982, S. 19). Das objektive Informationsangebot des Textes wird ausgewertet und auf das Wesentliche reduziert (vgl. AUGST / SIMON / WEGNER 1982, S. 23). Der Text aktiviert beim Rezipienten bestimmte bereits vorhandene Konzepte, die dann modifiziert und in neue Zusammenhänge eingebunden werden können (vgl. BALLSTAEDT 1990, S. 37f). Dabei wird je nach Intensität der Aktivierung zwischen Fokus und Peripherie unterschieden.[24] Die vom Text angeregten Modifizierungen und neu geschaffenen Relationen der Konzepte stellen das eigentliche Lernergebnis dar.

Bild

Da Bilder weniger eindeutig sind als Texte, eignen sie sich eher als Träger symbolischer Bedeutungen. In Film und Fernsehen sind zwei Lesarten visueller „Texte" möglich: Die Rezeption des Bildes als Narration ohne Berücksichtigung symbolischer Bedeutungen und die Decodierung der hinter der visuellen Darstellung liegenden symbolischen Bedeutung (vgl. BLEICHER 1999, S. 262).

Im Bereich der Bildgestaltung haben sich zahlreiche Stereotypen entwickelt, die symbolische Bedeutungen haben, dazu gehören die Verwendung von Schlüsselbildern (besonders in Nachrichtenbeiträgen) und die Standardisierung bestimmter Kamera-Einstellungsgrößen (vgl. BLEICHER 1999, S. 264f).

Die Bildwahrnehmung ist im Vergleich zur Textwahrnehmung deutlich selektiver: Menschen können nur die Dinge wahrnehmen, die sie irgendwann zu sehen gelernt haben, bzw. sie nehmen solche Dinge bevorzugt wahr (vgl. z.B. KÖHLER 1971; WERTHEIMER 1967).

Im Vergleich zur natürlichen Wahrnehmung sind Fernsehbilder ortsgebunden und damit informationsärmer. VAN APPELDORN behauptet, dass es keinerlei Ähnlichkeit zwischen dem menschlichen Sehen und der Fotografie bzw. Kinematografie gibt (VAN APPELDORN 1990, S. 16), was wohl etwas zu weit geht, denn Fernsehbilder liefern zumindest ähnliche Sinneseindrücke wie die natürliche Wahrnehmung, wenn man einmal von den Möglichkeiten der Montage absieht (vgl. BALLSTAEDT 1990, S. 38).

---

[24] zum diesen Ausführungen zugrundeliegenden theoretischen Modell vgl. BALLSTAEDT 1990, S. 37f

Die Verarbeitung von Bildern erfolgt ebenfalls mit Fokus und Peripherie: Auf den ersten Blick verschafft sich der Zuschauer eine globale Orientierung, dann erfolgt die Detailauswertung über eine Folge von Blicksprüngen und Fixationen (vgl. BALLSTAEDT 1990, S. 40). Bilder werden zwar ganzheitlich wahrgenommen, aber der Inhalt wird seriell verarbeitet. Im Fernsehen bietet dabei die Montage eine begrenzte Möglichkeit, die Bildverarbeitung zu steuern. Komplexe Bilder sollten länger gezeigt werden, um dem Zuschauer genug Zeit zur vollständigen Verarbeitung zu geben (vgl. BALLSTAEDT 1990, S. 41).

Bild und Textverarbeitung finden also beide auf den zwei Ebenen Fokus und Peripherie statt, die sich ähnlich wie Figur und Grund in der Gestaltpsychologie verhalten. In der Textverarbeitung ist die Reihenfolge vorgegeben, in der Bildverarbeitung dagegen individuell (vgl. BALLSTAEDT 1990, S. 41).

Bild und Text: Summierung oder Selektion

Das Besondere am audiovisuellen Medium Fernsehen ist nun, dass es Bild und Text nicht hintereinander oder nebeneinander, sondern gleichzeitig präsentiert und damit die unmittelbare Verknüpfung beider Informationsträger möglich - aber auch erforderlich - macht.[25] So kann das Bild den Sprachaufbau verändern, wenn es als Bedeutungsträger ernstgenommen wird: Die Sprache bekommt dann die Funktion einer Ergänzung der Bildinformation (vgl. BLEICHER 1999, S. 257). In den meisten Sendungen ist es aber offenbar so, dass das Bild die Begleitfunktion gegenüber dem Hauptinformationsträger Text einnimmt.

Da das Fernsehen mehrere Kanäle zugleich nutzt, müssen beim Zuschauer mehrere kognitive Systeme gleichzeitig aktiv sein, und die Verarbeitung von Bild und Text muss nicht nur jeweils für sich, sondern vor allem im Zusammenspiel betrachtet werden (vgl. KÖCK 1990, S. 138). Denn Bild und Ton werden offenbar vom Rezipienten integriert, was die Speicherung der Informationen optimieren oder negativ beeinflussen kann (vgl. AUGST / SIMON / WEGNER 1982, S. 13).

[25] Es gibt aber auch im Alltag viele Situationen, in denen visuelle und sprachliche Informationen zusammen auftreten. Audiovisuelle Informationen sind somit für den mentalen Apparat nichts Neues, und das Verhältnis von Sehen und Sprache wird in Psycholinguistik, Entwicklungspsychologie und Kunstpsychologie schon seit langem diskutiert (z.B. ARNHEIM 1969; NELSON 1977; JACKENDOFF 1987; zit. nach BALLSTAEDT 1990, S. 30).

Zur audiovisuellen Informationsvermittlung des Fernsehens gibt es zwei gegensätzliche Positionen: Die Reiz-Summierungs-Theorie und die Selektions- bzw. Einkanaltheorie.

Die *Reiz-Summierungs-Theorie* geht davon aus, dass durch die Kombination von Bild und Ton die Kommunikations- und Lernmöglichkeiten erweitert werden (HEIMANN 1963; HUNZIKER 1973; MAST 1977). So wird durch wechselseitige Ergänzung der beiden Kanäle das Verstehen erleichtert, da das Lernen auf mehr Sinnesreize aufbauen kann. Die audiovisuelle Superstruktur bzw. Tonbildsprache bietet ästhetisch, rhetorisch und kognitiv neue und effektivere Vermittlungsformen. Bilder können zeigen, wie die Sprachinformationen zusammenhängen und ein Grundgerüst für die Integration der Informationen bilden. Mit ihnen können außerdem große Datenmengen gleichzeitig präsentiert werden, die im Text in eine lineare Abfolge gebracht werden müssten, und schwer beschreibbare Details lassen sich anschaulich darstellen (vgl. BALLSTAEDT et al. 1981, S. 235; WINTERHOFF-SPURK 1986, S. 156; BALLSTAEDT 1990, S. 29).

Die *Selektionstheorie* dagegen sieht vor allem die Gefahr kognitiver Überforderung durch die große Informationsdichte und die Vorgabe des Aufnahmetempos (vgl. MANDER 1978, POSTMAN 1985.1). Das kann dazu führen, dass nicht mehr alle Informationen aufgenommen und verarbeitet werden können, besonders, wenn es Abweichungen und Widersprüche zwischen Bild und Text - eine sogenannte „Bild-Text-Schere" (WEMBER 1983) - gibt. Dann kommt es zur Selektion, d.h. der Zuschauer beachtet nur noch das Bild oder nur noch den Text, oder er springt hin und her („switching"). Die Integration beider Informationsquellen wird so verhindert, es kommt zu oberflächlicher, fragmentarischer Verarbeitung und der Lernerfolg ist nicht gegeben (vgl. BALLSTAEDT 1990, S. 29; STURM 1989; SALOMON 1979; WEMBER 1983, S. 46f; BOCK 1990, S. 85).

Beide Theorien schließen sich nicht gegenseitig aus, sie können beide abhängig von Informationsdichte und Bild-Text-Verhältnis zutreffen: Die Summierungstheorie wird vor allem dann relevant sein, wenn das Fernsehangebot so gestaltet ist, dass der Zuschauer genug Zeit hat, alle Informationen aufzunehmen und zu verarbeiten. Die Selektionstheorie erscheint dagegen besonders in Rezeptionssituationen plausibel, in denen die Informationsdichte hoch ist und Bild und Text nicht optimal aufeinander abgestimmt sind.[26]

Zur Beschreibung von Bild-Text-Verarbeitungsprozessen durch den Rezipienten sind drei Modelle gängig, die auf dem konstruktiven Paradigma[27] aufbauen. Alle drei gehen davon aus, dass die Bild- und Text-Informationen zur Verarbeitung drei Abstraktionsebenen durchlaufen. In der ersten Ebene erfolgt die Aufnahme von Reizen über unterschiedliche Systeme und in getrennten Prozessen für Bild und Text (bzw. Ton). In der weiteren Verarbeitung (zweite und dritte Ebene) unterscheiden sich die Modelle:

Dem Modell der *dualen Kodierungstheorie* zufolge findet die Informationsverarbeitung auf der zweiten und dritten Ebene ebenso in nach Bild und Text getrennten Verarbeitungssystemen statt, erst am Ende der dritten Ebene interagieren beide. Der Lerneffekt soll durch die Nutzung zweier Systeme steigen, hier zeigen sich Ähnlichkeiten zur Reiz-Summierungs-Theorie (vgl. PAIVIO 1971, zit. nach BALLSTAEDT 1987, S. 8).

Das Modell der *amodalen Verarbeitung* geht dagegen davon aus, dass alle Informationen (ob auditiv oder visuell) ab der zweiten Ebene in ein propositionales, amodales Format übersetzt werden und dann miteinander verknüpfbar sind. Am Eingang des amodalen Systems kann es dabei zur Überforderung der Kapazitäten kommen, so dass nicht alle Informationen übersetzt werden können, dieses Modell zeigt deutliche Nähe zur Selektionstheorie (vgl. BALLSTAEDT 1987, S. 10).

Das dritte Modell stellt einen *Kompromiss* dar, der für die zweite Ebene getrennte und für die dritte amodale Verarbeitung annimmt. Die Verbindung zwischen visuellem und auditivem System soll auch ohne direkte Vermittlung des konzeptuellen Systems möglich sein, wenn die Zuordnung eines Wortes zu einem Objekt bzw. Bild einmal hergestellt, d.h. erlernt wurde (vgl. BALLSTAEDT 1987, S. 11; Theorie von SNODGRASS 1984, zit. nach DIEDERICHS 1994, S. 23). Die für den Lernerfolg entscheidende „audiovisuelle Integration“

[26] Beide Theorien wurden bisher weder widerlegt noch bestätigt, auch wenn beide empirische Beweise vorweisen können (Summierungstheorie: HARTMANN 1961, SEVERIN 1967; Selektionstheorie: TRAVERS 1970; zit. nach BALLSTAEDT 1990, S. 29). BALLSTAEDT spricht von einem „Flickenteppich an Befunden“ (1987, S. 5).

[27] s. Abschnitt 2.2.2.2 Theoretische Aspekte der Informationsverarbeitung (S. 31)

ist aber dennoch nur über das konzeptuelle System möglich (vgl. BALLSTAEDT 1990, S. 35).

Audiovisuelle Integration bedeutet das Zusammenfügen von bildlichen und sprachlichen Einzelinformationen zu einer Gesamtinformation. BALLSTAEDT unterscheidet drei Fälle der Integration, die zunehmenden Verarbeitungsaufwand erfordern: Integration durch Redundanz, Komplementarität und Inferenz (BALLSTAEDT / MOLITOR / MANDL 1987, S. 29-39; BALLSTAEDT 1988, S. 10-15; BALLSTAEDT 1990, S. 35-37).

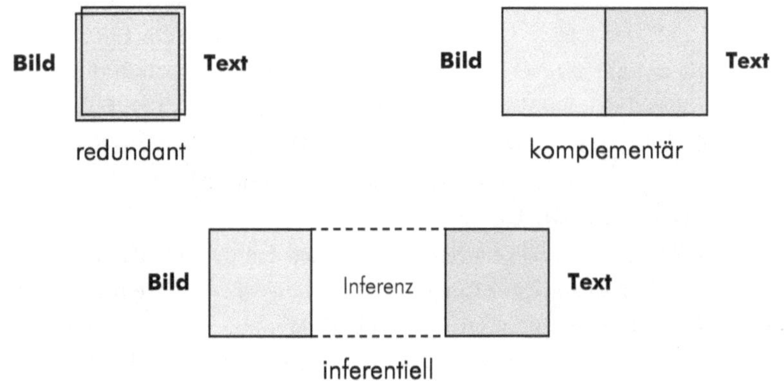

Abbildung 4: drei Fälle audiovisueller Integration (in Anlehnung an BALLSTAEDT 1988)

Die Integration durch *Redundanz* ist der einfachste Fall: Text und Bild aktivieren die gleichen Konzepte, z.B. durch Zuordnung eines Wortes zu einem Bild. Redundanz ist sinnvoll, wenn Neues gelernt, also Konzepte erst aufgebaut werden sollen, sonst wirkt sie schnell langweilig.

Integration durch *Komplementarität* liegt vor, wenn Text und Bild verschiedene Konzepte aktivieren, diese aber durch ein Schema verknüpft sind, das der Rezipient in einem früheren Lernprozess aufgebaut hat. Text bzw. Bild weisen Leerstellen auf, die das jeweils andere Medium füllt; zur Erschließung der Gesamtbedeutung müssen beide Informationsquellen genutzt werden.

Das Schema zur Verknüpfung muss aber bereits in Form von Vorwissen vorhanden sein, sonst fallen Text und Bild auseinander.[28]

Am aufwändigsten ist die Integration durch *Inferenz*: Sie erfolgt durch Schlussfolgerungen zwischen den aktivierten Konzepten. Dazu ist eine Bild-Text-Schere erforderlich, „... die sich erst durch aktive Verarbeitung im Kopf des Rezipienten schließt" (BALLSTAEDT 1988, S. 12). Die Verbindungen zwischen den aktivierten Konzepten müssen erst konstruiert werden, dadurch können neue Schemata entstehen. Es gibt Grenzen der inferentiellen Verarbeitung, die eine Sendung (besonders bei geringem Vorwissen) schwer verständlich machen können, andererseits darf man die Tendenz der Zuschauer zur Sinnsuche nicht unterschätzen.

Etwa fünf bis sieben Konzepte können gleichzeitig verknüpft werden. Bei der im Fernsehen häufig anzutreffenden hohen Informationsdichte kann die konzeptuelle Verarbeitung deshalb schnell an Kapazitätsgrenzen stoßen (vgl. BALLSTAEDT 1990, S. 42). Bei Überforderung bricht das kognitive System nicht etwa zusammen, sondern es wählt aus: Eine mögliche Strategie ist die Verarbeitung nur des Bildes oder nur des Tons, was aber nicht mediengerecht ist, da das Fernsehen dann zum Hörfunk oder zum Bildstreifen verkommt und die Möglichkeiten des Audivisuellen nicht genutzt werden (vgl. BALLSTAEDT 1990, S. 43; WEMBER 1983, S. 48ff). Wahrscheinlicher ist eine „Switching"-Strategie, also das Springen von einem Kanal zum anderen. Sie ist zwar Voraussetzung für die audiovisuelle Integration, birgt aber die Gefahr unvollständiger Auswertung.

Die beste Lösung zur Darbietung audiovisueller Informationen scheint deshalb die komplementäre Gestaltung zu sein: Redundanz ist schnell langweilig, Inferenz dagegen kann bei geringem Vorwissen überfordern. Auf jeden Fall sollte man der Versuchung widerstehen, beide Kanäle zugleich „voll zu stopfen". Ein komplexes Bild darf nicht „zugetextet" werden, und ein schwieriger Text muss mit einfachen, ohne Anstrengungen zu rezipierenden Bildern (Grafiken, Standbilder, Texttafeln) versehen werden (vgl. BALLSTAEDT 1990, S. 43).

[28] Insbesondere die Komplementarität als Mittel, durch aktive Erschließung der Gesamtbedeutung optimalen Lernerfolg zu erzielen, dürfte in der zukünftigen Medienforschung eine wichtige Rolle spielen.

Ton und Musik

Ton und Musik spielen in der Informationsvermittlung gegenüber Bild und Text eine untergeordnete Rolle. Ihre Aufgabe ist es vor allem, Authentizität und Orientierung zu vermitteln sowie Emotionen und Spannung zu erzeugen. Diese Wirkungen sind dem Zuschauer oft nicht bewusst.

Originalton und Geräusche sind wichtige Elemente der synästhetischen Vermittlungsstrategie des Fernsehens und damit eine Voraussetzung für den besonderen Realitätseindruck dieses Mediums (vgl. BLEICHER 1999, S. 259; SCHNELL 2002, S. 74). Außerdem können sie im Rahmen der Nutzung des Fernsehens als Nebenbei-Medium[29] dazu dienen, an Höhepunkten der Handlung die Aufmerksamkeit des Zuschauers auf Bild und Text zu lenken, z.B. durch Erhöhung der Lautstärke.

Musik kann zwei Funktionen haben: Zum einen kann sie *autonom* sein, etwa in einem Konzertmitschnitt: Dort steht die Musik im Mittelpunkt und die Bilder begleiten sie. Zum anderen kann die Musik *funktional* sein, d.h. sie begleitet Bild und Text, etwa so wie auch Geräusche (vgl. SCHNELL 2002, S. 75). Der zweite Fall ist im Fernsehen die Regel und auch für Wissenschaftssendungen von Bedeutung. Aufgabe der begleitenden Musik ist es dabei, einerseits durch Titelmelodien, Jingles und Leitmotive Orientierung zu schaffen und verschiedene Sequenzen zu verbinden (denotativ), andererseits Emotionen hervorzurufen und Spannung aufzubauen (konnotativ). Auch das bewusste Weglassen von Musik hat in diesem Zusammenhang eine Funktion und eine bestimmte Wirkung (vgl. BLEICHER 1999, S. 260; SCHNELL 2002, S. 75).

2.2.3 Kognitive Wirkungen: Verständlichkeit

Wissenschaftssendungen im Fernsehen müssen, wenn sie für ein Massenpublikum geeignet sein sollen, zwei wesentliche Eigenschaften aufweisen (vgl. FREUND 1990, S. 17):

- *Verständlichkeit*: Komplizierte Sachverhalte müssen so aufbereitet werden, dass sie auch ohne Fachkenntnisse verständlich sind.
- *Attraktivität*: Die Sendungen müssen interessant und unterhaltsam sein, um trotz Konkurrenz durch Unterhaltungsangebote auch Laien anzulocken.

[29] s. Abschnitt 2.2.2.3 Besonderheiten des Fernsehens (S. 35)

Verständlichkeit und Attraktivität sind keine objektiv ermittelbaren Produkteigenschaften, sondern ergeben sich erst im Lauf des Rezeptionsprozesses in der Interaktion mit dem Zuschauer. Es hat sich aber gezeigt, dass bestimmte Gestaltungselemente, also Produktmerkmale, sehr stark mit bestimmten wahrgenommenen Eigenschaften wie z.B. Verständlichkeit und Attraktivität, korrelieren. Insofern ist es in begrenztem Umfang möglich und zulässig, von Produktmerkmalen auf die Attraktivität und Verständlichkeit einer Sendung zu schließen.

Verständlichkeit hängt besonders mit kognitiven Prozessen zusammen und ist daher eher dem Bereich „Information und Bildung" zuzuordnen (Abschnitt 2.2.3), *Attraktivität* dagegen verbindet sich eher mit emotionalen Prozessen (die oft auf kognitiven beruhen) und ist besonders im Bereich „Unterhaltung" von großer Bedeutung (Abschnitt 2.2.4).[30]

2.2.3.1 Lernen

Das Fernsehen wird vom Zuschauer nicht unbedingt mit Lernen in Verbindung gebracht, aber „Wenn das Ziel von Informationssendungen ist, Details und Zusammenhänge klarzumachen, dann handelt es sich eindeutig um einen bewusst intendierten Lernprozess. Es geht demnach nicht um kurzfristige oberflächliche Unterhaltungsstimulanz, die nach dem Konsum spurlos vorbeirauscht, sondern Informationen werden gegeben, damit sie verstanden werden, damit aus diesem Verstehen heraus Informationszuwachs, klärende Reflexion und anwendbare Einsichten entstehen." (WEMBER 1973, zit. nach TÜRER 1989, S. 4f)

Unter Lernen versteht man die Aneignung von Kenntnissen oder Fertigkeiten, oder allgemein eine „Verhaltensänderung, die nicht durch Reifungsvorgänge, Verletzungen oder Erkrankungen (bzw. toxische Einwirkung), Ermüdungsprozesse oder durch ‚Anlagen' (das sind ererbte Verhaltensweisen wie Instinkte und Reflexe) erklärt werden kann." (JOERGER 1980, S. 17).

[30] Natürlich ist die Trennung zwischen kognitiven Verständlichkeits- und Lerntheorien einerseits und emotionalen Wirkungen bzw. Attraktivität andererseits schwierig, da sich beides gegenseitig bedingt und miteinander verknüpft ist. Deshalb werden sich gewisse Überschneidungen und Wiederholungen in den beiden folgenden Abschnitten nicht vermeiden lassen.

Die Lerntheorie unterscheidet drei Arten des Lernens (vgl. SCHNELL 2002, S. 11-17):

- Reiz-Reaktions-Lernen (Konditionierung)
- instrumentelles Lernen (Lernen durch Belohnung und Bestrafung)
- kognitives Lernen (Aufbau von Wissen oder Aneignung von Fertigkeiten durch aktive kognitive Strukturierungsprozesse).

Im Zusammenhang mit Fernsehsendungen ist vor allem das kognitive Lernen von Bedeutung, wenngleich in bestimmten Fällen auch eine Konditionierung (vor allem im emotional-motivationalen Bereich) eintreten kann. Die zu lernenden Inhalte werden dem Lernenden (in diesem Fall also dem Zuschauer) normalerweise in fertig aufbereitetem Zustand dargeboten, er muss sie also lediglich begreifen und in seine kognitive Struktur eingliedern. Damit handelt es sich um „rezeptives Lernen" (AUSUBEL 1980, S. 90; HOFER 1974, S. 839), im Gegensatz zu aktiv entdeckendem, problemlösendem Lernen.

Das Lernen mit bzw. beim Fernsehen ist von einigen Besonderheiten gegenüber einer „normalen" Lernsituation geprägt: Zum einen gibt es keine direkte Rückkopplung und damit keine Möglichkeit, die Effizienz der Lehrstrategie zu prüfen (Zuschauerpost, Pressekritik und Einschaltquoten bringen keine zuverlässigen bzw. signifikanten Erkenntnisse; eine zuverlässige Rückmeldung ist nur über die Medienwirkungsforschung möglich), zum anderen handelt es sich beim Fernsehpublikum um eine sehr heterogene Lerngruppe, die zudem sonst nicht mit Wissenschaft in Berührung kommt (vgl. AUGST / SIMON / WEGNER 1982, S. 17f). Die Inhalte müssen also besonders verständlich aufbereitet werden.[31]

Ein weiterer wichtiger Aspekt in diesem Zusammenhang ist die Lernstrategie: Unter organisierten Bedingungen (Schule, Universität etc.) wird bewusst und gezielt (intentional) gelernt, beim Fernsehen dagegen eher unbewusst und beiläufig (inzidentell). Ob die Lernleistung bei intentionalem Lernen signifikant höher ist als bei inzidentellem, konnte bisher trotz zahlreicher Untersuchungen[32] noch nicht eindeutig geklärt werden (vgl. STRITTMATTER et al. 1990, S. 242ff; GÖPFERT 1990, S. 127).

[31] zur verständlichen Aufbereitung s. auch Abschnitt 2.3.4 Popularisierung der Wissenschaft (S. 85)

[32] u.a. KWIATEK / WATKINS 1984, zit. nach STRITTMATTER et al. 1990, S. 243; WINTERHOFF-SPURK 1983; SCHÖNPFLUG / BEIKE 1964; STRITTMATTER et al. 1988. Hierbei sind die Ergebnisse der Ex- →

2.2.3.2 Verstehen und Verständlichkeit

Wesentliche Voraussetzung für das Lernen ist *Verstehen,* d.h. die Informationen in einen sinnvollen Zusammenhang zu bringen. Ergebnis des Verstehensprozesses ist *Verständnis. Verständlichkeit* ist eine Eigenschaft der jeweiligen Sendung, die besagt, wie gut sie zu verstehen ist. Sie ist aber keine absolute Größe, sondern im Verhältnis zu den Eigenschaften des Zuschauers zu sehen. Laut KÖCK kommt Verständnis durch die Interaktion von vier Faktoren zustande: Zuschauer, Produkt, Situation und Verwendungszusammenhang (vgl. KÖCK 1990, S. 136).

Verstehen

Seit der kognitiven Wende wird das Verstehen von Wissenschaftssendungen nicht mehr als Informationsübertragung, sondern als „... vom Rezipienten aktiv gestalteter Interaktionsprozeß" (KÖCK 1990, S. 136) betrachtet. Dabei interagieren zwei Teilprozesse miteinander: Einerseits aktiviert der Text bestimmtes Vorwissen beim Rezipienten (textgeleitete bzw. bottom-up-Prozesse), andererseits lösen Vorwissen und Zielsetzungen des Rezipienten bestimmte Erwartungen und Suchprozesse aus (schemageleitete bzw. top-down-Prozesse) (vgl. FREDERIKSEN 1977).

Entsprechend diesen beiden Prozessen lässt sich das Textverstehen mit text- und schemageleiteten Ansätzen erklären. Die *textgeleiteten* Ansätze beschäftigen sich mit der Struktur des Textes selbst und versuchen sie in Form von Propositionen oder Makro- und Mikrostrukturen zu beschreiben (vgl. KINTSCH et al. 1975; VAN DIJK 1977). Die *schemageleiteten* Ansätze befassen sich mit der Anordnung des Wissens im Gedächtnis des Rezipienten in Form von Schemata, Frames oder Skripts (vgl. HOPPE-GRAFF 1984, S. 17; MINSKY 1975, zit. nach BALLSTAEDT et al. 1981, S. 27; SCHANK / ABELSON 1977). Beide Ansätze teilen die Sichtweise, dass es sich beim Verstehen eines Textes um einen fortlaufenden aktiven Konstruktionsprozess handelt (vgl. DIEDERICHS 1994, S. 16).

Um diesen Konstruktionsprozess zu erleichtern, ist ein gut strukturierter Text nötig, besonders im Fernsehen, wo die Informationen schnell aufeinander folgen, der Rezipient keinen Einfluss auf die Geschwindigkeit hat und er

perimente nur bedingt vergleichbar, da sich die Operationalisierungen der Bedingung „inzidentelles Lernen" unterscheiden.

außerdem aufeinanderfolgende und gleichzeitige Bild- und Toninformationen miteinander verknüpfen muss (vgl. BOCK 1990, S. 78).[33]

Verständlichkeit

Verständlichkeit ist zwar wie dargestellt keine reine Produkteigenschaft, sondern in Beziehung zum Rezipienten zu sehen, sie hängt aber doch entscheidend von der Gestaltung der Sendung ab und kann innerhalb gewisser Grenzen durch Inhaltsanalysen vorhergesagt werden. Bei der Gestaltung von Fernseh-Wissenschaftssendungen ist Verständlichkeit das Hauptproblem, denn einerseits ist sie im Fernsehen aus den oben angesprochenen Gründen schwerer herzustellen als etwa in Druckmedien, andererseits erfordern insbesondere Wissenschaftssendungen zum Verständnis Vorwissen. Wenn eine Sendung aber unverständlich bleibt, wird der Inhalt schlecht behalten und die Sendung wirkt unangenehm. Deshalb sollte die Verständlichkeit bei der Gestaltung im Vordergrund stehen (vgl. BOCK 1990, S. 84). Dabei können auch Erkenntnisse der Didaktik, der Wissenschaft vom Lehren und Lernen, hilfreich sein.

Allerdings ist hervorzuheben, dass ein Fernsehangebot, das maximal verständlich und sehr leicht konsumierbar gestaltet ist, nicht unbedingt das Optimum darstellt. Es besteht die Gefahr, dass derartiges Material langweilt und ebenso „durchrauscht" wie zu schwer verständliches. Das Fernseh-Angebot sollte den Zuschauer fordern und gewisse Widerstände bieten, damit er das Material wirklich verarbeiten muss. Kognitive Aktivität führt vermutlich zu differenzierterer Analyse und damit zu höherem Lernerfolg als der bloße Konsum leicht organisierbarer Informationen (vgl. BOCK 1990, S. 77f). Sowohl Über- als auch Unterforderung sind also schlecht. Laut GROEBEN entspricht die Beziehung zwischen Verständlichkeit und Lernerfolg einer umgekehrten U-Funktion: Mittlere Verständlichkeit ist am besten (vgl. GROEBEN 1982, S. 207).

2.2.3.3 Behalten

Zwischen Verstehen und Behalten besteht ein enger Zusammenhang: Verstehen ist wichtige Voraussetzung für das Behalten[34], und beide basieren auf

[33] zu Eigenschaften verständlicher Sendungen vgl. Abschnitt 2.2.3.4 Verständliche Gestaltung: Produktvariablen (S. 51)

Organisationsprozessen (vgl. BOCK 1990, S. 77). Die Verständlichkeit einer Informationssendung wird üblicherweise durch Prüfung der Behaltensleistung ermittelt. Dabei sind zwei Methoden möglich:

- freie Erinnerung (recall): Der Proband muss sein Gedächtnis ohne Hilfestellung nach der Information absuchen und eine darauf bezogene Äußerung produzieren.
- Wiedererkennen (recognition): Der Proband muss nur die richtige Antwort auswählen, was erheblich leichter ist und auch mit unvollständigem Wissen gelingt (vgl. TRAVERS 1978, S. 129f, zit. nach TÜRER 1989, S. 14).

Das eigentliche Ziel von Wissenschaftssendungen ist, dass die Informationen nicht nur kurzfristig verstanden werden, sondern auch langfristig im Gedächtnis bleiben. Lernpsychologische und didaktische Erkenntnisse über Faktoren, die das Behalten fördern, sind deshalb für die Gestaltung der Sendungen ebenfalls bedeutend.

2.2.3.4 Verständliche Gestaltung: Produktvariablen

Der Produzent einer Wissenschaftssendung hat bestimmte Ziele, z.B. den Wissensbestand seiner Zuschauer zu erweitern.[35] Texte bzw. Sendungen werden also mit der Absicht gestaltet, „...die jeweiligen Intentionen möglichst mitteilungswirksam in eine Abfolge von sprachlichen Informationen, angefangen vom entsprechenden Gesamtaufbau der Darbietung bis hin zu geeigneten sprachlichen Formulierungen, umzusetzen." (BALLSTAEDT et al. 1981, S. 107) Ob die intendierte Wirkung erreicht wird, hängt zwar auch entscheidend von Zielen, Interessen, Fähigkeiten und Vorwissen des Zuschauers ab, aber je nachdem, wie ansprechend der Text bzw. die Sendung gestaltet ist, wird der Zuschauer seine Interessen und Fähigkeiten mehr oder weniger mobilisieren sowie sein Vorwissen mehr oder weniger aktivieren.

---

[34] Hier muss zwischen Faktenwissen und Zusammenhangswissen unterschieden werden. Faktenwissen kann auch ohne Verständnis durch einfaches Auswendiglernen erworben werden, für Zusammenhangswissen ist dagegen Verständnis nötig.

[35] Die Ziele können aber auch andere sein, s. Abschnitt 2.3.1 Aufgaben von Wissenschaftssendungen (S. 72)

MEUTSCH et al. nennen drei Faktoren, die das relative Phänomen „Verständlichkeit von Wissenschaftssendungen" beeinflussen (vgl. MEUTSCH et al. 1990, S. 46f):

1. Produktvariablen (z.B. Strukturierung, Einfachheit)
2. Rezipientenvariablen (z.B. Interessen, Vorwissen)
3. Kontextvariablen in Rezeptions- und / oder Äußerungssituationen (z.B. Lernsituation)

Auch wenn die Verständlichkeit einer Sendung keine reine Produkteigenschaft ist, sondern wie oben angesprochen das Ergebnis einer Interaktion von Sendungseigenschaften, Zuschauervoraussetzungen, Fernsehsituation und Verwendungsperspektiven (vgl. FREUND/ KÖCK 1994, S. 196), haben die Produkteigenschaften doch großen Einfluss auf die Verständlichkeit, denn sie machen es für den Rezipienten einfacher oder schwerer, seine Fähigkeiten einzubringen, mit dem Ziel, Verständnis herbeizuführen. Empirische Studien haben ergeben, dass ein deutlicher Zusammenhang zwischen Ausprägung bestimmter Produktvariablen und Verständlichkeit der Sendung durch verschiedene Rezipienten besteht. Es lassen sich also aufgrund der Produktvariablen durchaus Aussagen darüber machen, wie verständlich die Sendung im Durchschnitt sein wird.

Für die Verständlichkeit von Wissenschaftssendungen sind folgende Produktvariablen von besonderer Bedeutung:

- Textgestaltung, Sprach- und Sprechstil
- Strukturierung, Gliederung, Ordnung
- Vereinfachung, Reduktion
- Visualisierung
- Zusätzliche Stimulanz bzw. kognitiver Konflikt
- Themenauswahl[36]

Die Wichtigkeit der einzelnen Variablen wird in Untersuchungen zur Textverständlichkeit unterschiedlich gesehen: So sieht der *dimensionale* Ansatz (LANGER / SCHULZ VON THUN / TAUSCH 1974) Einfachheit als wichtigsten und Gliederung als zweitwichtigsten Faktor an, während der *interaktionale* Ansatz (GROEBEN 1982, S. 199-207) Struktur und Gliederung in den Mittelpunkt stellt

[36] nicht jedes Thema lässt sich im Fernsehen gleich gut verständlich darstellen, s. dazu Abschnitt 2.3.4.2 Popularisierung durch Themenauswahl (S. 86)

und den übrigen Variablen lediglich die Funktion einer „Feinabstimmung“ zuerkennt (vgl. auch GROEBEN 1978, S. 123).

Textgestaltung, Sprach- und Sprechstil

Das Grundproblem der Textgestaltung für Fernsehsendungen ist, dass (gesprochene) Fernsehsprache wegen der Besonderheiten des Mediums[37] deutlich anders, nämlich erheblich einfacher, formuliert sein muss, als Schriftsprache. Das wird aber oft nicht genügend berücksichtigt - mit der Folge, dass Fernsehtexte zu anspruchsvoll sind.

Hinsichtlich Textgestaltung lassen sich lexikalische und syntaktische Gestaltung (Sprachstil) sowie paraverbale Merkmale (Sprechstil) unterscheiden. Dazu kommen Faktoren wie Strukturierung und Einfachheit, die weiter unten gesondert betrachtet werden.

Mit *lexikalischer Gestaltung* ist die Wortwahl gemeint. Für die Verständlichkeit eines Textes spielen vor allem Häufigkeit, Bekanntheit, Anschaulichkeit, Konkretheit und Kürze der Wörter eine Rolle. Besonders für die Verständlichkeit von Wissenschaftssendungen ist es wichtig, wissenschaftliche Fachbegriffe und Fremdwörter durch Allgemeinverständliches zu ersetzen und bei abstrakten Themen Metaphern zu nutzen (vgl. YOGESHWAR 1990, S. 273f; BALLSTAEDT et al. 1981, S. 203ff; GROEBEN 1982, S. 185; BAMBERGER / VANECEK 1984, S. 40).

Bei der *syntaktischen Gestaltung* geht es vor allem um die Satzkomplexität. Sie ergibt sich unter anderem aus Satzlänge, grammatikalischer Einfachheit der Sätze, Nebensätzen, Satzschachtelungen und Nominalisierungen (vgl. GROEBEN 1982, S. 185; 230ff; BALLSTAEDT et al. 1981, S. 207f; STRAßNER 1982, S. 187f). Eine einheitliche Definition für die Satzkomplexität existiert nicht, aber es gibt verschiedene Methoden zu ihrer annähernden Bestimmung, etwa die „erste neue Wiener Sachtextformel“ (BAMBERGER / VANECEK 1984), die einem Text aufgrund verschiedener Faktoren einen Schwierigkeitsgrad von 4 (sehr leichter Text) bis 15 (sehr schwieriger Text) zuordnet.

Für das Fernsehen sind kurze und grammatisch einfache Hauptsätze sinnvoll, um dem Zuschauer Verständnisschwierigkeiten zu ersparen.

---

[37] s. Abschnitte 2.1 Das Medium Fernsehen (S. 19) und 2.2.2.3 Besonderheiten des Fernsehens (S. 35)

Neben den Eigenschaften des Textes selbst ist aber auch der *Sprechstil* von Bedeutung. Besonders die Sprechgeschwindigkeit, aber auch Betonungen, Intonationskonturen und Pausen beeinflussen die Verständlichkeit. Zu hohes Sprechtempo kann den Rezipienten überfordern, so dass er nicht mehr alle Informationen verarbeiten kann. Als rezipientenfreundlich gelten 250 Silben pro Minute, was aber im Fernsehen, auch in Wissenschaftssendungen, oft überschritten wird. Auch die Meinungsbildung wird vom Sprechtempo beeinflusst: Ein Schnellsprecher wirkt intelligent, kompetent und überzeugend, weil dem Zuschauer keine Zeit bleibt, seine Aussagen kritisch zu hinterfragen (vgl. STRAßNER 1982, S. 230f)

Struktur, Gliederung und Ordnung

Wissen ist eine komplexe Struktur aus Fakten und Zusammenhängen, die über vielfältige Verknüpfungen miteinander verbunden sind. Für die Vermittlung von Wissen in Texten oder Fernsehsendungen muss dieses Gebilde in lineare Form gebracht werden (vgl. AUGST / SIMON / WEGNER 1982, S. 24). Dabei bleibt es nicht aus, dass zusammengehörende Informationen getrennt werden müssen. Der Rezipient muss diese Informationen, um sie zu verstehen, dann inhaltlich wieder miteinander verbinden, ähnlich wie ein Puzzlespieler (vgl. BOCK 1990, S. 77), und sie in seine bereits vorhandenen Strukturen eingliedern. Dazu ist die oben angesprochene „aktive Suche nach Bedeutung"[38] nötig, sie kann durch sinnvolle Strukturierung des Materials erheblich erleichtert werden.

Klare und nachvollziehbare Strukturierung ist also für das Verständnis wichtig. Dazu gehören kognitive Gliederung und Ordnung, inhaltliche Strukturierung durch sogenannte „Organizer", Angabe von Lernzielen, sequentielles Arrangieren und Zusammenfassungen (vgl. GROEBEN 1982, S. 273f).

Lernen stellt laut AUSUBEL die Subsumtion neuer Inhalte in bereits vorhandene Konzepte dar. Insofern besteht die Aufgabe der Strukturierung darin, beim Rezipienten die relevanten Wissensstrukturen zu aktivieren, in die das neue Wissen eingegliedert werden soll. Dazu bieten sich die *„Organizer"* (AUSUBEL 1960; 1974) an. Sie übernehmen eine wichtige Funktion als Wegweiser: *Advance* Organizer stellen vor dem eigentlichen Lerntext die übergeordneten

---

[38] s. Abschnitt 2.2.3.1 Lernen (S. 47)

Konzepte dar bzw. grenzen sie gegenüber anderen Konzepten ab, *Concurrent* Organizer heben im Text die für das übergeordnete Konzept wichtigen Begriffe und Aussagen hervor und *Post* Organizer fassen am Ende des Textes die wichtigsten Punkte zusammen, zeigen konzeptübergreifende Zusammenhänge auf und wirken dem Vergessen entgegen (vgl. AUSUBEL 1960; AUGST / SIMON / WEGNER 1982, S. 26-31). Insbesondere die Vorstrukturierung durch Advance Organizer zeigte in Experimenten leichte positive Wirkungen auf die Lernleistung (vgl. GROEBEN 1982, S. 239f).

Im konstruktivistischen Sinne kann man die Organizer auch als „Konstruktionsanweisungen" für eine spezifische Wissensstruktur auffassen. Im Fernsehen mit seiner erzwungenen Linearität sind sie besonders dringend erforderlich, sonst erhält der Rezipient nur eine Menge unverbundener Konzepte (vgl. AUGST / SIMON / WEGNER 1982, S. 14).

Zusammenfassungen sind, ähnlich wie Advance und Post Organizer, kurze dem Text voran- oder nachgestellte Strukturierungshilfen, die sich aber im Gegensatz zu ihnen auf dem gleichen Abstraktions-, Generalitäts- und Inklusivitätsniveau wie der Text selbst befinden. Sie wiederholen wichtige Informationen und lassen weniger wichtige aus (vgl. AUSUBEL 1980, S. 159f). Zwischen Organizer und Zusammenfassung kann aber nicht immer klar unterschieden werden (vgl. BALLSTAEDT et al. 1981, S. 131).

Wichtig für das Verständnis sind auch eine klare *Gliederung* und eine sinnorientierte *Sequenzierung*. Da die Sendezeit im Fernsehen begrenzt ist und nur wenige Aspekte ausführlich behandelt werden können, ist es wichtig, in der Gliederung deutlich zwischen Wesentlichem und Unwesentlichem zu unterscheiden.

Wie oben erwähnt kann eine komplexe Wissensstruktur im Fernsehen nur als Abfolge von Einzelinformationen dargestellt werden. In welcher Reihenfolge die Informationen dargeboten werden, welche zusammen und welche getrennt, wird von der Art der Sequenzierung bestimmt. Für die Festlegung der Reihenfolge gibt es kaum verbindliche Regeln, aber es haben sich verschiedene Möglichkeiten der Sequenzierung entwickelt (vgl. BALLSTAEDT et al. 1981): Das Konzept der Orientierung an Lernhierarchien, das von einfachen zu komplexen Konzepten fortschreitet, die gebrauchsorientierte Sequenzierung, die Informationen meist in der Reihenfolge eines Handlungsablaufs anordnet, und die begriffsorientierte Sequenzierung, die mit Komplexions- (Teil / Ganzes) und Abstraktionshierarchien (Ober- / Unterbegriff) arbeitet. Auf jeden Fall sollte die Sequenzierung so gewählt werden, dass der Rezipient möglichst wenig umstrukturieren muss (vgl. BALLSTAEDT et al. 1981, S. 156).

Vereinfachung

Besonders in Wissenschaftssendungen ist es nötig zu vereinfachen, weil hier oft schwierige und komplizierte Sachverhalte vermittelt werden, die dem Verständnis des normalen Zuschauers nicht ohne weiteres zugänglich sind. Jedem schwierigen Sachverhalt liegen aber einfache und elementare Prinzipien zugrunde. Diese sollen durch die Vereinfachung sichtbar gemacht werden. Dazu bieten sich etwa Modelle (wobei das Entscheidende ist, dass Details fortgefallen sind), Schemata, Demonstrationsexperimente oder Analogien an. Die Vereinfachung eines Sachverhalts ist oft schwer, denn sie darf die Sachstruktur nicht verfälschen, sondern muss sie durch Reduktion auf das Wesentliche klar hervortreten lassen (vgl. TÜRER 1989, S. 20ff).

Visualisierung

Aufgabe der Visualisierung bzw. Veranschaulichung ist es, eine bildhaft-gegenständliche Vorstellung einer Sache zu vermitteln, um das Verstehen und das Behalten zu verbessern. Die einfachste und verbreitetste Form der Visualisierung ist das Bild vom Gegenstand selbst, als Standbild oder Film. Im Vergleich zum gesprochenen Wort fordert es weniger Intelligenz und geistige Anspannung zur Erfassung (vgl. BERGMANN 1969, S. 75) und überträgt seine Aussage schon im Moment der Betrachtung. Das Besondere am Fernsehen ist, dass es durch Bewegungen, Farben und verschiedene Einstellungsgrößen sowie durch Verfremdungen wie Zeitraffer und Zeitlupe besonders vielfältig visualisieren kann. Weitere Visualisierungsmöglichkeiten neben dem Realfilm sind Spezialaufnahmen (z.B. Mikroskopaufnahmen), Trickfilm bzw. Computeranimation, Modelle (z.B. maßstabsgetreue Nachbildungen), Tabellen und Grafiken (vgl. AUGST / SIMON / WEGNER 1982, S. 33). Insbesondere in Wissenschaftssendungen geht es oft um Vorgänge und Gegenstände, die in gewisser Weise „unsichtbar" sind - weil sie sich nicht direkt erfassen lassen oder weil es sich um abstrakte Phänomene handelt. In diesem Fall kann die Visualisierung mit Hilfe der angesprochenen Mittel das Verständnis entscheidend verbessern.

Bild-Text-Verhältnis

Für die Verständlichkeit am günstigsten scheint ein komplementäres Bild-Text-Verhältnis[39] zu sein. Redundanz ist nicht immer möglich und wird häufig als langweilig empfunden, Inferenz behindert häufig das Verständnis, vor allem, wenn das Vorwissen gering ist (vgl. BALLSTAEDT / MOLITOR / MANDL 1987, S. 31ff; BALLSTAEDT 1988, S. 23). Es empfiehlt sich nicht, gleichzeitig beide Kanäle voll zu stopfen, d.h. komplexe Bilder sollten mit wenig Text versehen und zu einer komplexen Textpassage sollten einfache Bilder oder Standbilder gezeigt werden (vgl. BALLSTAEDT 1988, S. 23). Eine häufig genutzte Möglichkeit ist der „Bilderteppich", also die Verwendung neutraler (Symbol-) Bilder, für deren Eingliederung bei fast jedem Menschen Schemata vorhanden sind und deren Rezeption kaum kognitive Kapazitäten beansprucht, so dass die Verarbeitung der sprachlichen Informationen nicht beeinträchtigt wird (vgl. WINTERHOFF-SPURK 1983, S. 722).

Ein weiteres Gestaltungsprinzip zur Lernverbesserung ist das Einfügen kurzer Pausen an Szenen- bzw. Themenwechseln. Rezipienten neigen dazu, während der Betrachtung einer Fernsehsendung das Gesehene innerlich fortlaufend zu verbalisieren. Plötzliche Wechsel unterbrechen diesen Prozess und erschweren so das Verstehen und Behalten. Pausen von mindestens einer halben Sekunde („fehlende Halbsekunde"), z.B. in Form von Bildverlängerungen, Standbildern oder Hinweisen auf Kommendes, geben dem Rezipienten Zeit, die Sprünge durch eigenes Denken zu überwinden (vgl. STURM 1987; 1990, S. 246; BOCK 1990, S. 78).

Zusätzliche Stimulanz

Eine Wissenschaftssendung sollte den Zuschauer zu aufmerksamem Mitdenken anregen (vgl. AUGST / SIMON / WEGNER 1982, S. 59). Die Aufmerksamkeit des Zuschauers lässt sich steigern, indem man ihm ab und zu (aber nicht ständig) zusätzliche Stimulanz bietet, die seine Aufmerksamkeit auf sich zieht.

Dafür können stimulierende kognitive Konflikte provoziert werden, etwa durch Fragen, die solche Konflikte auslösen, durch inkongruente Rückbezüge auf bereits Bekanntes, durch die Darbietung inkongruenter bzw. widersprüch-

---

[39] s. Abschnitt 2.2.2.4 Elemente des Fernsehens und deren Wirkung (S. 38)

licher Alternativen sowie durch Neuheit bzw. Überraschung und Inkohärenz bzw. Komplexität (vgl. GROEBEN 1982, S. 273f).

Auch in den Fernseh-Text eingestreute Fragen können die Lernmotivation kurzfristig erhöhen, die Verarbeitung des Textes in ihrer Richtung und Tiefe beeinflussen sowie intentionales Lernen anregen.[40]

2.2.3.5 Kontext- und Rezipientenvariablen

Kontextvariablen

Von Bedeutung für das Verständnis ist nicht nur der Inhalt der jeweiligen Sendung, sondern auch die Bedingungen, unter denen die Sendung angesehen wird. Sie werden als Kontextvariablen bezeichnet. Dazu gehören (vgl. DIEDERICHS 1994, S. 26):

- Verwendungszusammenhänge
- Lern- bzw. Rezeptionsziele
- Orientierungsaufgaben
- Rezeptionsperspektiven
- Modalität der Stimulusdarbietung
- Störgrößen

Besonders bedeutsam ist im Zusammenhang mit Wissenschaftssendungen die Frage, ob intentionales oder inzidentelles Lernen stattfindet.[41] Normalfall beim Fernsehen ist die inzidentelle, also beiläufige Betrachtung einer Sendung. Dass Zuschauer eine Sendung vorrangig mit Lern-Intention ansehen, ist eher selten der Fall (vgl. GÖPFERT 1990, S. 127).[42]

Rezipientenvariablen

Seit der kognitiven Wende[43] gilt die Rezeption eines Fernseh-Angebots nicht mehr als bloße Decodierung der im Medium enthaltenen Botschaft, sondern als aktiver und konstruktiver Prozess.[44] Deshalb sind der Rezipient und seine

---

[40] zur motivationalen Stimulanz und weiteren Möglichkeiten, die Aufmerksamkeit zu steigern s. Abschnitte 2.2.4.2 Motivation (S. 62) und 2.2.4.3 Aufmerksamkeit und Interesse (S. 64)

[41] Da sie bisher in Experimenten uneinheitlich operationalisiert wurde, ließe sie sich verschiedenen der angegebenen Kontextvariablen zuordnen.

[42] s. Abschnitt 2.2.3.1 Lernen (S. 47)

[43] s. Abschnitt 2.2.2.1 Entwicklung der Massenkommunikationsforschung (S. 25)

[44] s. Abschnitt 2.2.2.2 Theoretische Aspekte der Informationsverarbeitung (S. 31)

Voraussetzungen wichtig, wenn untersucht werden soll, ob eine Sendung für ihn verständlich ist (vgl. FREUND 1990, S. 17).

Forschung und Produktionspraxis[45] stehen dabei vor dem Problem, dass es „den" Zuschauer gar nicht gibt. Jeder Zuschauer ist anders, und kein Forscher oder Produzent kann jedem einzelnen gerecht werden. Umfangreiche empirische Arbeiten und die Betrachtung sowohl der Komplexität des Mediums als auch der des Zuschauers sind nötig, um die Frage zu klären, wie verschiedene Rezipienten dasselbe Angebot verarbeiten (vgl. KÖCK 1990, S. 138f; 144). „Es bedarf also einer hinreichend komplexen Theorie des Rezipienten als eines autonomen kognitiven Systems." (KÖCK 1990, S. 144)

Bestandteile einer solchen Theorie sind die *Rezipientenvariablen*. Sie beeinflussen entscheidend, wie der einzelne Zuschauer mit dem Informationsangebot des Fernsehens umgeht. Zunächst bestimmen sie, welche Sendungen er aus dem Programm auswählt. Gerade die unterschiedliche Auswahl der Sendungen durch verschiedene Zuschauer ist für die Medienwirkung von entscheidender Bedeutung, denn alle weiteren möglichen Wirkungsaspekte einer Sendung sind ohne Relevanz, wenn die Sendung gar nicht erst eingeschaltet wird.

Während der Betrachtung der Sendung beeinflussen die Rezipientenvariablen, was die Aufmerksamkeit des Zuschauers erregt, wie viel Anstrengung er für die Rezeption aufwendet, wie er Dinge interpretiert, wie er neue Informationen in sein Vorwissen eingliedert und Lücken schließt, insgesamt also, ob er die Sendung aufmerksam verfolgt oder sie an sich vorbeirauschen lässt (vgl. SALOMON 1990, S. 178f).

Die wichtigsten Rezipientenvariablen sind (vgl. KÖCK 1990, S.145; SALOMON 1990, S. 176; AUGST / SIMON / WEGNER 1982, S. 47):

- Vorwissen
- kognitive Fähigkeiten
- Motivation, Interesse, Aufwand
- Erwartungen

Das Problem des heterogenen Fernsehpublikums liegt insbesondere im Bereich des *Vorwissens* bzw. des allgemeinen Bildungsniveaus. Experimente und

[45] s. Abschnitt 2.2.5 Theorie und Produktionspraxis (S. 68)

Arbeiten über Informationsverarbeitung zeigen, dass das Vorwissen eine der entscheidenden Variablen für das Verstehen einer Fernsehsendung ist (vgl. STRITTMATTER et al. 1990, S. 258). Es beeinflusst die Verarbeitung und hat Auswirkungen darauf, ob der Rezipient Zusammenhänge erkennt und Argumentationsketten nachvollziehen kann (vgl. AUGST / SIMON / WEGNER 1982, S. 58). Wer für das Verständnis der Sendung ausreichendes Vorwissen mitbringt, kann aus ihr zusätzliches Wissen schöpfen, das dann für die Rezeption anderer Sendungen als Vorwissen zur Verfügung steht. Mit zu wenig Vorwissen ist das nicht möglich: Die Gebildeten werden klüger, die weniger Gebildeten haben kaum einen Nutzen.[46]

Unter dem Begriff der *kognitiven Fähigkeiten* soll all das zusammengefasst werden, was dem Rezipienten neben dem Vorwissen zur Verfügung steht, um das audiovisuelle Angebot und seine Bestandteile auszuwerten und sinnvoll zu verarbeiten. Dazu gehören mediale Decodierungsfähigkeiten, sprachliche Fähigkeiten, Abstraktions-, Inferenz-, Elaborations- und Denkfähigkeiten, räumliches Vorstellungsvermögen, Medienkompetenz aber auch Ablenkbarkeit (vgl. KÖCK 1990, S.145; AUGST / SIMON / WEGNER 1982, S. 47; SALOMON 1990, S. 176; SCHNELL 2002, S. 140f; DIEDERICHS 1994, S. 26).

Neben der zweifelsohne wichtigen Sprachfähigkeit ist für das Fernsehen auch die sogenannte „visuelle Literalität" von besonderer Bedeutung (vgl. PETTERSON in WEIDENMANN 1993, zit. nach SCHNELL 2002, S. 39).

Vorwissen und kognitiven Fähigkeiten sind notwendige Voraussetzungen für das Zustandekommen von Verständnis. Ihr Vorhandensein allein reicht aber nicht aus. Es ist nötig, dass sie auch eingesetzt werden. Dabei spielen vor allem Motivationen (d.h. Bedürfnis- und Gefühlsstrukturen), Interessen, Zielsetzungen und der aufgebrachte geistige Aufwand eine Rolle (vgl. KÖCK 1990, S.145; SALOMON 1990, S. 176; AUGST / SIMON / WEGNER 1982, S. 47; DIEDERICHS 1994, S. 26). Wenn der Zuschauer am Thema der Sendung interessiert und außerdem motiviert ist, wird er bereit sein, während der Betrachtung der

[46] Dieser Zusammenhang stützt die Wissenskluft-Hypothese (s. Abschnitt 2.2.2.1 Entwicklung der Massenkommunikationsforschung (S. 25)).

Sendung relativ viel geistigen Aufwand in Aufmerksamkeit, Auswahl, Inferenzen und Elaborationen zu investieren.[47]

Weiteren wesentlichen Einfluss auf die Rezeption und damit auch auf den Lernerfolg haben Einstellungen und Erwartungen des Rezipienten. Einstellungen sind nicht nur Folge, sondern auch Ursache von Medienwirkungen, weil sie bestimmen, was und wie konsumiert wird (vgl. BOCK 1990, S. 81), so wie auch die Gratifikationserwartungen im Sinne des Uses-and-Gratifications-Ansatzes[48].

2.2.4 Emotionale Wirkungen: Attraktivität

2.2.4.1 Emotionen

Neben der Übermittlung von Wissen und Informationen löst das Fernsehen durch seine Bilder und Töne immer auch Emotionen aus. Sie sind ein wesentlicher Faktor der Attraktivität des Programms, besonders in Unterhaltungssendungen. Aber auch die Wirkung einer Wissenschaftssendung beschränkt sich nicht auf die kognitive Dimension (BOCK 1990, S. 84). Jeder Textverarbeitungsprozess, sowohl von reinen Wort- als auch von multimodalen Fernseh-Texten, ist nicht rein rational, sondern auch von emotionalen und motivationalen Faktoren gesteuert (vgl. AUGST / SIMON / WEGNER 1982, S. 14f). Informationsverarbeitungsprozesse jeder Art bestehen im Zusammenwirken von Kognition und Emotion (vgl. SCHNELL 2002, S. 31).

Die subjektive Verarbeitung einer Fernsehsendung verläuft zum großen Teil unterbewusst. Emotionen sind bewusste Manifestationen komplexer unterbewusster Vorgänge und ein Zeichen dafür, dass eine intensive Verarbeitung stattfindet. Emotionen entstehen durch kognitive Verarbeitung und beeinflussen diese (vgl. VAN APPELDORN 1990, S. 18). Beide stehen in komplexer Wechselwirkung, die im Rahmen der Untersuchung von Medienwirkungen beachtet werden muss.

Die genaue Definition von Emotion ist schwierig. Kognition und Emotion gemeinsam ist jedenfalls, dass sie durch Reduktion von Komplexität helfen,

---

[47] zu Motivation und Interesse s. Abschnitt 2.2.4.2 Motivation (S. 62) und 2.2.4.3 Aufmerksamkeit und Interesse (S. 64)

[48] s. Abschnitt 2.2.2.1 Entwicklung der Massenkommunikationsforschung (S. 25)

die Welt zu erfassen. Emotionen tun dies simultan und unmittelbar, Kognitionen sequentiell und distanziert (vgl. GERHARDS 1988, S. 81).

Im Fernsehen sind es besonders Bilder und Musik, die emotionale Wirkungen auslösen und beeinflussen. Bilder wirken angenehm, wenn sie den gleichen emotionalen Gehalt wie die dazugehörige Sprachinformation haben. Emotionale Bilder zu einem neutralen Kommentar wirken dagegen unangenehm (vgl. BOCK 1990, S. 85).

Auf der Tonebene wird die emotionale Wirkung meist durch Musik unterstützt. Diese kann als „Sprache der Gefühle" Emotionen durch Tempo, Rhythmus, Lautstärke, Melodik und Harmonik besonders differenziert darstellen (vgl. WEGENER 2001, S. 141). Ihr Einsatz zur dramatischen Emotionalisierung oder beruhigenden Entspannung erfreut sich bei Fernsehmachern wachsender Beliebtheit: So hat der Einsatz von Musik im Lauf der Zeit deutlich zugenommen (vgl. WEGENER 2001, S. 104).

Ebenso wie die Verständlichkeit sind Emotionalität und Attraktivität keine feststehenden Produkteigenschaften, sondern von der Wahrnehmung des Zuschauers abhängig. Er entscheidet, ob er die Sendung emotional ansprechend und damit attraktiv findet. Lange Zeit herrschte die Auffassung vor, die Emotionalität einer Sendung ließe sich ausschließlich durch ihre Wirkung bestimmen, neuere Studien versuchen allerdings, sie unabhängig von ihrer Wirkung aufgrund spezifischer Reize zu bestimmen (vgl. WEGENER 2001, S. 101).

2.2.4.2 Motivation

Wesentliche Voraussetzung für jeden Rezeptions- und Lernprozess ist die Motivation, also das, „... was einem Menschen die Energie zu seinem Tun verleiht und was die Ausrichtung seiner Tätigkeit bestimmt." (GAGE / BERLINER 1979, S. 269) Die Motivation entscheidet, ob der Zuschauer ein Unterhaltungs- oder ein Informationsangebot nutzt und wie aufmerksam er das tut. Seine Motivation entscheidet also mit über den Lernerfolg.

Wichtigste Aufgabe einer Wissenschaftssendung muss es also sein, die Motivation des Zuschauers aufrecht zu erhalten, sonst kann das Lernen nicht funktionieren. Gleichzeitig müssen die Inhalte aber auch verstanden und Interesse geweckt werden, damit die Motivation erhalten bleibt.[49]

Motivierende Gestaltungsmittel

Es gibt verschiedene Mittel, den Zuschauer zu motivieren, eine Sendung anzusehen. Neben Interesse als wichtige Quelle der Motivation können auch emotionale Elemente genutzt werden um einen positiven Aufforderungscharakter zu schaffen und damit die Motivation zu erhöhen. Gerade die Ansprache des Publikums über emotionale und motivationale Aspekte spielt im Fernsehen - mit seinem ständigen Kampf um Zuschauer und Einschaltquoten - eine wesentliche Rolle, denn Emotionen wirken schneller und unmittelbarer als kognitive Reize. Jene brauchen etwas länger, um zu wirken, sind aber gerade in Wissenschaftssendungen ebenfalls sinnvoll: So kann bei komplexen und unbekannten Themen die Motivation nicht nur durch ansprechende, emotionale Gestaltung erhöht werden, sondern auch durch Bezugnahme auf praktische Anwendungen bzw. das Vorwissen des Alltags (vgl. PÜTZ 1990, S. 168).

Für das Fernsehen gilt zudem: Schon das Medium an sich vermag zu motivieren. Man nimmt an, dass Bilder sich positiv auf die Lernmotivation auswirken (vgl. SCHNELL 2002, S. 141). Elemente der Darstellungsform wie Bühnenbild, Grafiken, Modelle, Spielszenen oder Digitaltricks können die Motivation steigern, aber auch senken. YOGESHWAR empfiehlt, in Wissenschaftssendungen alles zu vermeiden, was an Schule erinnert, weil damit oft negative Gefühle verbunden sind und die Motivation zur Rezeption der Sendung sinkt (vgl. YOGESHWAR 1990, S. 272f).

Ein wichtiges und häufig genutztes Motivations-Element ist der Einsatz eines Moderators. Er hat neben anderen Funktionen[50] die Aufgabe, den Zuschauer auf der emotionalen Ebene anzusprechen und zu motivieren (vgl. PÜTZ 1990, S. 165). BLEICHER weist darauf hin, dass in Fernsehansagen häufig Stilmittel antiker Rhetorik zur Zuschauerwerbung zu finden sind. Dazu gehören Einschmeicheln (z.B. „Liebe Zuschauer ...") sowie Erlangung von Wohl-

[49] zum Zusammenhang zwischen Verständnis, Motivation, Aufmerksamkeit und Interesse s. Abbildung 5 (S. 66)

[50] zu weiteren Aufgaben des Moderators s. Abschnitt 2.3.5.2 Wissenschaftsvermittlung im Magazin (S. 91)

wollen („Sie freuen sich bestimmt schon mit mir ...") und Aufmerksamkeit („Es interessiert Sie bestimmt ...") (vgl. BLEICHER 1999, S. 257f).

Schließlich lässt sich die Motivation auch mit bestimmten strukturellen Merkmalen positiv beeinflussen. Dazu gehören etwa dialogische Aspekte, d.h. das Aufwerfen von Fragen, die den Rezipienten dazu bewegen, bis zur Beantwortung dabei zu bleiben und auf diese Weise einen Spannungsbogen erzeugen, der Einsatz von Sequenzen geringer Informationsdichte zur Erholung vor oder nach wichtigen Abschnitten, der Wechsel von Anspannung und Entspannung und ganz allgemein die Nutzung von Gestaltungsmitteln und Prinzipien der Dramaturgie[51] (vgl. AUGST / SIMON / WEGNER 1982, S. 15).

Emotions- und Lernwirkungen müssen sich nicht notwendigerweise entsprechen; die emotionale Wirkung kann den Lernerfolg steigern, das Lernen aber auch behindern.

2.2.4.3 Aufmerksamkeit und Interesse

Studien haben ergeben, dass Aufmerksamkeit und Interesse ähnlichen Bedingungen unterliegen: Besonders Komplexes, Neuartiges, Überraschendes und Informationshaltiges wirkt besonders interessant und erregt gleichzeitig auch besondere Aufmerksamkeit (vgl. BOCK 1990, S. 74). Die Aufmerksamkeit steht in enger Beziehung zum Gedächtnis, sie ist eine Voraussetzung für Verstehen, Behalten und Erinnern (vgl. TÜRER 1989, S. 12).

Relevant ist die Aufmerksamkeit vor allem aufgrund der Tatsache, „... dass wir nur einen Bruchteil der Reize wahrnehmen und verarbeiten" (LEFRANÇOIS 1986, S. 160). Wir können uns nur einem Bewusstseinsinhalt auf einmal zuwenden. Wenn unterschiedliche Inhalte gleichzeitig dargeboten werden, etwa wegen einer Bild-Text-Schere im Fernsehen, wird nur einer davon aufmerksam wahrgenommen. Kurzfristig lässt sich die Aufmerksamkeit durch verschiedene Faktoren erregen bzw. lenken, u.a. durch Stärke, Größe, Farbe und Bewegung der äußeren Reize. Langfristig ist aber das Interesse entscheidend für ihre Aufrechterhaltung: Nur wenn Interesse vorhanden ist, bleibt man längere Zeit aufmerksam. Das Interesse und damit die Aufmerksamkeit lassen aber nach, wenn sich kein Verständnis einstellt (vgl. POPP 1991, S. 61ff; LEFRANÇOIS 1986, S. 162; SPANDL 1972, S. 54).

---

[51] s. Abschnitt 2.2.4.5 Dramaturgie (S. 67)

Erregung von Aufmerksamkeit

Innerhalb gewisser Grenzen lässt sich Aufmerksamkeit also gezielt erregen und steuern. Unerwartete, neuartige oder überraschende Reize lösen eine Orientierungsreaktion aus und sorgen damit für Zuwendung und Intensivierung der Informationsaufnahme, also für Aufmerksamkeit (vgl. BOCK 1980). Die Reize können sowohl im Inhalt der Botschaft als auch in ihrer formalen Gestaltung enthalten sein. Bewegung im Bild stellt einen wesentlichen Aufmerksamkeitsfaktor dar, sie wird auch durch Kameraführung und Montage künstlich erzeugt (vgl. WEMBER 1983). Inkongruente und die Erwartung durchbrechende Bild-Text-Kombinationen werden besonders aufmerksam wahrgenommen und besonders zuverlässig erinnert (vgl. AUGST / SIMON / WEGNER 1982, S. 15). Daraus folgt, dass maximal durchstrukturiertes und leicht konsumierbares Material nicht nur Vorteile hat.

Auch bestimmte eher emotional wirkende Elemente können die Aufmerksamkeit des Zuschauers gezielt erregen (vgl. SCHNELL 2002, S. 27).

Die Sendungsgestaltung steht also vor der schwierigen Aufgabe, einen Kompromiss zwischen Stimulanz und Verständlichkeit einer Sendung zu finden, gemäß der oben angesprochenen umgekehrten U-Funktion.[52] BOCK empfiehlt deshalb, Informationen so zu gestalten, dass sie nicht sofort verständlich sind und zu gedanklicher Anstrengung anregen, das Verständnis aber durch nachfolgende Informationen gewährleistet wird (vgl. BOCK 1990, S. 80).

Besondere Bedeutung für die Aufmerksamkeit hat wie erwähnt das Interesse. Im Gegensatz zu den oben betrachteten Reizen, die im Produkt stecken und in hohem Maße emotional und spontan wirken, geht das Interesse vom Rezipienten aus und basiert vor allem auf kognitiven und längerfristigen Prozessen. Um Interesse wecken zu können, müssen Sendungen erst einmal verstanden werden. Interesse ist also Voraussetzung und Ergebnis eines Lernprozesses: „Das Lernen soll dazu dienen, dass Interesse aus ihm entstehe. Das Lernen soll vorübergehen, und das Interesse soll während des ganzen Lebens beharren." (HERBART 1806, zit. nach SAUER 1976, S. 236)

---

[52] s. Abschnitt 2.2.3.2 Verstehen und Verständlichkeit (S. 49)

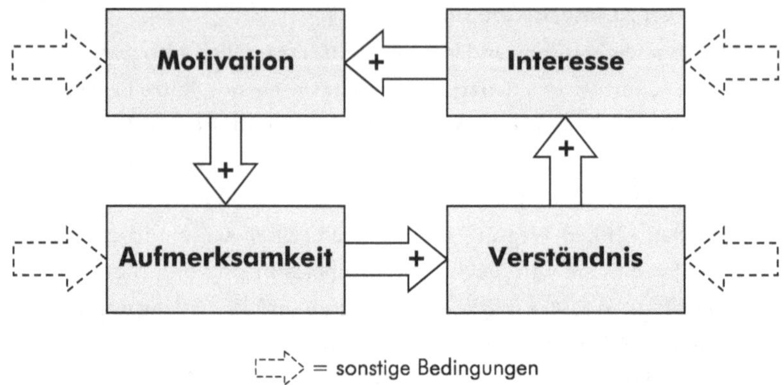

Abbildung 5: Motivation, Aufmerksamkeit, Verständnis und Interesse

Motivation, Aufmerksamkeit, Verständnis und Interesse hängen eng zusammen. Vereinfacht betrachtet handelt es sich um eine positive Rückkopplung: Wer motiviert ist, aus einer Fernsehsendung etwas zu lernen, der schaut sie sich zunächst entsprechend aufmerksam an. Seine hohe Aufmerksamkeit führt, wenn die sonstigen Bedingungen es zulassen (bei Wissenschaftssendungen sind vor allem die verständliche Gestaltung der Sendung und das Vorwissen des Zuschauers wichtig) zum Verständnis der vermittelten Inhalte. Aus diesem Verständnis heraus entstehen weitergehende Fragen und damit Interesse an mehr Informationen zum Thema. Somit bleibt die Motivation erhalten, sich die Sendung weiterhin aufmerksam anzusehen, und erhöht sich möglicherweise sogar.

Wird dieser Wirkungskreis aber an einer Stelle unterbrochen, z.B. weil die Inhalte so schwer verständlich werden, dass der Zuschauer trotz hoher Aufmerksamkeit nichts mehr versteht, dann kommt auch kein weitergehendes Interesse und keine Motivation zu weiterer aufmerksamer Betrachtung mehr zustande. Folglich sinkt die Aufmerksamkeit, und der Zuschauer versteht jetzt erst recht nichts mehr, selbst wenn im weiteren Verlauf der Sendung wieder leichter verständliche Informationen angeboten werden.

Dadurch bleibt die Motivation endgültig auf der Strecke und der Zuschauer wird sich entweder nur noch von der vordergründigen Stimulanz der Sendung, z.B. den spektakulären Bildern, berieseln lassen (oft ohne zu merken, dass er den eigentlichen Inhalt der Sendung gar nicht mehr aufnimmt) oder auf ein anderes Programm, z.B. ein Unterhaltungsangebot, umschalten.

2.2.4.4 Emotionen und Behaltensleistung

Die Behaltensleistung steht auch im Zusammenhang mit Emotionen. So werden unverständliche Inhalte nicht nur schlecht behalten, sondern wirken auch eher unangenehm. Verständlichkeit führt allerdings nicht automatisch zu guter emotionaler Bewertung und Informationen werden nicht nur deshalb schlecht behalten, weil sie unangenehm sind.

Entscheidend für die Behaltensleistung ist offenbar nicht die Qualität sondern vor allem die Intensität emotionaler Wirkungen. Nachrichten über ungewöhnliche, schockierende Ereignisse sind persönlich relevant und interessant, wirken deshalb emotionalisierend und aufmerksamkeitserregend und werden besser behalten als alltägliche, langweilige Nachrichten. Dabei werden die Inhalte selbst schneller vergessen als die Emotionen, die sie ausgelöst haben (vgl. BOCK 1990, S. 80f).

2.2.4.5 Dramaturgie

Dramaturgie ist die „... auf bestimmte Wirkungen beim Rezipienten ausgerichtete gezielte Anordnung der Erzähleinheiten" (BLEICHER 1999, S. 143). Sie weist gewisse Parallelen zur Didaktik auf und verfolgt ein ähnliches Ziel (vgl. MIKAT 1992, S. 60f; VAN APPELDORN 1970, S. 173). Während sich Didaktik aber hauptsächlich mit kognitiven Wirkungen befasst, zielt Dramaturgie in erster Linie auf emotionale und motivationale Aspekte ab.

Obwohl die dramaturgischen Prinzipien ursprünglich aus dem fiktionalen Bereich (Theater, Kinospielfilm) stammen, werden sie auch in nichtfiktionalen Sendungen eingesetzt, um Aufmerksamkeit, Emotion und Motivation zu steuern und damit die Vermittlung wirksamer zu gestalten. Dazu gehören der Aufbau von Spannung und Entspannung, Höhepunkte, kontrastive Figurengestaltung, Konflikte und Identifikationsangebote durch Personen (vgl. BLEICHER 1999, S. 143; VAN APPELDORN 1990, S.21).

Dramaturgie ist vor allem deshalb von Bedeutung, weil sie Strukturierungsprinzipien bereitstellt. Im Gegensatz zur kognitiven Strukturierung,[53] die die Verbesserung des Verständnisses zum Ziel hat, ist die dramaturgische Struktur auf eher emotionale Wirkungen ausgerichtet. Die Dreiteilung der Handlung in Exposition, Konflikt und Lösung hat sich bereits im klassischen

---

[53] s. Abschnitt 2.2.3.4 Verständliche Gestaltung: Produktvariablen (S. 51)

Drama etabliert und findet sich als Grundmuster in praktisch jeder fiktionalen und auch in vielen nichtfiktionalen Erzählungen bzw. Berichten wieder (vgl. BLEICHER 1999, S. 239; 85; 143).

Zentrales Element der Fernsehdramaturgie ist die Montage als wesentliches Strukturierungsmittel der Bildebene. Sie kann durch Erhöhung der Schnittfrequenz und durch Crosscutting (Parallelmontage) Spannung erzeugen, durch schnelle Schnitte Freude und Lebendigkeit, sowie durch langsame Trauer und Ruhe vermitteln. Außerdem dient der Schnitt der Trennung oder Verknüpfung von Handlungsverläufen. Es gibt verschiedene Methoden der Montage, die bestimmte emotionale Wirkungen hervorrufen (vgl. BLEICHER 1999, S. 268f).

2.2.5 Theorie und Produktionspraxis

Die Produkteigenschaften von Wissenschaftssendungen wurden bisher (Abschnitte 2.2.3 und 2.2.4) in erster Linie als Ursachen von Medienwirkungen und Faktoren in Interaktionsprozessen betrachtet. Doch Sendungen und deren Eigenschaften sind – gerade in einem hochspezialisierten und arbeitsteilig organisierten Betrieb wie dem Fernsehen – das Ergebnis komplexer Produktionsprozesse, die ihren eigenen Gesetzen unterworfen sind. Insofern muss das Modell der Interaktion von Produkt und Rezipient um die Produktion erweitert werden. Nach dieser Sichtweise interagieren also Produzent und Rezipient mittels einer Fernsehsendung (vgl. FREUND 1990, S. 5).

2.2.5.1 Einflussfaktoren in der Produktion

Das Handlungsspektrum der Produzenten ist Gegenstand der Kommunikatorforschung. Sie hat herausgefunden, dass die Produktion von Fernsehsendungen hauptsächlich von subjektiven Intuitionen und Theorien der Macher sowie von wissenschaftlich noch nicht ausreichend untersuchten Produktionskonventionen gesteuert wird (vgl. FREUND / MEUTSCH 1990, S. 9).

Subjektive Theorien

Jedes Individuum verfügt über sogenannte *subjektive Theorien,* die es im Lauf seines Lebens entwickelt hat und die auf alltagspsychologischen Annahmen basieren. Die subjektiven Theorien helfen ihm - ähnlich wie wissenschaftliche Theorien - die Welt geordnet wahrzunehmen, Zusammenhänge zu erkennen und Wissen aufzubauen, Ereignisse zu beschreiben, zu erklären und vorherzusagen sowie Handlungsentscheidungen zu treffen (vgl. DANN 1983). Auch Produzenten wissenschaftlicher Sendungen lassen sich während der

Produktion von ihren subjektiven Theorien leiten. Diese sind individuell unterschiedlich, es gibt aber auch einige generell anerkannte Regeln, die im Regelkanon produktionspraktischer Handbücher festgehalten sind (vgl. z.B. VAN APPELDORN 2002; GÖPFERT 1986; KANDORFER 1978; RUGE 1975; SCHULT / BUCHHOLZ 1986).

Zielkonflikte

Grundsätzlich haben Produzenten von Wissenschaftssendungen natürlich das Ziel, „gute" Arbeit abzuliefern. Eine gute Fernsehsendung sollte sich dadurch auszeichnen, dass sie die gewünschte Wirkung auf den Zuschauer hat. Aber das ist nicht so einfach. Zunächst müsste geklärt werden, was genau unter „gewünschter Wirkung" zu verstehen ist - also z.B. hoher Lernerfolg, hoher Unterhaltungswert - und wie diese zu messen wäre. Außerdem gibt es „den" Zuschauer nicht, sondern jeder von ihnen ist anders. Und schließlich sehen sich die Produzenten besonders in der heutigen kommerzialisierten Fernsehwelt zahlreichen anderen zu erfüllenden Zielen bzw. Bedingungen unterworfen, dazu gehören produktionstechnische Gegebenheiten, begrenztes Budget, Quotendruck, Profilierung gegenüber Konkurrenzsendern und andere. Zielkonflikte sind die Folge: „In der Praxis geht es dem Berichterstatter ‚Aus Forschung und Technik' [...] so ähnlich wie einem Flugzeugkonstrukteur, der vor lauter Forderungen steht, deren gleichzeitige Erfüllung unmöglich ist, weil sich die Lösungen widersprechen" (SCHIEMANN 1977, S. 46). Deshalb stellt jede Fernsehsendung in dieser Hinsicht einen Kompromiss dar.

Gestaltungsprobleme: Bilderzwang

Die Produktion von Wissenschaftssendungen steht auch vor zahlreichen Gestaltungsproblemen, insbesondere dem Bilderzwang: Das Fernsehen bringt die Chance, aber auch die Verpflichtung mit sich, möglichst authentische Bilder zu zeigen. Besonders für abstrakte Inhalte und Zusammenhänge kann das zum Problem werden: Entweder es wird ein unspezifisches Bild gezeigt und die Gefahr einer Bild-Text-Schere in Kauf genommen, oder es wird eine Grafik oder Animation zur Visualisierung eingesetzt und der Sachverhalt dadurch möglicherweise verfälscht (vgl. PÜTZ 1990, S. 165). Durch geschickte Visualisierung lässt sich aber in vielen Fällen Verständlichkeit erreichen und sogar die Attraktivität erhöhen. Trotzdem begnügen sich auch Wissenschaftssendungen leider oft mit einem relativ belanglosen Bilderteppich, statt die Möglichkeiten, die das Bild bietet, wirklich zu nutzen (vgl. SCHULT 1990, S. 239). Produktionsbedingungen, insbesondere begrenzte Budgets, sind oft die Ursache: „Vieles an Gestaltungsmöglichkeiten ist durch die Technik und den Produktionsablauf bestimmt." (AUGST / SIMON / WEGNER 1985, S. 352)

Publikumsbild

Für die wirkungsvolle Gestaltung einer Wissenschaftssendung sind möglichst genaue Kenntnisse über die Zuschauer wichtig. Denn die Wirkung einer Sendung hängt von den beim Rezipienten erreichten Wahrnehmungen und Einschätzungen ab, nicht von der Qualität aus Produzentensicht (vgl. FREUND / MEUTSCH 1990, S. 9). Um sich am Publikum orientieren und die Rezeptionsprozesse durch gezielten Einsatz formaler und inhaltlicher Faktoren verbessern zu können, müssen die Produzenten detailliertes Wissen über Interessen, Motivationen, Persönlichkeitsmerkmale und Fähigkeiten der Zuschauer sowie über die Zusammensetzung konkreter Zuschauergruppen haben. Intuitive und spekulative Einschätzungen sowie Einschaltquoten reichen dafür nicht aus (vgl. FREUND 1990, S. 10; DIEDERICHS 1994, S. 32)

Wegen der Einwegkommunikation des Fernsehens und der dadurch bedingten Anonymität der Zuschauer ist es aber schwer, an derartige Daten zu gelangen. Deshalb arbeiten Fernsehanstalten und ihre Redakteure in erster Linie produktorientiert. Meist wissen sie nicht, wie ihre Sendungen beim Publikum ankommen und ob sie tatsächlich dazu genutzt werden, sich zu bilden oder zu informieren (vgl. FREUND / MEUTSCH 1990, S. 9). Die Vorstellung vom Publikum ist sehr verschwommen und wird „vorwiegend aus Quellen gespeist [...], die ein eher zufälliges Bild vermitteln." (HÖMBERG 1990, S. 97). Dazu gehören vor allem Briefe und Anrufe von Zuschauern, die aber nur von einer bestimmten Personengruppe kommen und nicht repräsentativ sind (vgl. YOGESHWAR 1990, S. 275). Kommunikationswissenschaftliche Studien dagegen spielen so gut wie keine Rolle (vgl. HÖMBERG 1990, S. 97). Die „Medienforschung" der Fernsehanstalten produziert in erster Linie Einschaltquoten, die zwar (abgesehen von den bekannten Ungenauigkeiten) repräsentativ sind, aber keine besonders differenzierten Aussagen erlauben, keine Probleme lösen und im Gegensatz zur Wissenschaft nicht innovativ sind (vgl. FREUND / MEUTSCH 1990, S. 9). Weitere Informationsquellen sind Gespräche mit anderen Redakteuren oder sogar die eigenen Erfahrungen als Rezipient. Die Vielfalt der Zuschauer wird häufig auf einen Standardzuschauer reduziert, und es ist zu vermuten, „... daß das Phantombild des unbekannten Publikums manche Züge der eigenen Mitgliedsgruppe trägt." (HÖMBERG 1990, S. 99; vgl. auch

FREUND 1990, S. 9) Ein wesentlicher Beitrag zur Lösung dieser Probleme könnte interaktives Fernsehen sein.

2.2.5.2 Verknüpfung von Theorie und Praxis

Es gibt verschiedene Prinzipien bzw. Theorien zur Gestaltung von Wissenschaftssendungen, und zwar sowohl solche, die sich im Lauf der redaktionellen Praxis herausgebildet haben, als auch solche, die die Wissenschaft durch theoretische Überlegungen und empirische Untersuchungen gewonnen hat. Diese Theorien entsprechen sich teilweise, es gibt aber auch einige Unterschiede. Deshalb ist es nötig, dass Medienforscher und Programmgestalter zusammenarbeiten und versuchen, das theoretisch Sinnvolle und das praktisch Machbare zum Nutzen des Zuschauers in Einklang zu bringen. Die Medienforscher können zwar nicht gestalten, aber aufgrund ihrer Erkenntnisse Vorschläge für neue Gestaltungsformen machen. Bisher ist diese Zusammenarbeit jedoch noch nicht richtig in Gang gekommen (vgl. TÜRER 1989, S. 112). Die Produzenten erklären zwar, Sendungen für den Zuschauer zu machen, sind aber offenbar nicht immer bereit, auf sinkende Nachfrage beim Publikum mit innovativeren Ideen zu reagieren oder sich mit Ergebnissen der Rezeptionsforschung zu beschäftigen (vgl. FREUND / MEUTSCH 1990, S. 9).

2.2.6 Zusammenfassung

Um mit einer Wissenschaftssendung die bestmögliche Wirkung auf den Zuschauer zu erzielen, müssen die Macher viel über die komplizierten interaktiven Prozesse wissen, die während der Rezeption ablaufen. Für überdurchschnittlich gute Ergebnisse, müssen sie nicht nur das komplexe System von Produktions- und Gestaltungsfaktoren und deren jeweilige Wirkungen auf den Rezeptionsprozess mit hoher Kreativität und umfassend beherrschen und einsetzen, sie müssen sich auch mit den Eigenschaften des Zuschauers (Vorwissen, Intension, Motivation, Interesse, Aufmerksamkeit, Emotionale Disposition, Kognitive Situation, Lernbedürfnisse etc.) und deren Zusammenwirken fundiert auskennen, damit das geplante Konzept aufgeht, die Sendung erfolgreich ist und die vorgesehenen Lern- und Informationsziele erreicht werden.

Wer Produktions- und Rezeptionsprozesse erforscht, muss sich dieser Komplexität bewusst sein und die einzelnen Faktoren berücksichtigen, um zu aussagekräftigen Ergebnissen zu kommen. Die Tatsache, dass es „den" Zuschauer nicht gibt, sondern das Publikum sehr heterogen ist - sowohl hinsichtlich Bildungsstand als auch der individuellen Anlagen der einzelnen Zuschauer - erschwert dieses Bemühen erheblich.

2.3 Wissenschaftliche Inhalte im Massenmedium Fernsehen

In Fernseh-Wissenschaftssendungen treffen mehrere Welten aufeinander: Einerseits die Welt der Wissenschaft mit ihrem Anspruch, als einzige „wahres Wissen“ zu produzieren (vgl. WEINGART 2001, S. 233), andererseits die Welt der Massenmedien, die andere Gesetze und Prozesse der Wahrheitsfindung hat und auch ganz andere Prioritäten setzt, z.B. die Orientierung an Nachrichtenfaktoren oder Zuschauerwünschen, und schließlich die Welt der Zuschauer mit ihren ganz eigenen Bedürfnissen und Wünschen.

2.3.1 Aufgaben von Wissenschaftssendungen

2.3.1.1 Die besondere Rolle des Fernsehens

Die Medien sollen so über das politische und gesellschaftliche Geschehen informieren, dass die Teilnahme daran möglich ist, sie sollen als Stellvertreter der Bürger bzw. als „vierte Gewalt“ die Mächtigen kontrollieren und kritisieren, außerdem sollen sie die Bürger bilden und erziehen sowie Anreger und Helfer sein. Diese Aufgaben stellen eine große Verpflichtung nicht nur für öffentlich-rechtliche Sender dar (vgl. SILBERMANN / HÄNSEROTH 1989, S. 34; FREUND / KÖCK 1994, S. 176). Insbesondere das Potential des Fernsehens zur Vermittlung kollektiver Wertkonzepte wird rechtlich sehr hoch eingeschätzt: In einem Urteil von 1971 sprach das Bundesverfassungsgericht dem Fernsehen eine „integrierende Funktion für das Staatsganze“ zu (vgl. BLEICHER 1999, S. 273).

Zur Erfüllung dieser Rolle ist das Fernsehen besser geeignet als andere Medien: Es ist als audiovisuelles Medium dem elitären abstrakten Wort überlegen, denn es macht die Wirklichkeit direkt sichtbar, hörbar, erlebbar und damit für viele Menschen überhaupt erst zugänglich. Es hat privilegierten Zugang zur Lebenswelt der Zuschauer und müsste eigentlich auch das richtige Medium für die „Popularisierung“ von Wissenschaft sein.[54]

[54] zur Popularisierung von Wissenschaft s. Abschnitt 2.3.4 Popularisierung der Wissenschaft (S. 85)

2.3.1.2 Die Vermittlung wissenschaftlicher Inhalte

HÖMBERG nennt vier Hauptfunktionen der Wissenschaftsberichterstattung, die sich an gängigen publizistischen Funktionskatalogen orientieren (vgl. HÖMBERG 1990, S. 90f):

- den Stand der wissenschaftlichen Entwicklung abbilden
- praktische Ratschläge und Orientierungshilfen geben
- wissenschaftliche Institutionen und Projekte kritisch analysieren und bewerten
- zur Anregung und Unterhaltung beitragen

In umfangreichen Erhebungen in den Jahren 1974 und 1984 / 85 wurde unter anderem die Zustimmung der Redaktionsleiter und Wissenschaftsjournalisten (jeweils im Print-, Rundfunk- und Agenturbereich) sowie in ähnlich angelegten Untersuchungen die der Wissenschaftler zu diesen Funktionen untersucht. Allen vier Funktionen wurde dabei überwiegend zugestimmt, sie wurden also als sich gegenseitig ergänzend wahrgenommen.

Gerade für eine Industriegesellschaft, deren Wohlstand und Sicherheit besonders auf der Anwendung wissenschaftlicher Erkenntnisse beruhen, sollte die effektive Information über Wissenschaft und Technik für alle von großer Bedeutung sein. Aus dieser Sicht besteht die Aufgabe der Wissenschaftssendungen darin, so über bedeutende Themen zu berichten, dass möglichst viele etwas davon haben, also sachgerecht, kritisch und vor allem verständlich (vgl. FREUND / KÖCK 1994, S. 176).

Fernsehen kann zwar kein „wissenschaftliches Weltbild" schaffen, sollte aber zumindest das Weltbild der Zuschauer so verändern, dass ihnen bewusster wird, dass sie in einem wissenschaftlichen Zeitalter leben. Das Fernsehen sollte dabei Nähe und Distanz zur Wissenschaft erzeugen: Einerseits sollte der Zuschauer die Wissenschaft und ihre Wirkungen auf das tägliche Leben gezeigt bekommen, andererseits sollte er auch die Möglichkeit haben, eine gewisse kritische Distanz ihr gegenüber zu gewinnen. (vgl. SONTHEIMER 1977, S. 10; TENBRUCK 1977, S. 16)

Wissenschaftssendungen wirken sehr glaubwürdig, insbesondere wenn Wissenschaftler ihre Meinung dort äußern. Die Subjektivität einer solchen Äußerung ist für den Zuschauer nicht unbedingt erkennbar, und somit wäre es möglich, Zuschauermeinungen gezielt zu manipulieren (vgl. TÜRER 1989, S. 36; 112). Außerdem können die Gestalter von Wissenschaftssendungen durch ihre Themenauswahl die Aufmerksamkeit der Öffentlichkeit gezielt auf bestimmte Themen lenken („agenda setting").[55] Um derartige Einflussnahmen möglichst auszuschließen und objektive Meinungsbildung zu gewährleisten, sollte die Berichterstattung laut ZDF-Staatsvertrag „umfassend, wahrheitsgetreu und sachlich" (ZDF 2003, S. 13) sein. Zu strittigen Fragen müssen beide Standpunkte dargestellt werden, und Sachinhalte dürfen nicht durch Wortwahl, Satzstellung oder Sprechweise einseitig gefärbt sein. Absolut objektiv kann eine Sendung dennoch nicht sein, allein weil wegen der Kürze der Informationsbeiträge Details weggelassen werden müssen, und der Sachverhalt damit bereits manipuliert wird. Entscheidend ist aber die Verpflichtung zur Wahrhaftigkeit (vgl. TÜRER 1989, S. 114f).

Akzeptanz und Vertrauen

Wichtige Aufgabe von Wissenschaftssendungen ist es, Akzeptanz und Vertrauen der Zuschauer gegenüber der Wissenschaft zu schaffen. Diese Aufgabe hängt mit dem angesprochenen Popularisierungskonzept zusammen: Da die Bevölkerung den wahren Wert der Wissenschaft nicht verstehe, so die Überlegung, lasse sie es an ideeller und materieller Unterstützung fehlen. Der Wissenschaftsjournalismus solle dem entgegenwirken, die Bevölkerung also sowohl sachlich aufklären als auch geistig gewinnen (vgl. TENBRUCK 1977, S. 15).

Durch die im Fernsehen zur Verfügung stehenden Mittel, Gefühle, Authentizität und Glaubwürdigkeit zu vermitteln - etwa durch Experten und Augenzeugen - können Wissenschaftssendungen den Rezipienten in dieser Hinsicht effektiv beeinflussen. Und das sogar, ohne dass er die Inhalte im Einzelnen verstanden haben muss. Was nach der Betrachtung einer Wissenschaftssendung beim Zuschauer wirklich „hängen bleibt", ist zwar nach wie vor weitgehend unklar. Als relativ gesichert gilt aber, dass das Gefühl, durch eine Sendung gut und umfassend informiert worden zu sein, und der tatsächlich erzielte Wissenszuwachs nichts miteinander zu tun haben müssen („Wissensillusion"; vgl. WEMBER 1983).

Es hat also keinen Sinn, mehr Akzeptanz durch die Vermittlung eines möglichst vollständigen Bildes der Wissenschaft bewirken zu wollen. Derart umfassende Berichterstattung ist, wie oben ausgeführt, gar nicht möglich. Das Vertrauen der Menschen in die Wissenschaft entsteht laut KOHRING eher

[55] zum „agenda setting"-Ansatz s. Abschnitt 2.2.2.1 Entwicklung der Massenkommunikationsforschung (S. 25)

durch symbolische Informationen über ihre Vertrauenswürdigkeit (vermittelt u.a. durch die Massenmedien) als durch direkte Einsicht in deren Prozesse und Erkenntnisse: „Nicht ‚Vertrauen durch Wissen', sondern ‚Vertrauen statt Wissen' muss es daher heißen." (KOHRING 2004, S. 5) Die Vertrauenswürdigkeit von Wissenschaftlern entsteht oft gerade dadurch, dass man deren Aussagen nicht ganz versteht (vgl. WEINGART 2001, S. 234).

Schließlich sind neben den bisher geschilderten, eher kommunikatororientierten Nutzenaspekten auch solche von Bedeutung, die vom Rezipienten ausgehen. Dieser nutzt Wissenschaftssendungen, wie andere Sendungen auch, entsprechend dem Uses-and-Gratifications-Ansatz[56] für verschiedene Zwecke und zur Befriedigung verschiedenster Bedürfnisse, auch solcher, an die bei der Produktion der Sendung gar nicht gedacht wurde. Im Zusammenhang mit Wissenschaftssendungen dürften in erster Linie kognitive Bedürfnisse (Information, Orientierung, Wissen, Verstehen) von Bedeutung sein. Aber auch affektive (z.B. der Wunsch nach Unterhaltung) und interaktive Bedürfnisse (z.B. Aufbau einer sozialen Beziehung zum Moderator) können dazu motivieren, eine Wissenschaftssendung einzuschalten. Eine gerade bei anspruchsvollen Wissenschaftsthemen nicht zu unterschätzende Nutzendimension ist die Befriedigung integrativer Bedürfnisse, also des Wunsches nach Vertrauen, Stabilität und Glaubwürdigkeit. Die Sendungen können in diesem Zusammenhang dazu genutzt werden, ein Gefühl von Transparenz und Teilhabe an der Wissenschaft (auch ohne echtes Verständnis) zu erzeugen.

Wissenschaftssendungen sind also nicht nur mit Blick auf die Aufgabe zu betrachten, Faktenwissen und Zusammenhänge aus der Wissenschaft zu vermitteln, sondern sie erfüllen wie alle Fernsehsendungen verschiedene Funktionen, auch solche, für die sie ursprünglich nicht (oder zumindest nicht in erster Linie) vorgesehen waren. Dazu gehören die Vermittlung von Sichtweisen über den Wissenschaftsbetrieb selbst, die Schaffung von Akzeptanz und Vertrauen und auch Unterhaltungsqualitäten.

---

[56] s. Abschnitt 2.2.2.1 Entwicklung der Massenkommunikationsforschung (S. 25)

2.3.2 Stand der Wissenschaftsberichterstattung

2.3.2.1 Stellenwert der Wissenschaft

Das Interesse an Wissenschaft, besonders der Naturwissenschaft, in der Gesellschaft gilt als eher gering: Es wird zwar davon gesprochen und auch anerkannt, wie sehr sie unsere Welt geprägt hat und weiter prägt, aber als Bildungsinhalt ist sie allgemein unbeliebt; wer davon keine Ahnung hat, gilt jedenfalls nicht als ungebildet.[57] Wissenschaftssendungen können also zunächst einmal mit relativ wenig Vorwissen und auch nur mit begrenztem Interesse rechnen, denn Inhalte, die dem Rezipienten völlig oder zumindest weitgehend unbekannt sind, werden von ihm gar nicht erst angenommen. Die Ausgangslage für Wissenschaftsvermittlung im Fernsehen ist also eher schlecht, und das, obwohl es eigentlich gute Voraussetzungen für verständliche und anschauliche Präsentation bietet (vgl. SCHULT 1990, S. 234).

Die Wissenschaftsberichterstattung ist zwar in den meisten ARD-Anstalten und dem ZDF in Form spezieller Redaktionen institutionell verankert (vgl. FREUND / KÖCK 1994, S. 192), dennoch gilt sie als Marginalressort; HÖMBERG wirft den Medienbetrieben vor, auf den gesellschaftlichen Informationsbedarf über wissenschaftliche und technische Entwicklungen verspätet und unzureichend reagiert zu haben (vgl. HÖMBERG 1987, S.309).

Regelmäßige Wissenschaftsberichterstattung findet im deutschen Fernsehen praktisch nur innerhalb spezieller Sendungen statt, aber nur selten in allgemeinen Informationssendungen. „Das Beispiel des Österreichischen Rundfunks, der im Umfeld seiner Hauptnachrichtensendung ‚Zeit im Bild' jeweils einen eigenen Sendeplatz für Meldungen und Filmberichte zum Bereich Kultur und Wissenschaft reserviert, hat hierzulande nicht Schule gemacht." (HÖMBERG 1990, S. 53) Medienwissenschaftliche Studien beschäftigen sich vergleichsweise wenig mit Wissenschaftssendungen (vgl. FREUND 1990, S. 5).[58] Dabei treten gerade im Zusammenhang mit diesem Themenbereich die Bedingungen und Probleme der Vermittlung komplexer Inhalte im Fernsehen deutlich zutage.

---

[57] s. Abschnitt 1.1 Einleitung (S. 11)

[58] s. Abschnitt 5.2 Die Situation der Fernsehforschung (S. 160)

2.3.2.2 Quantität und Qualität der Berichterstattung

Die heutige Wirklichkeit ist sehr stark von wissenschaftlichen und technischen Entwicklungen geprägt. Wenn das Fernsehprogramm als Ganzes diese Wirklichkeit widerspiegeln soll, dann müsste auch die Wissenschaft entsprechend berücksichtigt werden. Das war lange Zeit nicht der Fall (vgl. SONTHEIMER 1977, S. 10).

Doch die Entwicklung geht offenbar in die richtige Richtung: Nach einer Vergleichsstudie von SCHOLZ und GÖPFERT hat die Wissenschaftsberichterstattung im Fernsehen (in Sendeminuten) von 1992 bis 1997 um 48 Prozent zugenommen. Der thematische Schwerpunkt der Sendungen liegt allerdings nach wie vor deutlich auf Naturwissenschaft, Technik und Medizin; Sozialwissenschaften werden immer noch relativ wenig beachtet (vgl. SCHOLZ / GÖPFERT 1997).[59] Außerdem sagt die Quantität der Wissenschaftsberichterstattung noch nichts über ihre Qualität und ihren Erfolg hinsichtlich der Informationsvermittlung.

Um zu beurteilen, ob und wie die Wissenschaftsvermittlung im Fernsehen optimal ist bzw. sein kann, müsste auf solider empirischer Basis untersucht werden, inwieweit das Fernsehen den tatsächlichen Entwicklungen gerecht wurde, ob es deren gesellschaftliche Relevanz wahrgenommen und darüber angemessen berichtet hat und ob es ein Massenpublikum erreichen und dieses gründlich, sachlich richtig und verständlich informieren konnte (vgl. FREUND / KÖCK 1994, S. 177). Möglicherweise ist dieses Ziel nur mit Sendungen erreichbar, die auf spezifische Zielpublika zugeschnitten sind (vgl. FREUND / KÖCK 1994, S. 193).

Auf die Frage nach der Effektivität der Vermittlung wissenschaftlicher und anderer Inhalte im Fernsehen gibt es erst wenige Antworten aus der Medienforschung (vgl. FREUND / KÖCK 1994, S. 177f). Weitere Forschung tut deshalb Not.

---

[59] zu thematischen Schwerpunkten der Wissenschaftssendungen s. Abschnitt 2.3.4.2 Popularisierung durch Themenauswahl (S. 86)

2.3.3 Wissenschaft zwischen Information und Unterhaltung

Die Herausforderung, komplexe wissenschaftliche Inhalte publikumsgerecht, also auch massenattraktiv, zu präsentieren, besteht schon seit Beginn des Fernsehens. Und auch die Orientierung der Wissenschaftssendungen in Richtung Unterhaltung als ein möglicher und vielversprechender Lösungsansatz ist nicht neu. So war bereits 1980 festzustellen, dass sich die Wissenschaftsberichterstattung in dieser Hinsicht stärker verändert hat als die meisten anderen Programmsparten (vgl. SCHULT 1990, S. 229). Sendungstitel wie „Wissenschaftsshow" oder „Knoff-Hoff-Show" versprachen schon damals neben Einblicken in die Wissenschaft auch Spannung und Unterhaltung.

2.3.3.1 Fernsehen als Unterhaltungsmedium

Das Fernsehen gilt als Medium, das immer unterhaltsam ist. Das liegt vor allem an den Bildern: „Im audiovisuellen Medium unterhalten die Bilder auch dann, wenn sie keine Unterhaltung intendieren. Das macht Fernsehen a priori und vor allen intentionalen Inhaltsentscheidungen zu einem Unterhaltungsmedium." (HALL 1979, S. 305) Diese Vorstellung vom Fernsehen bestimmt die Erwartung der meisten Zuschauer an die Medienangebote. Um sie nicht zu enttäuschen, setzen auch Informations- und Bildungsredaktionen mit Konzepten wie „News Show" oder „Talk Show" auf die Unterhaltungsfunktion (vgl. SCHULT 1990, S. 228). POSTMAN hält gerade das für bedenklich: „Problematisch am Fernsehen ist nicht, dass es uns unterhaltsame Themen präsentiert, problematisch ist, dass es jedes Thema als Unterhaltung präsentiert. [...] Das Entertainment ist die Superideologie des gesamten Fernsehdiskurses" (POSTMAN 1985.2, S. 226).

Trotz dieser Erkenntnis und vieler kritischer Stimmen - sowohl von Wissenschaftlern als auch von Journalisten, die um Vielfalt bemüht sind - sollte die Medienwissenschaft der Unterhaltung nicht von vornherein mit Ablehnung begegnen: „Belustigung und Ablenkung haben ihren Platz und ihren Wert, das heißt: Gegen Unterhaltung ist gar nichts einzuwenden, Unterhaltung ist legitim, wenn die Ablenkung nicht so weit geht, dass Probleme und deren Ursachen damit ganz verdrängt werden" (HOLZ-BACHA 1989, S. 204). Aufgabe der Forschung muss es also sein, die Unterhaltung ohne Vorurteile zu betrachten und positive wie negative Auswirkungen sachlich zu diskutieren.

Unterhaltung als Teil des Programmauftrags

Denn eines darf man bei aller Kritik an Unterhaltung nicht vergessen: Sie ist ebenso wie Information und Bildung eine der drei Aufgaben des öffentlich-rechtlichen Rundfunks. Wissenschaftssendungen lassen sich, wie andere Sendungen auch, nicht eindeutig einem dieser drei Bereiche zuordnen: Sie informieren, bilden und unterhalten. In dieser Arbeit wird davon ausgegangen, dass der Bildungs- und Informations-Aspekt im Vordergrund steht, dass Wissenschaftssendungen primär darauf ausgerichtet sind, Wissen zu vermitteln, also Lernprozesse anstoßen und Lernerfolge (wie gering auch immer) erzielen sollen, und dass andere Wirkungen (etwa Unterhaltsamkeit) diesem Ziel untergeordnet sind, die Unterhaltung in einer Wissenschaftssendung also nicht Selbstzweck[60], sondern nur Mittel z.B. zur Erhöhung der Lernmotivation ist.[61]

2.3.3.2 Begriff der Unterhaltung

Der Begriff Unterhaltung lässt sich nicht eindeutig definieren. Unterhaltung ist (wie auch Verständlichkeit und Emotionalität) keine reine Produkteigenschaft, sondern entsteht durch Interaktionsprozesse zwischen Produzent, Produkt und Rezipient.[62] Sie kann deshalb aus dreierlei Sicht diskutiert werden (vgl. WEGENER 2001, S. 88f):

- Produzentensicht: Unterhaltung als Absicht, Notwendigkeit oder unvermeidliche Begleiterscheinung journalistischer Produktion
- Produktsicht: Unterhaltung als Vorhandensein bestimmter formaler oder Inhaltlicher Gestaltungsmittel (vor allem emotionaler Art), die dem Unterhaltungsbereich zugeschrieben werden („Unterhaltungselemente")
- Rezipient: Unterhaltung als eine mögliche Erwartung an die Massenmedien, als ein mögliches Erlebnis während der Rezeption

Es gibt einige Kennzeichen, die auf eine Unterhaltungssendung hindeuten: Unterhaltungsorientierte Sendungen erzeugen Emotionen, lenken von Normen und Regeln der Realität ab, laden ein, die wirklichen Probleme zu verges-

[60] abgesehen vielleicht von Sendungen wie der „Knoff-Hoff-Show", die aber genau deswegen eigentlich keine Wissenschafts- sondern eine Unterhaltungssendung ist.

[61] Die programmplanerischen Interessen können andere sein, z.B. Erzielung einer hohen Quote, Profilierung des Senders durch ein Wissenschaftsformat etc.

[62] s. Abschnitt 2.2.5 Theorie und Produktionspraxis (S. 68)

sen und sich passiv zu entspannen, und bieten Vergnügen sowie stellvertretende Erfüllung von Wünschen (vgl. SCHENK 1987). Im Gegensatz dazu zeigen informationsorientierte Sendungen dem Zuschauer realistische Probleme, appellieren an seine Aktivität und Wachsamkeit und regen zum Denken an. Unterhaltsame Informationsvermittlung verwischt die Grenzen (vgl. WEGENER 2001, S. 87).

Für die meisten Zuschauer existiert die Trennung zwischen Information und Unterhaltung aber gar nicht. Eine Studie von DEHM kam zu dem Ergebnis: „Der Gegensatz zu Sendungen, bei denen man sich unterhält, sind Sendungen, die einem nicht gefallen, jedoch nicht Informationssendungen." (DEHM 1984, S. 642) Diese Studie entstand allerdings vor der Einführung des (hauptsächlich unterhaltungsorientierten) Privatfernsehens. Spätere Studien haben u.a. gezeigt, dass Zuschauer beim Betrachten von Informationssendungen zumindest nicht erwarten, auf Unterhaltung zu treffen (vgl. RUSCH 1993).

2.3.3.3 Unterhaltung aus Sicht der Produzenten

Unterhaltungselemente in Wissenschaftssendungen sollen aus Sicht der Produzenten helfen, Wissenschaft einer breiten Masse näher zu bringen.[63] Dazu müssen sie erreichen, dass viele Zuschauer diese Sendungen sowohl einschalten als auch aufmerksam ansehen. Auch sachlich-seriöse Sender und Sendungen stehen unter dem Druck der Einschaltquoten. Um möglichst viele Zuschauer zu gewinnen, müssen sich die Produzenten mit den Vorlieben der Rezipienten und den Möglichkeiten der Zuschauerbindung beschäftigen. Deshalb wird besonderer Wert auf unterhaltsame und emotional wirksame Darstellung gelegt (vgl. SCHULT 1990, S. 229).

Der Unterhaltungsaspekt ist aber nicht nur in der Sendung selbst relevant, sondern auch schon in Hinweisen auf sie. In Presseinformationen und Programmankündigungen etwa wird der unterhaltsame Charakter herausgestellt. Auch die Titel der Sendungen - früher z.B. „Wissenschaftsshow" oder „Knoff-Hoff-Show", heute „Abenteuer Wissen" - sollen nicht nur Einblicke in die Wissenschaft, sondern auch Spannung und Unterhaltung versprechen.

[63] Es geht hier nicht um Spezialsendungen wie Telekolleg mit begrenztem Adressatenkreis und intentionalen Lernabsichten, die gar nicht die breite Masse ansprechen wollen.

Die Ankündigung einer Sendung als unterhaltsam ist aber zunächst nur ein Versprechen, das in der konkreten Sendung dann mehr oder weniger gehalten werden kann. Hinter einer „Show"-Ankündigung kann letztlich genauso gut ein Magazin stehen, in dem die Information im Vordergrund steht. SCHULT bemerkt dazu, „... daß der Show-Begriff von den Programmmachern in den Wissenschaftsredaktionen vor allem herangezogen wird, um bereits im Titel auf die von ihnen angestrebte lockere Form der Wissenschaftsvermittlung hinzuweisen." (SCHULT 1990, S. 230) Begriffe wie „Show" oder „Abenteuer" sollen also eine bestimmte Erwartung hervorrufen und die Motivation steigern, die betreffende Sendung einzuschalten, was fundamentale Voraussetzung für jegliche Wirkung ist. Die geweckten Erwartungen sollten in der Sendung selbst natürlich nicht enttäuscht, sondern zumindest ansatzweise erfüllt werden.[64]

Im Verlauf der Sendung sollen Unterhaltungselemente bzw. unterhaltsame Gestaltung dazu beitragen, dass die Rezeption der Sendung als angenehm empfunden wird. Spektakuläre Bilder, Montage, Toneffekte und andere Unterhaltungselemente werden dazu verwendet, eine angenehme Atmosphäre zu schaffen und zu erhalten und damit die Zuwendung des Zuschauers zum Programm zu fördern.

Aus Sicht der Wissenschaft kann zu starker Einsatz von Unterhaltungselementen aber auch vom eigentlichen Inhalt ablenken und problematische Wirkungen hervorrufen, wie etwa die Vorstellungen von Wissenschaft als „Wunderkraft" oder „böse Magie".

2.3.3.4 Unterhaltung als Produkteigenschaft

Unterhaltung ist grundsätzlich eine wirkungsorientierte, rezipientenabhängige Kategorie, d.h. es handelt sich dann um Unterhaltung, wenn der Rezipient sich unterhalten fühlt. Es gibt jedoch bestimmte Elemente, die von den meisten Zuschauern als unterhaltsam empfunden werden und insofern in

[64] Es könnte aber auf diese Weise sogar möglich sein, den Zuschauern unter dem bloßen Etikett der Unterhaltung wissenschaftliche Inhalte „unterzujubeln", die sie sonst abgelehnt hätten. Das würde allerdings eine Art „Placebo-Effekt" erfordern, nämlich dass schon die bloße Erwartung von Unterhaltung ausreicht, um eine Sendung als unterhaltsamer wahrzunehmen. Ob sich dieser Effekt auch auf die Lernleistung positiv auswirkt, ist freilich eine andere Frage.

gewissen Grenzen Rückschlüsse auf den generellen Unterhaltungswert einer Sendung zulassen.

In Informationssendungen übernehmen Unterhaltungselemente meist die Rolle „medialer Geschmacksverstärker", sie werden eingesetzt, damit die eigentlichen Informationen besser „schmecken" und lieber konsumiert werden.[65] WEGENER spricht von „affektiver Akzentuierung": Um die Motivation und die Aufmerksamkeit zu erhöhen, wird das Material durch Medien-Gefühlsfaktoren verstärkt (vgl. WEGENER 2001, S. 100). Die „Anreicherung" mit Unterhaltung kann je nach Intensität bis zum sogenannten „Infotainment" führen, das der Unterhaltung eine gleichberechtigte Rolle neben der Information einräumt.

Zwei wesentliche, auch für Wissenschaftssendungen bedeutsame Unterhaltungselemente sind Emotionalisierung und Personalisierung. Sie können schon bei der Themenauswahl eine Rolle spielen und spiegeln sich in Nachrichtenfaktoren wie Personalisierung, Überraschung, Prominenz und Human Interest wider (vgl. NOELLE-NEUMANN 2000, S.331; SCHULZ 1990, S.15 ff).

Emotionalisierung

Emotionalisierung kann in Wissenschaftssendungen auf drei Arten erfolgen (nach zunehmender Bedeutung geordnet; vgl. WEGENER 2001, S. 132-142):

1. Die Präsentation emotionaler Themen, also solcher, die das Gefühl ansprechen, besonders Gewalt (vgl. SCHRAMM 1949; BRUNS / MARCINKOWSKI 1997),
2. Die explizite Darstellung oder Äußerung menschlicher Emotionen, die mehr oder weniger in den Vordergrund gestellt werden kann (vgl. SCHULZ 1990; BENTE 1997, zit. nach WEGENER 2001, S. 132),
3. Die dramaturgische Gestaltung des Beitrags durch drastische Bilder, Kameraführung, Musik, Spannung, Herstellung eines Bezugs zum Rezipienten, Beobachterrolle und Nutzung von Regeln der Dramaturgie[66] (vgl. MAAS 1994).

---

[65] WEMBER würde sie eher als „Schadstoffe" (WEMBER 1983, S. 13) bezeichnen.

[66] s. Abschnitt 2.2.4.5 Dramaturgie (S. 67)

Personalisierung

Personalisierung ist ein besonders im Fernsehen beliebtes Mittel, um Unterhaltsamkeit und Emotionalität zu steigern. Personen lassen sich besser darstellen als Strukturen, ihr Schicksal löst emotionale Reaktionen (Mitleid oder Zufriedenheit) aus, sie machen als Handlungsträger die Ereignisse überschaubar und bieten die Möglichkeit zur Identifikation oder Distanzierung (vgl. WEGENER 2001, S. 118ff; CHATMAN 1978, S. 113).

Dabei lassen sich verschiedene Rollen und Funktionen der beteiligten Personen unterscheiden. Der Erzähler, der je nach Sendungstyp als Moderator, Nachrichtensprecher oder als nicht sichtbarer Off-Sprecher auftritt und in nichtfiktionalen Produktionen praktisch immer in irgendeiner Form vorhanden ist, bildet ein wichtiges Identifikationsmoment und – sofern er im Bild zu sehen ist – das „Gesicht" der Sendung.[67] In Wissenschaftssendungen treten außerdem Experten, also Personen mit besonderem Fachwissen, auf, vor allem um die Glaubwürdigkeit und Authentizität von Aussagen zu unterstreichen (vgl. BLEICHER 1999, S. 250). Häufig kommen außerdem eine oder mehrere Personen vor, die nicht Erzähler oder Experten sind, sondern als Beispielfälle dienen: Sie stehen repräsentativ für den „normalen Menschen" und haben ein Problem oder Anliegen, das im Lauf des Beitrags mit Hilfe der Wissenschaft zu lösen versucht wird. Diese Personen bieten dem Zuschauer besonders gute Möglichkeiten, sich mit ihnen zu identifizieren.

2.3.3.5 Unterhaltung aus Sicht der Rezipienten

Im Rahmen des Uses-and-Gratifications-Ansatzes[68] ist Unterhaltung als wichtige Gratifikationserwartung anzusehen, die die Zuschauer gegenüber dem Fernsehen haben und die sie bei der Auswahl der Sendungen leitet. Besonders bedeutsam ist für viele Rezipienten die „eskapistische Mediennutzung" aufgrund des Bedürfnisses nach Kompensation und Ablenkung. Welche Sendungen diese Bedürfnisse und Erwartungen am besten erfüllen, ist individuell unterschiedlich: So bevorzugen etwa passive Personen erregende

[67] zu Funktionen des Moderators im Magazin s. Abschnitt 2.3.5.2 Wissenschaftsvermittlung im Magazin (S. 91)

[68] zum Uses-and-Gratifications-Ansatz s. Abschnitt 2.2.2.1 Entwicklung der Massenkommunikationsforschung (S. 25)

Sendungen, gestresste bevorzugen dagegen entspannende (vgl. WEGENER 2001, S. 94f).

Das Unterhaltungserleben ist also grundsätzlich subjektiv: „Unterhaltung ist [...] keine Eigenschaft, die als Sammelbegriff aus im Fernsehen vorfindbaren Programmformen zwecks Zusammenfassung ähnlicher Form- und Strukturelemente ableitbar ist. ‚Unterhaltung' geschieht vielmehr beim Zuschauer, der Unterhaltungskommunikate zur Befriedigung eines Bedarfs an mehr oder weniger konfliktfrei verbrachter Zeit benötigt" (VON RÜDEN 1979, S. 172).

2.3.3.6 Unterhaltung und Wissensvermittlung

Wissenschaftssendungen gelten allgemein als anspruchsvolle Minderheitenprogramme. Das hat dazu geführt, dass sie bei öffentlich-rechtlichen und privaten Anstalten von der Konkurrenz im eigenen Sender ins Abseits gedrängt wurden. Die Wissenschaftsredaktionen versuchen deshalb schon seit langem, ihre Sendungen mit dem „Zugpferd Unterhaltung" aus dem Abseits zu holen (vgl. SCHULT 1990, S. 228).

Das ist grundsätzlich sinnvoll, denn schließlich ist das Fernsehen für die meisten Rezipienten ein Unterhaltungsmedium: „Wenn wissenschaftliche Informationen durch das Fernsehen eine größere Rezipientenschaft wirksam erreichen wollen, so ist es unwahrscheinlich, dies ausschließlich durch anspruchsvolle, nur der Information dienende Wissenschaftssendungen zu erzielen" (TREBEL 1983, S. 20, zit. nach SCHULT 1990, S. 229). Die Unterhaltung ist dabei in erster Linie als Mittel zum Zweck gedacht, denn trotz allem steht in Wissenschaftssendungen die Vermittlung von Informationen im Vordergrund; die Unterhaltung gilt als (allerdings immer wichtiger werdende) Nebensache (vgl. AUGST / SIMON / WEGNER 1982, S. 17; PÜTZ 1990, S. 168).

Wenn Wissenschaftssendungen mit dem Attribut „Unterhaltung" versehen werden sollen, ist allerdings zu beachten, dass Unterhaltung in erster Linie ein Freizeit-Faktor ist. In der Freizeit möchte sich der Konsument entspannen und normalerweise nicht etwa lernen (vgl. SCHULT 1990, S. 231). Unterhaltsame Informationsvermittlung sollte dem Zuschauer deshalb „... nicht suggerieren, lernen zu müssen, sondern sie allenfalls anregen, sich mit dem einen oder anderen Thema näher zu beschäftigen, ..." (SCHULT 1990, S. 234).

Wichtig ist, dass je nach Sendungstyp und damit verbundener Zielgruppe das richtige Verhältnis zwischen Wissensvermittlung und Unterhaltung gewählt wird, so dass die „Gratwanderung zwischen attraktiv und richtig" (SCHULT 1990, S. 231) gelingt. Unterhaltsame Sendungsgestaltung ist einerseits nötig, um das Interesse zu wecken und die Motivation aufrechtzuerhalten, damit Wissen überhaupt vermittelt werden kann; andererseits darf das zu vermittelnde Wissen aber auch nicht zwischen den Unterhaltungs-Knalleffekten untergehen bzw. dadurch zu sehr verfälscht werden. Mit der Knoff-Hoff-Show etwa wurden laut SCHULT wesentliche didaktische Chancen vertan (SCHULT 1990, S. 235). Er weist außerdem darauf hin, dass es umso weniger Unterhaltung bedarf, je besser die Beiträge nach journalistischen Kriterien gemacht sind: Wissenschaftliche Themen in eine Sprache zu übersetzen, die der Zuschauer versteht, in Bildern zu berichten, die den Bogen in die Welt des Zuschauers schlagen, sie so aufregend und spannend zu machen, dass es der Unterhaltungswerte nicht bedarf, sie so informativ zu machen, dass der Rezipient nicht auf andere Sendungen oder Medien angewiesen ist, das ist eine Herausforderung für Journalisten, nicht für Entertainer (vgl. SCHULT 1990, S. 240).

2.3.4 Popularisierung der Wissenschaft

2.3.4.1 Begriff der Popularisierung

Unter Popularisierung von Wissenschaft soll hier die Aufbereitung wissenschaftlicher Inhalte in einer publikumsorientierten Art und Weise verstanden werden, die die Masse der Zuschauer erreicht und anspricht. Das schließt die im vorangegangenen Abschnitt behandelte unterhaltsame Präsentation zwar ein, geht aber darüber hinaus. Popularisierung bedeutet vor allem eine auch für Laien verständliche und interessante Präsentation wissenschaftlicher Inhalte.

Das sehr heterogene Publikum des Massenmediums Fernsehen beschäftigt sich größtenteils nicht oder nur sehr selten mit Wissenschaft. Deshalb ist die Anpassung der Sendungsinhalte durch Popularisierung geboten.

Popularisierungskonzepte

Die Rollenverteilung zwischen Wissenschaft und Medien bei der Popularisierung hat sich im Lauf der Zeit deutlich verändert. So ist das traditionelle Konzept der Popularisierung noch von einer klaren Hierarchie gekennzeichnet: Wissenschaftlich fundiertes Wissen gilt als das einzig wahre Wissen und ist dem populären Alltagswissen übergeordnet. „Die Wissenschaft produziert ‚wahres Wissen', die Medien vermitteln Informationen, unter anderem über das von der Wissenschaft produzierte Wissen." (WEINGART 2001, S. 233) In diesem Popularisierungskonzept beschränkt sich die Aufgabe der Medien darauf, das Wissenschaftswissen allgemeinverständlich aber möglichst unverfälscht an die Masse weiterzugeben, die Kontrolle darüber sollte aber bei der Wissenschaft liegen: „Aus ihrer Sicht ist popularisiertes Wissen im besten Fall Vereinfachung, im schlimmsten Fall Verunreinigung." (WEINGART 2001, S. 233)

Inzwischen gibt es in der Medienwissenschaft aber eine weitere Betrachtungsweise, die die Medien nicht mehr als bloße Übermittlungsinstanz, sondern als eigenständiges Funktionssystem der modernen Gesellschaft sieht, das mit eigenen Relevanzkriterien und Selektoren arbeitet (vgl. WEINGART 2001, S. 237). Die Medien „... konstruieren ihre eigene Realität, genauso wie die Wissenschaft auch. Nur verwenden sie dabei andere Instrumente, andere Zugänge zu der ‚Wirklichkeit', über die sie zu berichten suchen, und andere Darstellungsweisen." (WEINGART 2001, S. 238) Popularisierung ist demnach nicht die Wiedergabe, sondern die Konstruktion dieser Realität auf eine bestimmte, nämlich massentaugliche, Art und Weise. Massentauglichkeit lässt sich sowohl bei der Themenauswahl als auch der Themenumsetzung herstellen. Da die popularisierende Umsetzung von Wissenschaftsthemen in verständlicher, emotional attraktiver und unterhaltsamer Form bereits in gesonderten Abschnitten behandelt wurde,[69] soll hier auf die Popularisierung durch Themenauswahl näher eingegangen werden.

2.3.4.2 Popularisierung durch Themenauswahl

Die Themenauswahl stellt die erste entscheidende Schaltstelle im Prozess der medialen Wirklichkeitskonstruktion dar. Hier lassen sich sechs Gruppen von Einflussfaktoren ausmachen (vgl. FREUND / KÖCK 1994, S. 181):

- allgemeine Nachrichtenfaktoren (Aktualität, Neuigkeit, Sensationalität, u.a.; vermutlich gibt es auch spezielle Nachrichtenfaktoren für Wissenschaftssendungen)
- Aktualitätszwänge (Nobelpreise, Erfindungen, Todesfälle u.a.)
- strukturell-medienspezifische Determinanten (Bearbeitbarkeit des Themas mit bestimmten Darstellungstechniken und im Rahmen spezifischer Sendungstypen u.a.)

---

[69] s. Abschnitte 2.2.3.4 Verständliche Gestaltung: Produktvariablen (S. 51), 2.2.4 Emotionale Wirkungen: Attraktivität (S. 61) und 2.3.3.6 Unterhaltung und Wissensvermittlung (S. 84)

- thematische Vorselektion durch zentrale Informationsquellen (Agenturen, wissenschaftsinterne Quellen, Informationen von Instituten u.a.)
- redaktions- und senderinterne Normen, Ausrichtung der Redaktion, politische Tendenzen
- persönliche Interessen der Redakteure

Insbesondere die Darstellbarkeit von Themen als Auswahlkriterium für Fernseh-Wissenschaftssendungen (und auch für Fernsehsendungen ganz allgemein) ist umstritten. So herrscht in manchen Redaktionen offenbar die Meinung vor, es sollten in erster Linie Themen behandelt werden, die optimal veranschaulicht bzw. attraktiv präsentiert werden können, denn nicht alle Inhalte seien verständlich darstellbar (vgl. SCHULT 1990, S. 237; TÜRER 1989, S. 24f). Natürlich hängt die Verständlichkeit auch vom Thema ab, und es lassen sich nicht alle Themen gleich gut verständlich darstellen, also popularisieren: „Jeder, ob jung oder alt, ob von Volksschul- oder Hochschulbildung, ob Müllfahrer, Nobelpreisträger oder Bundespräsident – und sie sitzen ja alle abends vor dem Fernseher – sieht gerne Delphine oder die Pyramiden, wohl auch ein startendes Mach-2-Flugzeug oder eine Bohrinsel in der aufgewühlten Nordsee und lässt sich diese Dinge erklären. Aber ich bin doch der Meinung, daß wir unsere publizistische Aufgabe verfehlen würden, wenn wir uns auf die Darbietung solcher ohne weitere Mühe attraktiver Themen beschränken würden oder auch nur auf solche Themen, die sich im Medium Fernsehen besonders gut machen lassen, die telegen sind." (SCHIEMANN 1977, S. 46f)

So gesehen könnte das Fernsehen zum „kopflosen Machen" einladen, und die technische Faszination der Bilder könnte sich verselbständigen (vgl. TENBRUCK 1977, S. 13). Erstes Auswahlkriterium für Wissenschaftsthemen sollte deshalb sein, was der Zuschauer zur Vervollständigung seines Weltbildes und für das praktische Leben braucht; die Umsetzung kommt an zweiter Stelle und ist zudem nicht in erster Linie vom Thema sondern von der Kreativität des Redakteurs abhängig (vgl. FREUND 1990, S. 31). Auch das Publikum lehnt eine solche Auswahl nicht unbedingt ab: „Die Erfahrung lehrt, daß sich der einfache Mann durchaus für das interessiert, ‚was die Welt im Innersten zusammenhält'." (SCHIEMANN 1977, S. 47)

Betrachtet man jedoch die Themen, die tatsächlich im Fernsehen kommen, so zeigt sich, dass die klassischen Nachrichtenfaktoren wie Aktualität und Einfachheit nicht ohne weiteres für Wissenschaftsberichte gelten (vgl. FREUND /

KÖCK 1994, S. 181). Wichtigkeit ist meist nicht das wesentliche Auswahlkriterium; Telegenität und Umsetzbarkeit spielen doch eine dominante Rolle.

Mit Blick auf die Auswahl von Wissenschaftsthemen im Fernsehen spricht RUß-MOHL von der „Zweifelder-Bewirtschaftung" (s. Abbildung 6): Das klassische Wissenschaftsmagazin bevorzugt Themen aus Naturwissenschaft, Technik und Medizin (Feld A). Geistes- und sozialwissenschaftliche Themen werden deutlich seltener behandelt, sie kommen eher in den klassischen Ressorts (z.B. Kultur, Aktuelles) vor, vermischt mit anderen Themen (Feld D). Die Felder B und C der Matrix werden meist vernachlässigt: Im Wissenschaftsressort sind Geistes- und Sozialwissenschaften unterrepräsentiert, in den klassischen Ressorts dagegen Naturwissenschaft, Technik und Medizin (vgl. RUß-MOHL 1986, S. 12f).

	Wissenschaftsressort (zielgruppenorientiert)	„Klassische" Ressorts (breitstreuend)
Naturwissenschaften, Technik, Medizin	**A**	**B**
Sozial- und Geisteswissenschaften	**C**	**D**

Abbildung 6: Zweifelder-Bewirtschaftung (nach RUß-MOHL 1986, S. 12)

Für die Bevorzugung bestimmter Themengebiete gibt es verschiedene Gründe: Agenturen treffen eine bestimmte Vorauswahl, in der Wissenschaftsjournalistenausbildung wird der Schwerpunkt auf Naturwissenschaften und Technik gelegt, in den Geistes- und Sozialwissenschaften fehlen Superlative und Sensationen, außerdem sind naturwissenschaftliche und technische Ergebnisse am ehesten im Alltag anwendbar (vgl. FREUND / KÖCK 1994, S. 182). Besonders bedeutend im Hinblick auf die oben dargestellten Zusammenhänge ist die Inszenierbarkeit, also Telegenität naturwissenschaftlicher Abläufe. Zu naturwissenschaftlichen Themen kann man häufig etwas zeigen, etwa Forschungseinrichtungen oder -objekte; Sendungen mit sozial- und geisteswissenschaftlichem Inhalt ermöglichen dagegen oft keine so attraktive Präsentation, auch dort wird oft versucht, etwas zu inszenieren (vgl. SCHULT 1990, S. 237). GÖPFERT weist darauf hin, dass Sendungen über geistes- und sozialwissenschaftliche Themen nicht immer Wissenschaftssendungen sind, sondern nur dann, wenn sie sich wirklich auf wissenschaftliche Art und Weise mit dem Thema beschäftigen und z.B. Experten zu Wort kommen lassen (vgl. GÖPFERT 1996, S. 364).

2.3.4.3 Popularisierung und Wissensvermittlung

Wissenschaftssendungen können immer nur ein Kompromiss zwischen Anspruch bzw. genauer Darstellung der wissenschaftlichen Inhalte auf der einen Seite und Popularisierung bzw. Ansprache großer Zuschauermassen auf der anderen sein, wobei der Schwerpunkt auf dem zweiten Aspekt liegt. Eine wichtige Frage ist, wie viel „reine Wissenschaft" die Zuschauer überhaupt verkraften, und wie viel Popularisierung sie unbedingt brauchen.

Das Medium Fernsehen als „nichtwissenschaftliches Welterklärungsmodell" (BLEICHER 1999, S. 16) ist für die streng wissenschaftliche Beweisführung eigentlich ungeeignet. Wissenschaftliche Zusammenhänge müssen deshalb mediengerecht aufgearbeitet und am Zielpublikum orientiert schrittweise, aber kontinuierlich dargestellt werden (vgl. AUGST / SIMON / WEGNER 1982, S. 21; YOGESHWAR 1990, S. 271f). Wissenschaftliche Ausführlichkeit und die Vermittlung zu vielen Wissens in einer Sendung sind nicht sinnvoll, besser ist es, sich auf das Wesentliche zu beschränken bzw. das Wesentliche herauszustellen. Man sollte die Grundidee so anschaulich machen, dass sie verstanden wird, sie aber auch nicht zu stark vereinfachen (vgl. GÖPFERT 1986, S. 152).

Die Erfahrungen mit intentionalen Bildungsprogrammen wie dem Telekolleg haben gezeigt, dass Fernsehen nicht unbedingt zum Lernen an sich genutzt wird, sondern vor allem Anstoß ist, regelmäßig aus dem schriftlichen Begleitmaterial zu lernen (vgl. KÖCK 1990, S. 146). Auch wer sich eine Wissenschaftssendung ansieht, soll nicht in erster Linie etwas lernen, sondern vor allem in die Welt der Wissenschaft eingeführt werden, eventuell Interesse bekommen und zum Selbststudium angeregt werden (vgl. FREUND 1990). Hier liegt der Sinn der begleitenden Materialien, die für viele Wissenschaftssendungen angeboten werden: Der Zuschauer kann dort sowohl das während der Sendung unverständlich Gebliebene nachlesen als auch sich über den Inhalt der Sendung hinaus Wissen aneignen (vgl. PÜTZ 1990, S. 165; BOCK 1990, S. 84).

Letztlich entscheidend für die bildende Wirkung einer Sendung ist das Verständnis der Zusammenhänge. Es geht nicht in erster Linie darum, dass der Zuschauer Fachbegriffe lernt, sondern dass er eine Vorstellung davon bekommt, was die Wissenschaft untersucht und herausgefunden hat und welche Bedeutung die Ergebnisse haben (vgl. GÖPFERT 1990, S. 128). Was die Menge der vermittelbaren Information anbelangt, sollten die Sendungsmacher nicht zu viel erwarten: „Wenn drei bis vier Thesen aus meiner Sendung überhaupt ‚rübergekommen' sind, dann reicht das meiner Meinung nach völlig aus. [...] Wenn jede Sendung es schaffen würde, drei oder vier solcher Kerngedanken zu vermitteln, hätte das Fernsehen seinen Bildungsauftrag erfüllt" (YOGESHWAR 1990, S. 272).

2.3.5 Wissenschaft in verschiedenen Genres

2.3.5.1 Das Fernsehprogramm und die Genres

Der Charakter des Fernsehprogramms und seiner Sendungen wird entscheidend von den Genres bestimmt, die zum Einsatz kommen. In ihrem Buch „Fernsehen als Mythos" vergleicht BLEICHER das Fernsehprogramm mit dem antiken Mythos und stellt dabei zahlreiche Gemeinsamkeiten fest: So handelt es sich bei beiden um komplex strukturierte Erzählsysteme, die aus einzelnen symbolhaften Erzählungen zusammengesetzt sind, sich an ein Kollektiv von Adressaten richten und in der Summe ihrer Einzelerzählungen „die Welt" vermitteln und erklären. Jede einzelne mythische Erzählung bzw. Sendung vermittelt dabei Informationen über einen bestimmten Teil der Welt und das in bestimmter Art und Weise (vgl. BLEICHER 1999, S. 19f). Im Lauf der Entwicklung des Fernsehens haben sich vielfältige Standardisierungen, die Sendungs-Genres, herausgebildet, die sich sowohl hinsichtlich des vermittelten Inhalts als auch der Art der Vermittlung unterscheiden, z.B. Nachrichten, Spielfilm, Quizshow, Magazin und Dokumentation.

Der Begriff „Genre" im Fernsehen ist vergleichbar mit der „Gattung" in der Literatur oder dem „Genre" im Film (vgl. BLEICHER 1999, S. 145). Statt „Genre" wird - insbesondere seit Einführung des dualen Rundfunksystems - gerne der Begriff „Format" gebraucht, was darauf hindeutet, dass die Unterscheidbarkeit der Sendungen (und die damit angestrebte Profilierung des jeweiligen Senders) insbesondere durch Betonung formaler Merkmale (die sogenannte „Formatierung") hergestellt werden soll.

Jedes Genre ist idealerweise als Liste mehrerer Eigenschaften darstellbar, die eine Sendung haben muss, um dem jeweiligen Genre zugerechnet zu werden. Zu diesen Eigenschaften, die ein Genre charakterisieren, gehören Art der Erzählungen (narrative), Protagonisten (main characters), Aussehen (appearance), Objekte (objects) und Schauplätze (settings) (vgl. BLEICHER 1999, S. 238). Es geht also vor allem um formale und gestalterische Unterschiede. Die

Themen können in verschiedenen Genres die gleichen sein (das Thema „Wissenschaft" kann z.B. in Nachrichten, Magazinen oder Dokumentationen vorkommen), werden aber in ihrer Umsetzung dem jeweiligen Genre angepasst (vgl. BLEICHER 1999, S. 145).

Die Genres bzw. Gattungen sind allerdings mehr als bloße Kategorien zur Klassifizierung von Sendungen. KREUZER gibt zu bedenken, „... daß eine Gattung (eine real gegebene Sendeform) nicht einfach ein objektiv abzugrenzendes Corpus von Produkten ist, sondern insofern ein Bewusstseinsphänomen, als es die praktische Arbeit, die „Strategien" der Produzierenden, und die Erwartungshaltung, den Anspruch der Rezipierenden, steuert." (KREUZER 1979, S. 20) Genres sind also konstituierendes Element des Fernsehprogramms und für alle Beteiligten sehr bedeutsam. Auf der Produzentenseite erfassen sie formale und inhaltliche Charakteristika, ermöglichen die Einordnung in die entsprechenden Redaktionen und erleichtern die Durchführung von Produktionsabläufen (vgl. BLEICHER 1999, S. 144). Dem Zuschauer bringen die Genres vor allem Orientierung in der oft unübersichtlichen Vielfalt des Programmangebots: Im Sinne des Uses-and-Gratifications-Ansatzes[70] erfüllen alle Sendungen eines Genres ungefähr dieselben Bedürfnisse, bieten also ähnliche Gratifikationen an (Nachrichten bieten z.B. Orientierung, Spielfilme Ablenkung, Ratgebersendungen Lebenshilfe). Aufgrund seiner individuellen Bedürfnisse kann der Zuschauer seine bevorzugten Genres auswählen (vgl. WEGENER 2001, S. 98).

2.3.5.2 Wissenschaftsvermittlung im Magazin

Das Magazin mit seinen meist durch Moderation verbundenen Einzelthemen ist eines der beliebtesten Fernseh-Genres, sowohl bei Produzenten als auch Zuschauern. Kritiker werfen ihm allerdings mangelnde Ausführlichkeit vor und bezeichnen es abfällig als „Gemischtwarenladen" oder „Verwurster". Doch gerade diese Eigenschaften waren für die „Erfindung" des Magazins entscheidend: Es wurde in den USA ursprünglich als unterhaltsamer Rahmen für Warenwerbung entwickelt und später auch für „anspruchsvollere" Inhalte übernommen (vgl. SCHUMACHER 1994, S. 101).

---

[70] zum Uses-and-Gratifications-Ansatz s. Abschnitt 2.2.2.1 Entwicklung der Massenkommunikationsforschung (S. 25)

Eine wesentliche Eigenschaft des Magazins ist die regelmäßige Erscheinungsweise (täglich, wöchentlich, monatlich o.ä.). Magazine haben seriellen und zyklischen Charakter, bestimmte Programmplätze werden mit bestimmten Magazinsendungen in Verbindung gebracht. Diese Periodizität trägt dem Bedürfnis der Zuschauer nach durchschaubarem, kalkulierbarem und verlässlichem Programmangebot Rechnung (vgl. NEVERLA 1992, S. 67; WEGENER 2001, S. 55).

Was das Magazin-Genre aber entscheidend auszeichnet, ist das „Baukasten"-Prinzip: Die additive Struktur des Magazins ist potentiell für alle Inhalte offen (vgl. BLEICHER 1999, S. 166). Mehrere voneinander unabhängige Beiträge über völlig verschiedene Themen oder aus einem Themenbereich werden zu einer äußerlich geschlossenen Sendung zusammengefügt (vgl. WEGENER 2001, S. 55; HALL 1979, S. 306).

Diese Kleinteiligkeit der Bestandteile hat Vor- und Nachteile. Wesentlicher Vorteil ist die hohe Flexibilität bei der Gestaltung einer Sendung durch die Möglichkeit, verschiedenste Beiträge zu einer Sendung zu verknüpfen. Die Magazinform eignet sich deshalb - abfällig formuliert - als „Verwurster" für Themen aller Art: Was gerade so anfällt, kann eingebaut werden. Das Magazin-Genre hat in erster Linie Verpackungs-Charakter. Für den Zuschauer ergibt sich vor allem der Vorteil der einfachen Konsumierbarkeit. Da jeder Beitrag einen in sich abgeschlossenen Sinnzusammenhang darstellt, erfordert das Magazin nur kurze Aufmerksamkeitsspannen.

Diesen Vorteilen stehen aber auch gravierende Nachteile gegenüber: In kurzen Häppchen-Beiträgen zu unterschiedlichsten Themen sind größere Zusammenhänge nicht mehr darstellbar. Gerade sie wären aber wichtig, um eine umfassend informierte Öffentlichkeit herauszubilden. „Umfassende, gar ausgewogene Information widerspricht deshalb schon den formalen Bedingungen des Fernsehmagazins." (HALL 1979, S. 306)

Von besonderer Bedeutung für das Erscheinungsbild des Magazins ist der Moderator. Er ist als charakteristischer Bestandteil des Magazins allgemein verbreitet, wenn auch nicht zwingend notwendig. Neben seiner wichtigen Funktion für den Sendungsablauf (vgl. WACHTEL 1998, S. 77; SCHUMACHER 1994, S. 105) stellt er die zentrale Identifikationsfigur der Sendung dar und baut eine persönliche Beziehung zum Zuschauer auf. Vom gesamten Produktionsteam ist er oft als einziger zu sehen; viele Zuschauer unterstellen ihm deshalb die alleinige Urheberschaft der Sendung (vgl. BLEICHER 1999, S. 254).

Das Genre Magazin kann sowohl multithematisch als auch monothematisch angelegt sein. Das bunte multithematische Magazin, die verbreitetste Magazinform, bietet gegenüber Genres wie der Dokumentation zwar Vorteile hinsichtlich Flexibilität und Aktualität, kann aber die Themen wie bereits ausgeführt nur oberflächlich behandeln, da für das einzelne Thema zu wenig Zeit zur Verfügung steht (vgl. FREUND / KÖCK 1994, S. 191).

Dieses Problem relativiert sich in monothematischen Magazinen wie den beiden in dieser Arbeit untersuchten Sendungen, weil dort mehrere Aspekte eines einzigen Themas behandelt werden. Der Überblick wird dadurch ermöglicht, dass der Moderator durch längere Studioteile die Zusammenhänge zwischen den Teilbereichen herstellen kann, die in den Beiträgen angesprochen werden. In gewisser Weise ist das monothematische Magazin durch den Moderator gegenüber der Dokumentation im Vorteil, denn dieser kann die in den Beiträgen angesprochenen Teilthemen zusammenfassen, Verbindungen zwischen ihnen klar herausstellen und deutliche Strukturierungen liefern, was in der Dokumentation mit ihrem ununterbrochenen Fluss schwerer realisierbar ist, wenn überhaupt. Das Format „Magazin" eignet sich für Wissenschaftssendungen insofern sehr gut.

2.3.5.3 Wissenschaftsvermittlung in der Dokumentation

Schon die Bezeichnung des Genres weist darauf hin, dass die Dokumentation die Aufgabe hat, Ereignisse und Zusammenhänge zu dokumentieren. Wesentlich dabei ist, dass einerseits die Realität authentisch, wie sie ist, gezeigt werden soll, andererseits aber Mittel der Dramaturgie und Inszenierung eingesetzt werden, um die Realität in Form einer Geschichte darzustellen und sie damit stärker wirken zu lassen.

Der Inhalt eines Dokumentarfilms ist die beobachtete Wirklichkeit, allerdings wird sie nicht unverändert dargestellt (was gar nicht möglich wäre), sondern vom Autor bzw. Regisseur in einem gewissen Grad inszeniert. GRIERSON bezeichnet den Dokumentarismus deshalb als „creative interpretation of reality" (zit. nach BLEICHER 1999, S. 170).

Der Eindruck der Authentizität eines Dokumentarfilms entsteht nicht durch das Material im Rohzustand, sondern erst durch eine ästhetische Struktur, die Ähnlichkeiten zu der des Spielfilms hat (vgl. HELLER 1994, S. 95). Dokumentarismus ist also nicht bloßes Abfilmen der Wirklichkeit, sondern es werden inszenatorische Mittel genutzt. Oft finden sich Spannungsformen des Kriminalfilms, die zielorientierte Suche wird als Spannungselement in die Sendung integriert, der Autor des Films tritt oft selbst als Protagonist in Erscheinung (vgl. BLEICHER 1999, S. 174). Auch der Dokumentarfilm ist an Protagonisten gebunden und weist narrative Strukturelemente wie z.B. die Gliederung in einzelne Handlungsabschnitte auf; das Drehbuch dient allerdings im Gegensatz zum Spielfilm nur als Planungsvorgabe (vgl. BLEICHER 1999, S. 170).

Möglichkeiten zur „kreativen Interpretation der Realität" bzw. Manipulation der Bilder bestehen in Montage und Kommentar: Die Montage gliedert die Wirklichkeit, wobei verschiedene Ordnungsprinzipien möglich sind; die Aufnahmen werden in einen Zusammenhang gebracht, aus dem heraus die Wirklichkeit für den Zuschauer erst zugänglich wird. Der Kommentar soll unverständliche Bilder erklären. Allerdings besteht die Gefahr, dass die Bilder „zugetextet" werden. Ein Kommentar, der Bild und Ton, also die eigentliche Wirklichkeit, nicht wirken lässt, verhindert, dass eben diese Wirklichkeit dem Zuschauer nahegebracht wird (vgl. BLEICHER 1999, S. 172).

Diese Gefahr ist im Fernseh-Dokumentarfilm besonders groß: Der Film erscheint hier nicht als Einzelwerk, das für sich selbst stehen kann, sondern er taucht im Raster des Programmschemas auf und muss sich in gewisser Weise in dieses Schema einpassen. Dadurch entsteht ein Konflikt zwischen journalistischen und cineastischen Ansprüchen, der prinzipiell das ganze Fernsehprogramm kennzeichnet (vgl. HELLER 1994, S. 100).

In der Rangfolge des Aktualitätsbezugs der Fernsehgenres, in der die Nachrichtensendungen ganz oben stehen, kommt die Dokumentation noch etwas hinter dem Magazin. Sie ist alleine schon wegen der Produktionsweise nicht tagesaktuell, betrachtet die Dinge aus größerem Abstand und kann umfassender berichten, ist aber trotzdem grundsätzlich gegenwartsbezogen (BLEICHER 1999, S. 171f). Sie beschränkt sich allerdings nicht auf die Gegenwart, sondern kann, insbesondere in historischen Dokumentationen, durch Gespräche oder Originalaufnahmen auch die Vergangenheit vermitteln (vgl. BLEICHER 1999, S. 174)

Die Strukturierung einer Dokumentation erfolgt nicht wie beim Magazin durch Wechsel zwischen Moderation und Beitrag, sondern mit anderen, dramaturgischen Mitteln, die nicht so offensichtlich zutage treten. Oft dienen Zyklen der Realzeit als Ordnungsprinzip (vgl. BLEICHER 1999, S. 174). Auch in der Produktionsweise gibt es einen deutlichen Unterschied: Für Magazinbeiträge wird häufig zuerst der Text zumindest ansatzweise formuliert, dann werden dazu passend die Bilder geschnitten; die Bilder müssen sich also eher dem Text unterordnen. Der klassische Dokumentarfilm wird dagegen ohne vorliegenden Kommentartext nur nach Wirkung der Bilder geschnitten, dann wird, wo nötig, erklärender Text hinzugefügt.

Im Gegensatz zum Magazin, das mit seinen häufigen Themenwechseln schnell und hektisch erscheint, wirkt die Dokumentation lang und ruhig. Sie hat das Ziel, das Bewusstsein des Zuschauers zu verändern (vgl. BLEICHER 1999, S. 172). Es gibt keine Moderationen, der Autor tritt hinter die Bilder zurück, komplexe Themen können gut vermittelt werden. Damit ist die Dokumentation ideal geeignet für die Vermittlung wissenschaftlicher Inhalte (vgl. FREUND / KÖCK 1994, S. 191).

2.3.5.4 Wissenschaftsvermittlung in anderen Genres

Neben Magazin und Dokumentation bieten natürlich auch andere Genres des Fernsehens die Möglichkeit, wissenschaftliche Inhalte zu vermitteln. In fiktionaler Aufbereitung - etwa in Form eines Spielfilms - können das Leben von Wissenschaftlern oder bedeutende Ereignisse der Wissenschaftsgeschichte in einer Art und Weise dargestellt werden, die auch Zuschauergruppen anspricht, die sich sonst nicht mit Wissenschaft auseinandersetzen. Ebenso ist es möglich, Wissenschaftsthemen in einer vollständig erdachten Geschichte unterzubringen. Dabei wird jedoch häufig nicht ganz klar, welche Inhalte realen Hintergrund haben und welche „Science Fiction" sind.

In Spiel- und Quizshows lassen sich wissenschaftliche Inhalte in den gestellten Fragen und Aufgaben unterbringen. Für den Lernerfolg entscheidend ist allerdings, ob es dem Rezipienten ermöglicht bzw. erleichtert wird, die Informationen in seine eigenen Wissensstrukturen einzubinden, ob also der Sachverhalt, nachdem der Kandidat die Aufgabe gelöst hat, vom Moderator bzw. Quizmaster kurz erläutert wird, oder ob es nur bei „hingeworfenen" Fakten bleibt, die schnell wieder vergessen werden.

Schließlich bietet sich noch die Möglichkeit, Wissenschaftsthemen als Einzelbeiträge in anderem Kontext, etwa in Nachrichtensendungen oder nicht spezifisch wissenschaftlichen Magazinen unterzubringen. Der Vorteil dieser Form der Vermittlung ist, dass auch Zuschauer erreicht werden können, die normalerweise keine Wissenschaftsprogramme ansehen, allerdings werden solche Sendeplätze für Wissenschaftsthemen nur sehr selten zur Verfügung gestellt, zugunsten vermeintlich attraktiverer, fernsehgerechterer Themen.

2.3.5.5 Magazin und Dokumentation im Vergleich

Die Fernsehprogramme verschiedener Länder haben unterschiedliche Präferenzen für bestimmte Genres. So sind Dokumentationen mit ihrer langen Laufzeit zu einem einzigen Thema vor allem im angloamerikanischen Raum anzutreffen. Viele der im deutschen öffentlich-rechtlichen und privaten Fernsehen laufenden Dokumentationen werden von dort importiert, z.B. „BBC Exklusiv“ (VOX) oder „Discovery“ (ZDF). In Deutschland kommt das Dokumentations-Genre für den Bereich „Kultur“ bzw. die Kombination „Kultur und Wissenschaft“ zum Einsatz, außerdem gibt es zahlreiche Natur- und Tierdokumentationen.

Für Wissenschaftssendungen im deutschen Fernsehen sind insbesondere Magazin und Dokumentation von Bedeutung, wobei das Magazin-Genre, wie auch in anderen Bereichen des Fernsehens, das am häufigsten anzutreffende ist, gefolgt von der Dokumentation. Andere Genres wie Show oder Spielfilm spielen im Bereich der Wissenschaftssendungen eine vergleichsweise geringe Rolle.

Aus den Unterschieden zwischen Magazin und Dokumentation ergeben sich die bereits angesprochenen Vor- und Nachteile hinsichtlich der Vermittlung wissenschaftlicher Inhalte.

Es liegt nahe, dass sich die beiden Genres auch in ihrer Produktionsweise unterscheiden. Während die Dokumentation es erfordert, dass sich ein und dasselbe Team relativ lange mit einem Thema beschäftigt, können im Magazin die einzelnen, stärker eingegrenzten Themen schneller und auch arbeitsteilig abgearbeitet werden. Die heutige Produktionstechnik kommt dieser Arbeitsweise sehr entgegen. Monothematische Magazine haben ähnlich wie Dokumentationen den Vorteil, dass im Prinzip nur ein Thema bearbeitet werden muss, was zu weniger Recherchen, weniger Drehorten und damit geringeren Kosten führt.

3. Gegenstand und Vorgehensweise

3.1 Fragestellung und Zielsetzung

Die Vermittlung wissenschaftlicher Inhalte im Fernsehen ist ein sehr komplexer Vorgang, den viele Faktoren beeinflussen und der verschiedenste Vermittlungsstrategien ermöglicht. Solche unterschiedlichen Strategien werden in den Genres Wissenschaftsmagazin und Wissenschaftsdokumentation deutlich. Beide haben ihre genrespezifischen Eigenarten, die sich als Vor- oder Nachteile in der Vermittlung von Wissenschaftsthemen im Fernsehen erweisen können.

In diesem Kontext ist es aufschlussreich zu untersuchen, welche Unterschiede und Gemeinsamkeiten in der medialen Wissenschaftsvermittlung zwischen Magazin und Dokumentation nicht nur theoretisch bestehen, sondern auch wie sie in konkreten Sendungen in Erscheinung treten. Am besten dürfte das mit einer Untersuchung in Form eines Vergleichs gelingen. Ziel der vorliegenden Arbeit ist es, mittels eines solchen Vergleichs Unterschiede und Gemeinsamkeiten in der konzeptionellen und inhaltlichen Gestaltung zwischen Magazin- und Dokumentationsformat anhand konkreter Sendungen herauszufinden. Anschließend soll unter Einbeziehung der oben abgehandelten Theorien untersucht werden, wie diese Unterschiede als Wirkung auf die Wissensvermittlung zu bewerten sind. Da sich die meisten der bisherigen Untersuchungen von Wissenschaftssendungen vor allem mit kognitiven Wirkungen, Lernen, Verständlichkeit und der Textgestaltung auseinandergesetzt haben, soll der Schwerpunkt dieser Untersuchung auf anderen Elementen, insbesondere der Bild-, Ton- und Musikgestaltung, sowie auf eher emotionalen Aspekten wie Personalisierung oder Emotionalisierung liegen.

Dafür wurden zwei Magazinformate (eines mit deutlich ausgeprägtem Magazincharakter, das andere mit Elementen einer Dokumentation) sowie ein reines Dokumentationsformat ausgewählt und hinsichtlich Konzeptions-, Inhalts- und Rezeptionsgesichtspunkten untersucht. Wegen der Beschränkung auf diese drei Formate und der begrenzten Zahl untersuchter Sendungen ist es nur möglich, einen groben Überblick zu gewinnen und Tendenzen ohne Anspruch auf Repräsentativität aufzuzeigen. Daraus können sich aber Anhaltspunkte ergeben, die als Grundlage für weitere, umfangreichere Untersuchungen dienen. Die vorliegende Arbeit hat somit in erster Linie explorativen Charakter.

3.2 Methodik und Design der Untersuchung

3.2.1 Untersuchungsdesign

Die Untersuchung gliedert sich in die drei Teile Konzeptionsanalyse, Inhaltsanalyse und Rezeptionsdatenauswertung, die anschließend zueinander in Beziehung gesetzt werden.

In der *Konzeptionsanalyse* ging es um die Selbstdarstellung der Produzenten der jeweiligen Sendereihe. Dazu wurden Pressetexte, Programmankündigungen und Informationstexte, die im Internet-Angebot der Sender zu finden waren, auf Aussagen zu Eigenschaften der Sendereihen untersucht, insbesondere mit Blick auf Gratifikationsversprechen. Darüber hinaus wurden die Konzeptionselemente der Sendungen, also die Elemente, die im wesentlichen das „Format" einer Sendereihe ausmachen, betrachtet.

In der *Inhaltsanalyse* wurde zunächst die thematische Zusammensetzung der drei Sendereihen analysiert und versucht, thematische Schwerpunkte bzw. das Themenprofil der jeweiligen Sendereihe zu ermitteln. Als Datenbasis dienten Informationen aus den Sendungs-Archiven der jeweiligen Anbieter im Internet über die innerhalb eines Jahres gelaufenen Sendungen. Der größte Teil der Inhaltsanalyse befasst sich aber mit quantitativ oder qualitativ erfassbaren Merkmalen der einzelnen Sendungen, die in verschiedenen Kategorien erfasst wurden.

Die *Rezeptionsdatenauswertung* diente dazu, Informationen über die Zusammensetzung des Publikums der jeweiligen Sendereihen zu gewinnen. Dazu wurden Daten der GfK-Fernsehforschung herangezogen.

Ziel der dreigeteilten Untersuchung ist es, Informationen über Gemeinsamkeiten und Unterschiede der Sendereihen in jedem dieser drei Bereiche zu ermitteln, vor allem aber diese Informationen anschließend verknüpfen zu können und zu untersuchen, wie sich die einzelnen Bereiche aufeinander beziehen, sowohl in jeder Sendereihe für sich, als auch im Vergleich der Sendereihen untereinander.

3.2.2 Auswahl der untersuchten Sendungen

3.2.2.1 Die ausgewählten Sendereihen

Das wichtigste Kriterium für die Auswahl der untersuchten Sendungen war deren jeweiliger Charakter als Magazin- oder Dokumentationsformat. Von vornherein ausgeschlossen wurden Sendungen mit speziellen Zielgruppen bzw. Intentionen (unabhängig von der tatsächlichen Nutzung), darunter Sendungen, die sich speziell an Kinder richten (z.B. Sendung mit der Maus), intentionale Bildungssendungen (z.B. Telekolleg) und „Wissenschafts"-Sendungen, die offensichtlich primär der Unterhaltung dienen (z.B. Knoff-Hoff-Show). Nach Durchsicht verschiedener Wissenschaftssendungen wurden für die Untersuchung das Dokumentationsformat „BBC EXKLUSIV" (VOX) sowie die beiden Magazinformate „ABENTEUER WISSEN" (ZDF) und „QUARKS & CO" (WDR) aufgrund bestimmter konzeptioneller und gestalterischer Gegebenheiten ausgewählt.

Bei der Sendereihe *BBC EXKLUSIV* handelt es sich um monothematische Dokumentationen zu Themen mit mehr oder weniger starkem wissenschaftlichem Hintergrund. Oft werden zu einem Thema mehrere Folgen ausgestrahlt, die allerdings jede für sich eine abgeschlossene Einheit bilden. Die Auswahl des britischen Formats BBC EXKLUSIV als Beispiel für eine Wissenschaftsdokumentation hat insofern ihre Berechtigung, als in Großbritannien die Dokumentation die bevorzugte Art der Vermittlung wissenschaftlicher Inhalte ist – anders als in Deutschland, wo die Magazinform dominiert. Deshalb ist davon auszugehen, dass das Format Dokumentation in Großbritannien einen besonders hohen Entwicklungsstand erreicht hat. Für die Ausstrahlung in Deutschland werden die britischen Dokumentationen erheblich an deutsche Sehgewohnheiten angepasst. Insofern können sie durchaus als Beispiel dienen für die Möglichkeiten einer Dokumentation, wissenschaftliche Inhalte im deutschen Fernsehen zu vermitteln. Die Dokumentationen der BBC werden im deutschen Fernsehen von der „DCTP – Entwicklungsgesellschaft für TV Programm mbH" als „BBC EXKLUSIV" auf den Sendern VOX und XXP vermarktet. Da der Sender XXP aber im Kabel nicht deutschlandweit und außerdem selbst über den Satelliten Astra nicht rund um die Uhr zu empfangen ist, wurden für die Untersuchung nur die Sendungen herangezogen, die auf dem allgemein über Kabel und Satellit empfangbaren Sender VOX laufen.

Die Sendereihe *ABENTEUER WISSEN* wird im ZDF ausgestrahlt und zeigt sich formal als Magazinsendung mit Moderator im Studio und mehreren Beiträgen. Thematisch geht es nicht nur um Forschung, sondern allgemein um Fragen des Alltags, die man sich normalerweise nicht stellt.[1] Die Beiträge haben wegen ihrer Länge und filmischen Machart in gewisser Weise den Charakter kleiner Dokumentationen, aber auch der Moderator hat als Identifikationsfigur eine wichtige Funktion. ABENTEUER WISSEN wurde als Beispiel für eine Art „Mischung" aus Magazin und Dokumentation ausgewählt, wobei in der Konzeptions- und Inhaltsanalyse zu klären sein wird, ob sich dieser erste Eindruck bestätigen lässt.

Das Magazin *QUARKS & CO* dagegen weist viele Merkmale des klassischen Wissenschaftsmagazins auf und ist in seiner Kleinteiligkeit typisch für das Magazinformat an sich. Es handelt sich um eine Magazinsendung mit aufwändigen Studioteilen, in denen der Moderator sehr viel zeigt und erklärt, sowie relativ vielen Filmbeiträgen. QUARKS & CO läuft im WDR Fernsehen, dem dritten Fernsehprogramm des WDR, das zwar ein Regionalprogramm, aber inzwischen in vielen Kabelnetzen und über Satellit deutschlandweit zu empfangen ist. Auf jeden Fall ist es sinnvoll, eine Wissenschaftssendung aus einem dritten Programm einzubeziehen, weil nach wie vor viele typische Wissenschaftssendungen dort zu finden sind.

Alle drei untersuchten Sendereihen sind, die einzelne Sendung für sich gesehen, *monothematisch*, d.h. Effekte, die durch mehrere sich stark unterscheidende Themen innerhalb einer Sendung auftreten können, sind weitgehend ausgeschaltet, soweit solche Effekte nicht durch die verschiedenen Aspekte eines Themas innerhalb einer Sendung entstehen. Festzuhalten bleibt, dass in den ausgewählten Sendungen grundsätzlich die Möglichkeit gegeben ist, ein Thema ausführlich zu behandeln. Auch der im Zusammenhang mit Fernsehmagazinen immer wieder thematisierte „Eklektizismus" sollte deshalb in den ausgewählten Sendungen nur in geringerem Ausmaß festzustellen sein.

Anmerkung zu den Genres der Sendungen

Die Tatsache, dass ABENTEUER WISSEN und QUARKS & CO wegen Ihrer Beschränkung auf ein Thema pro Sendung ein Kriterium für das Magazinformat, nämlich die bunte, eklektische Zusammenwürfelung von Inhalten, nicht völlig erfüllen, BBC EXKLUSIV dagegen, vermutlich wegen der Häufigkeit der Aus-

---

1 vgl. Anhang 7.4.1.2 (S. 185)

strahlungen, der festen Sendeplätze und der Wiedererkennbarkeit einiger Gestaltungsmerkmale (z.B. Vorspann), vereinzelt (z.B. im Internet-Angebot des Senders VOX) sogar als „Magazin“ bezeichnet wird, zeigt, dass Genreabgrenzungen oft nicht eindeutig sind und kann als Anzeichen für den Trend zur Genrevermischung gesehen werden. Es ist zu erkennen, dass sich die Genres „Magazin“ und „Dokumentation“ aufeinander zu bewegt haben. Die Konzeptions- und Inhaltsanalyse könnte Anhaltspunkte liefern, ob das auch für formal-inhaltliche Aspekte gilt.

3.2.2.2 Auswahl der Stichprobe für die Analyse

In die Stichprobe für die ausführliche Konzeptions- und Inhaltsanalyse wurden aus jeder Sendereihe fünf Folgen aufgenommen, insgesamt besteht die Stichprobe also aus 15 Sendungen mit einer Gesamtlaufzeit von knapp 10 Stunden.

Die Auswahl der Sendungen erfolgte nach einem Stichtags-Verfahren: In die Stichprobe wurden die jeweils ersten fünf Folgen der drei Sendereihen aufgenommen, die ab dem 25.07.2004 (einschließlich) ausgestrahlt wurden. Es handelt sich hierbei um eine Quasi-Zufallsauswahl, denn die einzelnen Folgen der Sendereihen hängen inhaltlich nicht miteinander zusammen, abgesehen von besonderen Unter-Reihen, etwa die über drei Folgen verteilte „Geheimakte M“ und die zweiteilige Sendung „Es geschah im Eis“ innerhalb der Sendereihe „ABENTEUER WISSEN“.[2] Durch die Wahl des Stichtags wurde unter anderem sichergestellt, dass nicht mehrere Folgen einer solchen Unter-Reihe in die Stichprobe gelangten und damit das Ergebnis zu stark verzerrten. Ein weiterer Grund für die Wahl des Stichtags war die Notwendigkeit, bis Mitte Oktober fünf Folgen von jeder Sendereihe für die Analyse vorliegen zu haben.

Konkret besteht die Stichprobe aus folgenden 15 Sendungen:

Für „ABENTEUER WISSEN“ (ZDF):

1. „Geheimakte M - Die Spur des Meisters“ (28.07.2004, 22:15-22:45)
2. „Mission unter der Erde: Eroberung der Tiefenwelt“ (11.08.2004, 22:15-22:45)

---

[2] zur Berücksichtigung dieser besonderen Sendungen in der Analyse s. Abschnitt 4.1.2.1 Ausnahmen und deren Berücksichtigung (S. 113)

3. „Heimliche Eindringlinge - Einsatz gegen Biokiller" (15.09.2004, 22:15-22:45)
4. „Ötzi - Die Mumie sagt aus" (29.09.2004, 22:15-22:45)
5. „Es geschah im Eis, Teil 1" (13.10.2004, 22:15-22:45)

Für „BBC EXKLUSIV" (VOX):
1. „Heilkraft der Gebete (Can Prayer heal?)" (25.07.2004, 09:40-10:40)
2. „Kinder unserer Zeit (Child of our Time): Die ersten Machtkämpfe" (31.07.2004, 09:55-10:50)
3. „Teenager - Eine Art für sich (Teen Species): Vom Jungen zum Mann" (31.07.2004, 10:50-11:45)
4. „Die ersten Athleten - Die Geburt von Olympia (First Olympians)" (31.07.2004, 19:10-20:15)
5. „Zeitreisen - Traum oder Wirklichkeit (Time Trip)" (01.08.2004, 09:40-10:40)

Für „QUARKS & CO" (WDR):
1. „Das Rätsel von links und rechts" (03.08.2004, 21:00-21:45)
2. „Reise in den Darm" (17.08.2004, 21:00-21:45)
3. „Das Geheimnis der Zugvögel" (31.08.2004, 21:00-21:45)
4. „Malaria – Mückenstich mit verhängnisvollen Folgen" (14.09.2004, 21:00-21:45)
5. „Risiko Zusatzstoffe?" (28.09.2004, 21:00-21:45)

Ausnahmesendungen

Die Magazinformate ABENTEUER WISSEN und QUARKS & CO haben neben den „normalen" Sendungen, die Gemeinsamkeiten in konzeptioneller Hinsicht aufweisen, auch besondere Sendungen im Programm, die sich sehr von den normalen Sendungen unterscheiden und in manchen Punkten deutlich vom Durchschnitt der Sendungen abweichen. Dazu gehören die erste und die fünfte ABENTEUER WISSEN-Sendung und die vierte QUARKS & CO-Sendung. Diese Sendungen sind vor allem insofern besondere, als die Moderation nicht im Studio stattfindet. Da es sich bei diesen Sendungen aber nicht um Sondersendungen handelt, sondern nur um Sendungen, die gewisse Ausnahmen gegenüber normalen Sendungen aufweisen, aber auf den normalen Sendeplätzen in normaler Länge laufen, werden sie in den folgenden Ausführungen „Ausnahmesendungen" genannt.

3.2.2.3 Aufbereitung des Materials

Zur genaueren Analyse wurde das Material zunächst auf Festplatte überspielt, um einen flexiblen Zugriff auf die einzelnen Sendungsteile zu haben und die präzise Ermittlung verschiedener Größen wie Laufzeit etc. zu ermöglichen.

An den Sendungen der Sendereihe BBC EXKLUSIV, die als einzige auf einem privaten Sender läuft, wurden außerdem zunächst die Werbeblöcke bildgenau herausgeschnitten, alle Untersuchungen und Ergebnisse beziehen sich also auf die Sendungen ohne Werbeblöcke. Natürlich haben die Werbeblöcke einen Einfluss auf die Wahrnehmung der Sendung, aber der bleibt im Rahmen dieser Arbeit unberücksichtigt.

3.2.3 Konzeptionsanalyse

Daten für die Konzeptionsanalyse lieferten einerseits die Sendungen selbst, andererseits Programmankündigungen einzelner Sendungen und Selbstdarstellungen der Sendungsmacher, die aus dem Internet-Angebot der Sendungen bzw. der entsprechenden Sender entnommen wurden. Einige dieser Beschreibungen finden sich im Anhang 7.4.1 (S. 184).

3.2.3.1 Selbstdarstellungen der Produzenten

Ziel der Analyse der Selbstdarstellungen war es herauszufinden, welche Produzentenintentionen hinter der Sendung stehen und welche Versprechungen hinsichtlich der Eigenschaften der Sendungen gemacht werden. Es geht also auch darum, was den potentiellen Zuschauern der jeweiligen Sendung versprochen wird und welche Bedürfnisbefriedigungen bzw. Gratifikationen sie aufgrund dessen von der Sendung erwarten können bzw. werden. Dazu wurden Pressetexte und allgemeine Informationen über die Sendereihe sowie Programmankündigungen auf entsprechende Aussagen hin untersucht. Anhand der gewonnenen Informationen wurden anschließend die Sendereihen miteinander verglichen. Die Ergebnisse dieses Vergleichs können mit denen der Inhalts- und Rezeptionsanalyse verknüpft werden.

3.2.3.2 Konzeptionselemente der Sendungen

Des weiteren wurden anhand der Sendungen Daten zur grundsätzlichen Konzeption der Sendereihen erfasst. Dazu gehören die Grobstruktur und die einzelnen Bestandteile der Sendung wie Beiträge, Moderationen, Studiodekoration, Vorspann, Titel, Abspann sowie deren Laufzeiten bzw. Gewichtungen. Außerdem wurden Ausnahmen erfasst, also einzelne Sendungen, die hinsichtlich bestimmter Konzeptionselemente deutlich von den anderen Sendungen der Reihe abwichen, die Einbindung der Sendung in das Programmumfeld untersucht und die Strenge der Formatierung betrachtet, also die Frage, wie stark die Konzeptionselemente standardisiert sind.

3.2.4 Inhaltsanalyse

3.2.4.1 Themenspektrum

Bevor die inhaltliche Gestaltung der Sendungen analysiert wurde, wurde das Themenspektrum der Sendereihen erfasst. Die Datenbasis der Themenanalyse bildeten alle Folgen der drei Sendereihen, die innerhalb eines Ein-Jahres-Zeitraums (01.09.2003-31.08.2004) auf den angegebenen Sendern (BBC EXKLUSIV auf VOX, ABENTEUER WISSEN im ZDF, QUARKS & CO im WDR Fernsehen) gelaufen sind. Nicht einbezogen wurden Ausstrahlungen auf anderen Sendern, etwa BBC EXKLUSIV auf XXP oder QUARKS & CO im dritten Programm des NDR. Sendungen, die innerhalb dieses Zeitraums zweimal liefen, wurden doppelt erfasst[3], weil davon auszugehen ist, dass die Entscheidung, eine bestimmte Sendung noch einmal auf dem regulären Sendeplatz zu senden, darauf hindeutet, dass die Programmverantwortlichen dem Thema dieser Sendung besondere Bedeutung im Rahmen der Sendereihe beimaßen. Diese spiegelt sich durch die doppelte Zählung auch in der Analyse wider.

Als Basis der Rubrifizierung diente das Themenraster nach GÖPFERT 1996 (Übersetzung aus dem Englischen nach GÖPFERT/KUNISCH 1999). Es wurde um die Fachbereichs-, Instituts- bzw. Fakultätsbezeichnungen der zehn größten Universitäten in Deutschland (laut www.hochschulkompass.de und Internet-Angeboten der Universitäten) ergänzt, so dass sich insgesamt 97 Themenkategorien ergaben. Damit stand ein ausreichend feines Raster zur Verfügung, um die Themenspektren der jeweiligen Wissenschaftssendungen differenziert zu erfassen.[4]

---

[3] Ausgenommen von der doppelten Zählung sind allerdings die regulären Wiederholungen der Sendungen (in der gleichen Nacht, am nächsten Morgen etc.)

[4] Die vollständige Liste der Themenkategorien findet sich in Anhang 7.4.3.1 (S. 198)

Erhebungseinheit für die Magazine war der einzelne Beitrag, für die Dokumentationen die gesamte Sendung. Die Informationen über die innerhalb eines Jahres gelaufenen Sendungen wurden den Internet-Angeboten der jeweiligen Sender bzw. Anbieter entnommen (www.dctp.de für BBC EXKLUSIV, www.abenteuerwissen.zdf.de für ABENTEUER WISSEN, www.quarks.de für QUARKS & CO). Alle drei Anbieter verfügen über ein Archiv, in dem sich Sendezeiten und Themen der bisher gelaufenen Sendungen bzw. Beiträge recherchieren lassen. Die Einordnung der Sendungen bzw. Beiträge in Themenkategorien erfolgte anhand der dort vorgefundenen ausführlichen Inhaltsbeschreibungen. Diese entsprechen zwar formal und inhaltlich nicht exakt den gesendeten Informationen, erlauben aber trotzdem recht zuverlässige Rückschlüsse auf die Themen der Beiträge oder Sendungen, und da andere Informationsquellen nicht verfügbar waren, ist auf diesem Weg zumindest eine für explorative Zwecke ausreichende Annäherung an das Themenspektrum möglich.

Für jede einzelne Sendung bzw. jeden Beitrag wurde erfasst, welche Themenkategorien, d.h. Wissenschaftsdisziplinen, deutlich erkennbar angesprochen wurden, wobei ein Beitrag auch mehrere Themenkategorien einschließen konnte. Sodann wurde aufgrund dieser Daten für jede Kategorie und jede der drei Sendereihen getrennt berechnet (in Prozent), in wie vielen der Sendungen bzw. Beiträge des Einjahreszeitraums sie vorkam. Jede Sendung sollte dabei das gleiche Gewicht erhalten. Für die Dokumentationsreihe „BBC EXKLUSIV" war dies ohnehin gegeben, für die Magazine ergab sich das Problem, dass die einzelnen Sendungen sich in der Anzahl der Beiträge unterschieden, und dass bei gleichwertiger Zählung aller Beiträge die Sendungen mit vielen Beiträgen letztlich ein höheres Gewicht erhalten hätten als diejenigen mit wenigen. Deshalb wurden die Werte der einzelnen Beiträge vor der Summierung nach der Gesamtzahl der Beiträge der jeweiligen Sendung gewichtet. Somit erhielt auch bei den Magazinen jede Sendung das gleiche Gewicht.[5]

Anschließend wurde für jede Sendereihe eine Rangfolge der am häufigsten behandelten Themen gebildet und diese mit den anderen Sendereihen verglichen. Außerdem wurden für Kategorien, die in wenigstens einer der drei Sen-

[5] Der Fehler durch unterlassene Gewichtung wäre aber nicht sehr groß gewesen: Eine vergleichende Berechnung ohne Gewichtung ergab für jede Kategorie nur geringe Abweichungen von unter 1,5 %.

dereihen mindestens 5 % erreichten, Indizes berechnet, die aussagen, wie stark die Kategorie in einer Sendereihe im Vergleich zu den anderen beiden vertreten ist. Die entsprechenden Tabellen befinden sich im Anhang 7.4.3 (S. 198).

3.2.4.2 Analyse der Sendungsgestaltung

Für die Analyse der Sendungsgestaltung wurden die 15 ausgewählten Sendungen mehrmals Stück für Stück durchgesehen und währenddessen sowohl quantitative als auch qualitative Daten erfasst.

Um dabei genauere Aussagen zu erhalten, war es nötig, die Sendungen in mehrere Abschnitte einzuteilen. In den Magazinen ergab sich die Einteilung meist automatisch durch den Wechsel zwischen Beiträgen und Moderationen, nur in den Ausnahmesendungen von ABENTEUER WISSEN (erste und fünfte Sendung) wurden auch die einzelnen Beiträge in mehrere Abschnitte untergeteilt. Die BBC EXKLUSIV-Sendungen wurden, da es hier keine durch Moderationen und Beiträge vorgegebene Strukturierung gab, nach Betrachtung der Sendung aufgrund inhaltlicher Kriterien möglichst sinnvoll in jeweils zehn Abschnitte (ohne Vor- und Abspann) eingeteilt. Diese Einteilung ist aus den Tabellen im Anhang 7.4.4 (S. 206) zu ersehen.

Einige Analysekriterien wurden auf die einzelnen Teile, andere auf die gesamte Sendung angewendet. Eine Auflistung der einzelnen Kriterien und deren Erläuterung befindet sich im Anhang 7.4.5 (S. 219).

3.2.5 Rezeptionsdatenauswertung

Eine eigene Rezeptionsuntersuchung würde aufgrund des damit verbundenen Aufwands den Rahmen dieser Arbeit sprengen. Der Rezeptionsaspekt ist aber sehr wichtig, um die Wirkung der Sendungen beurteilen zu können, und sollte deshalb auch in dieser Arbeit nicht unberücksichtigt bleiben. Aus diesem Grund wurden Rezeptionsdaten der GfK-Fernsehforschung ausgewertet, die die Sender (VOX, WDR, ZDF) freundlicherweise zur Verfügung gestellt hatten. Da alle Sendereihen zum Zeitpunkt der Untersuchung schon längere Zeit liefen (mehr als ein Jahr), ist anzunehmen, dass sich inzwischen aufgrund der tatsächlichen inhaltlichen Merkmale der Sendungen (und nicht etwa nur aufgrund von Programmankündigungen) eine Stammzuschauerschaft gebildet hat, die durch die Rezeptionsdaten abgebildet wird.

3.2.5.1 Die Sinus-Milieus

Von besonderem Interesse war dabei die Aufschlüsselung der Marktanteile auf die sogenannten Sinus-Milieus, ein in der Marktforschung etabliertes Modell zur Einteilung der Gesellschaft in verschiedene Zielgruppen, die sich in ihrer Lebenseinstellung und Lebensweise und damit auch z.B. in ihrem Nutzungsverhalten bestimmter Medienprodukte unterscheiden. Das Modell von 2004 (vgl. SINUS SOCIOVISION 2004) teilt die deutsche Gesellschaft in 10 solcher Milieus ein. Deren Aufteilung ist in Abbildung 9 (S. 240 im Anhang) zu sehen. Die beiden Koordinatenachsen im Diagramm stellen dabei die soziale Schicht (je weiter oben, desto höher sind Bildung, Einkommen und Berufsgruppe) und die Grundorientierung (je weiter rechts, desto moderner) dar. Die Milieus lassen sich zu vier Gruppen zusammenfassen:

- Gesellschaftliche Leitmilieus (Etablierte, Postmaterielle, Moderne Performer)
- Traditionelle Milieus (Konservative, Traditionsverwurzelte, DDR-Nostalgische)
- Mainstream-Milieus (bürgerliche Mitte, Konsum-Materialisten)
- Hedonistische Milieus (Experimentalisten, Hedonisten).

In der vorliegenden Untersuchung sollen die Sinus-Milieus dazu herangezogen werden, die Klientel der Sendereihen und des jeweiligen Senders genauer zu bestimmen und sie miteinander zu vergleichen.

3.2.5.2 Vorgehensweise bei der Auswertung

Datenbasis der Analyse waren die durchschnittlichen Marktanteile

- aller Sendungen der Sendereihe „BBC EXKLUSIV“ auf VOX vom 01.01. bis 04.10.2004
- des Senders „VOX“ vom 01.01. bis 04.10.2004 (Mo-So, 03:00-03:00 Uhr)
- aller Sendungen der Sendereihe „ABENTEUER WISSEN“ im ZDF vom 01.01. bis 30.09.2004
- des Senders „ZDF“ vom 01.01. bis 30.09.2004 (Mo-So, 03:00-03:00 Uhr)
- aller Sendungen der Sendereihe „QUARKS & CO“ im WDR Fernsehen vom 01.01. bis 19.10.2004
- des Senders „WDR Fernsehen“ vom 01.01. bis 19.10.2004 (Mo-So, 03:00-03:00 Uhr).

Die Auswertung der Zuschauerzahl ist in diesem Fall nicht sinnvoll, weil sie auch abhängig von der Sendezeit ist: Der Fernseher wird häufig zu bestimmten Uhrzeiten und nicht wegen bestimmter Sendungen und deren inhaltlichen

Aspekten eingeschaltet. Zu bestimmten Uhrzeiten (z.B. der sogenannten „Prime Time“ von 20:15 bis ca. 23:00 Uhr) sitzen mehr Zuschauer vor den Geräten als zu anderen, und zwar nicht wegen des Inhalts der Sendungen, sondern aus anderen Gründen (z.B. freie Zeit, Unterhaltungsbedarf und Passivität am Abend). Die Zuschauerzahl schwankt im Lauf des Tages deutlich, und ein Durchschnittswert dieser Zahl hat keine besonders große Aussagekraft oder Eignung als Vergleichsmaßstab für die Zuschauerzahl einer konkreten Sendung.

Deshalb ist die Auswertung der Marktanteile aussagekräftiger, da sie unabhängig von der absoluten Zuschauerzahl angeben, wie gut eine Sendung bzw. ein Programm im Vergleich zum übrigen Fernsehangebot beim Zuschauer ankommt. Natürlich kommt es hierbei auch darauf an, gegenüber welchen Konkurrenzsendungen sich eine bestimmte Sendung behaupten muss. Dieser Aspekt bleibt innerhalb dieser Arbeit allerdings unberücksichtigt, weil seine Untersuchung mit erheblichem Zusatzaufwand verbunden gewesen wäre. Er sollte aber hier kurz angesprochen werden. Vereinfachend wird also davon ausgegangen, dass ein höherer Marktanteil größerer Akzeptanz beim Publikum entspricht.

Die eigentliche Bedeutung im Rahmen dieser Untersuchung kommt aber nicht der Zusammensetzung des durchschnittlichen Publikums der Sendereihe selbst zu. Ein Großteil der Zuschauer einer Sendung ist nämlich Stammpublikum des jeweiligen Senders, d.h. diese Zuschauer sehen die Sendung nicht in erster Linie deshalb an, weil sie ihnen besonders zusagt, sondern einfach weil sie auf dem Sender läuft, den sie aus Gewohnheit sehen. Von Interesse für die Bewertung einer bestimmten Sendung sind aber die Zuschauer, die eine Sendung wegen ihres Inhalts ein- oder abschalten und nicht nur (aber möglicherweise auch) wegen des Senders, der sie zeigt. Entscheidend ist also, wie sich das Publikum einer Sendung vom Durchschnittspublikum des jeweiligen Senders unterscheidet. Dieser Unterschied wurde im vorliegenden Fall durch Vergleich der durchschnittlichen Marktanteile mehrer Folgen der Sendereihen mit den durchschnittlichen Marktanteilen der jeweiligen Sender ermittelt.

Zur besseren Vergleichbarkeit wurden für die Marktanteile der Sender und Sendereihen in den verschiedenen Milieus jedoch zunächst Indizes gebildet, und zwar derart, dass der durchschnittliche Marktanteil der Sendereihe bzw. des Senders beim Gesamtpublikum (also allen Milieus zusammengenommen) dem Wert 100 entspricht. Der Marktanteil in den Milieus wurde also jeweils mit dem Marktanteil im Gesamtpublikum verglichen. Zahlen über 100 bedeuten demnach, dass der jeweilige Sender bzw. die Sendereihe in diesem Milieu überdurchschnittlich beliebt ist, Zahlen unter 100 unterdurchschnittliche Beliebtheit. Das Ergebnis ist also die Zusammensetzung der jeweiligen Zuschauerschaft im Vergleich zur Gesamtheit der Fernsehzuschauer. Anschließend wurden die Indizes der Sendereihe und des jeweiligen Senders verglichen, um herauszufinden, wie sich die Zuschauerschaft der Sendereihe von der des Senders unterscheidet. Um die Tendenzen deutlicher erkennen zu können, wurde für die grafische Darstellung noch jeweils 100 abgezogen. Werte über Null für ein bestimmtes Milieu bedeuten dann, dass Zuschauer dieses Milieus in der Zuschauerschaft der Sendereihe stärker vertreten sind als in der durchschnittlichen Zuschauerschaft des Senders insgesamt.[6]

[6] Der Verzicht auf die beschriebene Bildung von Indizes hätte dazu führen können, dass beim Vergleich nur Werte über Null oder nur Werte unter Null herauskommen, wenn eine Sendereihe bei allen Zuschauern erheblich „beliebter" oder „unbeliebter" (höherer oder niedrigerer Marktanteil) als der Sender insgesamt ist (das ist in dieser Untersuchung bei BBC EXKLUSIV und ABENTEUER WISSEN der Fall). Durch die Bildung der Indizes wurde dieser „Beliebtheitsunterschied" sozusagen herausgerechnet, denn das Hauptinteresse lag nicht darauf, ob eine Sendereihe beliebter ist als das sonstige Programm des Senders, sondern wie sich die Zusammensetzung des Publikums einer Sendereihe von der des Durchschnittspublikums unterscheidet.

4. ERGEBNISSE

4.1 Ergebnisse der Konzeptionsanalyse

Vor der Analyse der Selbstdarstellungen der drei untersuchten Sendungen soll ein kurzer Blick auf die Sendungstitel von Wissenschaftssendungen allgemein geworfen werden. Der Sendungstitel als Etikett kann etwas über die Intentionen der Sendungsmacher verraten. In Wissenschaftssendungen der 90er Jahre wurde häufig mit Begriffen wie „Show" im Titel die Unterhaltungsabsicht herausgestellt.[1] In späteren Sendungstiteln finden sich dagegen oft Begriffe wie *„Abenteuer"* (Abenteuer Erde (HR), Abenteuer Leben (Kabel 1), Abenteuer Wissen (ZDF), Abenteuer Überleben (WDR), Abenteuer Wildnis (ARD), Quest - Abenteuer in der Tiefe (VOX)), *„Faszination"* (Faszination Erde (ZDF), Faszination Universum (ZDF), Faszination Wissen (BR)) und *„Welt"* (Welt der Tiere (BR), Naturwelten (HR), Tierwelten (NDR), Geheimnisvolle Welt (WDR)) auch in Kombination mit *„Wunder"* (Wunderbare Welt (ZDF), Welt der Wunder (Pro Sieben)).[2] In diesen Sendungen scheint also weniger die Spaß-Unterhaltung im Sinne einer Show als vielmehr der Erlebnis-Charakter im Vordergrund zu stehen. Wissenschaft soll diesen Titeln zufolge als spannend gelten und die Lust am Abenteuer und an der Entdeckung der Welt betonen, die Wissenschaft damit zu einem „Event" machen.

4.1.1 Selbstdarstellungen der Produzenten

In den Selbstdarstellungen von BBC EXKLUSIV, ABENTEUER WISSEN und QUARKS & CO finden sich neben grundsätzlichen Gemeinsamkeiten auch einige deutliche Unterschiede. Die Ergebnisse sind wegen der geringen Menge und der exemplarischen Auswahl der untersuchten Selbstdarstellungen[3] mit

---

1 vgl. Abschnitt 2.3.3.3 Unterhaltung aus Sicht der Produzenten (S. 80)

2 Quelle: verschiedene Fernsehzeitschriften, Stand: Frühjahr 2004

3 Einige Selbstdarstellungen mit Quellenangabe finden sich im Anhang 7.4.1 (S. 184), weitere wurden den Programmankündigungen der 15 untersuchten Sendungen entnommen.

Vorsicht zu betrachten, können aber zumindest gewisse Hinweise auf die Intentionen und die Sichtweisen der Sendungsmacher liefern. Von besonderem Interesse ist dabei, welche inhaltlichen Qualitäten (z.B. Niveau, Verständlichkeit, Unterhaltsamkeit) von den Machern versprochen werden und welche Gratifikationen[4] die Sendungen aufgrund dessen zu bieten scheinen.

Die Prädikate „spannend" und „interessant" verleihen sich alle drei untersuchten Sendereihen, und auch die Aspekte „spektakulär", „abenteuerlich" und „detektivisch" finden sich in allen mehr oder weniger deutlich.

Besonders BBC EXKLUSIV verspricht „spektakuläre", „faszinierende" und „dramatische" Dokumentationen. Bei ABENTEUER WISSEN scheint dagegen – nicht nur wegen des Namens – der Abenteuer- und Detektiv- Aspekt im Vordergrund zu stehen: Dort werden die Themen von Forschern und Sendungsmachern „nach detektivischem Muster verfolgt", man „fahndet", „untersucht" und „ermittelt" viel. Die Macher von QUARKS & CO laden den Zuschauer dazu ein, mit ihnen „die Geheimnisse der Welt" zu „enträtseln".

Die Dokumentationsreihe BBC EXKLUSIV stellt unmittelbare Augenzeugenschaft in Aussicht: „Die Dokumentation ist mit dabei", wenn wissenschaftliche Entdeckungen gemacht werden.

Den Anspruch zu informieren stellen alle Sendungen an sich selbst, aber mit gewissen Unterschieden: Während BBC EXKLUSIV mit „hochwertigen populärwissenschaftlichen" Produktionen „auf hohem Niveau informieren" will, legt QUARKS & CO besonderen Wert darauf, „Wissenschaft unkompliziert zu vermitteln", viel zu „erklären" und „Antworten auf viele Fragen" zu geben. ABENTEUER WISSEN verspricht „sach- und fachgerechte" Information „mit Neugier und Biss" und möchte dadurch helfen, „den Wissensdurst zu stillen".

Die Macher von QUARKS & CO heben außerdem die Konzentration „auf ein Thema" hervor und kündigen an, es in einer „Fülle von Facetten" sowie aus „verschiedensten Blickwinkeln" zu betrachten und dafür „alles, was das Fernsehen zu bieten hat", einzusetzen, betonen also die gestalterische Vielfalt.

Neben der Informationsvermittlung beabsichtigt BBC EXKLUSIV auch zu „unterhalten", QUARKS & CO gibt sich sogar das Motto „Wissenschaft macht Spaß". Einzig bei ABENTEUER WISSEN ließ sich in den vorliegenden Selbstdar-

[4] zum Begriff der Gratifikationen s. Abschnitt 2.2.2.1 Entwicklung der Massenkommunikationsforschung (S. 25)

stellungen keine Bezugnahme auf eine eventuelle Unterhaltungsabsicht erkennen.

ABENTEUER WISSEN beschäftigt sich dem detektivischen Ansatz entsprechend mit „konkreten Fällen im Alltag", die Macher von QUARKS & CO „vermitteln lieber Grundlagen statt unverdauter Neuigkeiten", wollen dabei aber dennoch „immer aktuell" bleiben, es „wird nichts aufgekocht". Der Aktualitätsbezug wird auch von ABENTEUER WISSEN beansprucht: In der Sendung sollen „nicht nur generelle", sondern „bedarfsweise auch aktuelle Probleme" behandelt werden. Im Dokumentationsformat ist der Aktualitätsbezug produktionsbedingt nicht so bedeutsam und wurde in den vorliegenden Selbstdarstellungen wohl deshalb auch nicht erwähnt.

Außergewöhnlichkeit sowohl hinsichtlich Inhalt als auch Machart heben zwei Formate hervor: BBC EXKLUSIV stellt „ungewöhnliche Reportagen" und „Einsichten" in Aussicht und kündigt außerdem an, vieles „zum ersten Mal" im Fernsehen zu zeigen. Das verspricht auch das Magazin ABENTEUER WISSEN, das nach Aussage des ZDF in der Machart „einen etwas anderen Weg eingeschlagen hat" als andere Sendungen.

Schließlich betonen BBC EXKLUSIV und QUARKS & CO die Aufwändigkeit ihrer Produktionen mit Blick auf Spezialeffekte, Experimente, Animationen und Filmbeiträge.[5]

Eine tabellarische Gegenüberstellung der Selbstaussagen der drei Sendereihen ist im Anhang 7.4.1.4 (S. 188) zu finden.

4.1.2 Konzeptionselemente der Sendungen

4.1.2.1 Ausnahmen und deren Berücksichtigung

Ausnahmen in den Magazinen

In der Stichprobe für die Magazinformate ABENTEUER WISSEN und QUARKS & CO sind neben „normalen" Sendungen mit großen Gemeinsamkeiten in konzeptioneller Hinsicht auch die oben erwähnten Ausnahmesendungen enthalten, die sich in einigen Punkten deutlich von den normalen Sendungen unterscheiden und deshalb den Durchschnitt der Sendungen verzerren könnten.

[5] Die Zitate in diesem Abschnitt sind in der Wortstellung nur sinngemäß, in der Wortwahl aber dem Original entsprechend.

Es handelt sich dabei um die erste und die fünfte ABENTEUER WISSEN-Sendung und die vierte QUARKS & CO-Sendung.

Am deutlichsten fällt in dieser Hinsicht die fünfte ABENTEUER WISSEN-Sendung auf, die eigentlich die Form einer Dokumentation hat. Der Moderator bietet zu Beginn der Sendung eine kurze Einführung im On, kommentiert den größten Teil der Sendung aus dem Off und führt ab und zu ein etwas längeres Interview.

Wegen dieser Besonderheiten wird in den folgenden Ausführungen bei quantitativen Angaben, immer wenn es sinnvoll erscheint, neben dem Durchschnittswert aller 5 Sendungen auch (in Klammern) der Durchschnitt ohne Einbeziehung dieser Ausnahmesendungen (also auf Basis von 4 bzw. 3 Sendungen) genannt.

Ausnahmen in der Dokumentation

Die Sendungen der Dokumentationsreihe BBC EXKLUSIV sind zwar grundsätzlich unmoderiert. In der zweiten Sendung tritt mit Robert Winston aber eine Art Moderator auf, der den Zuschauer durch die Sendung begleitet und eigenständige Erklärungen liefert. Er kann einerseits als Moderator angesehen werden, weil er immer wieder auftaucht, eine der Identifikationsfiguren ist, der Sendung sein Gesicht gibt, den Zuschauer persönlich anspricht und weil er, während er im On zu sehen ist, direkt in die Kamera spricht - im Gegensatz zu einem Experten, der den Darstellungskonventionen entsprechend an der Kamera vorbei sehen würde. Es ist zu vermuten, dass er in der englischen Originalversion auch den kompletten Off-Kommentar der Sendung spricht, was ihm eine vergleichbare Funktion wie die des Moderators in der oben angesprochenen dokumentarischen fünften ABENTEUER WISSEN-Sendung verleiht.

Andererseits ist er aber kein echter Moderator, weil er nicht wie in Magazinen zwischen Beiträgen überleitet und keine übergeordnete Strukturierung herstellt, sondern seine Redebeiträge als gleichberechtigte Elemente in den inhaltlichen Fluss der Sendung eingebunden sind. Die Produzenten der Sendung sehen ihn laut Abspann als Präsentierenden („präsentiert von ..."). Im Rahmen dieser Analyse soll er grundsätzlich als Experte angesehen, aber an den entsprechenden Stellen darauf hingewiesen werden, wie sich eine andere Sichtweise auf das Analyseergebnis auswirken würde.

4.1.2.2 Laufzeit der Sendungen

Die Laufzeit der untersuchten Sendungen ist an dem im deutschen Fernsehen üblichen 30- oder 45-Minuten-Raster ausgerichtet. Die durchschnittliche Länge der untersuchten Sendungen (vom Beginn des Vorspanns bis zum Ende des Abspanns) liegt für BBC EXKLUSIV bei 43:20 Minuten[6], QUARKS & CO läuft durchschnittlich 42:51 (42:32)[7] Minuten, ABENTEUER WISSEN 29:54 (30:57) Minuten. Dabei ist festzustellen, dass die Schwankungsbreite der Laufzeit beim Dokumentationsformat BBC EXKLUSIV geringer ist als beim Magazin QUARKS & CO: Die Laufzeiten der kürzesten und der längsten untersuchten BBC-EXKLUSIV-Sendung unterscheiden sich nur um 36 Sekunden, bei QUARKS & CO beträgt dieser Unterschied immerhin 3:31 Minuten.

Bei ABENTEUER WISSEN unterscheiden sich die drei untersuchten „normalen“ Sendungen in der Länge um nur 17 Sekunden, allerdings sind die Ausnahmesendungen im Vergleich dazu außergewöhnlich kurz: Werden sie berücksichtigt, beträgt der Unterschied zwischen längster und kürzester Sendung 3:20 Minuten. Der nur geringe Unterschied in den normalen Sendungen deutet auf eine sehr strenge Formatierung in dieser Hinsicht hin, die aber in den Ausnahmesendungen aufgegeben wird bzw. aus möglicherweise produktionstechnischen Gründen nicht eingehalten werden kann.

4.1.2.3 Bestandteile der Sendungen

Neben den klar abgrenzbaren Konzeptionselementen Vorspann und Abspann bestehen die Magazine aus mehreren Beiträgen, die durch Moderationen verbunden sind. Die Dokumentationen bestehen dagegen aus jeweils einem Stück, das zwar in sich auch strukturiert ist, dessen Struktur sich aber nicht so eindeutig an äußerlichen Merkmalen festmachen lässt wie in den Magazinen am Wechsel zwischen Beitrag und Moderation.[8]

---

[6] Hierbei sind die Werbeblöcke nicht mitgezählt (s. Abschnitt 3.2.2.3 Aufbereitung des Materials (S. 103))

[7] in Klammern jeweils die Werte ohne Ausnahmesendungen (s. Abschnitt 4.1.2.1 Ausnahmen und deren Berücksichtigung (S. 113))

[8] Allerdings ist diese Abgrenzung in manchen Magazinen auch nicht eindeutig, etwa in der vierten QUARKS & CO-Sendung oder in der fünften ABENTEUER WISSEN-Sendung, was vor allem daran liegt, dass dort der Moderator auch Kommentartexte in Beiträgen spricht und die klare Unterscheidung zwischen Off-Moderation und Beitrag anhand des Sprechers nicht immer möglich ist.

Die durchschnittliche Anzahl der Beiträge pro Sendung beträgt bei QUARKS & CO 8,6 (8,0) und bei ABENTEUER WISSEN 2,8 (3,7). Die Ausnahmesendungen fallen auch hier deutlich aus dem Rahmen: Während die vier normalen QUARKS & CO-Sendungen jeweils 8 Beiträge enthalten, sind es in der Ausnahmesendung (der vierten der fünf untersuchten) 11 Beiträge. Bei ABENTEUER WISSEN schwankt die Zahl der Beiträge in den normalen Sendungen zwischen 3 und 4, die erste Sendung hat nur 2, die fünfte, die eigentlich den Charakter einer Dokumentation hat, ließ sich nur als ein einziger Beitrag zählen. Auch wenn man die Ausnahmesendungen außer acht lässt, zeigt sich, dass QUARKS & CO kleinteiliger aufgebaut ist als ABENTEUER WISSEN. Das gilt auch, wenn man berücksichtigt, dass die QUARKS & CO-Sendungen etwa eine Viertelstunde länger sind. Die Kleinteiligkeit wird auch an der durchschnittlichen Beitragslänge deutlich: Sie beträgt bei QUARKS & CO 3:04 (3:09) Minuten, bei ABENTEUER WISSEN dagegen 8:43 (6:35) Minuten, also mehr als doppelt so viel. Die auffällig geringere Länge der QUARKS & CO-Beiträge hängt aber auch mit dem deutlich niedrigeren Anteil der Beiträge an der Gesamtsendezeit zusammen. Er beträgt bei QUARKS & CO 61,7% (59,2%), bei ABENTEUER WISSEN dagegen 81,6% (78,1%). Wollte man auch für die Dokumentationen einen derartigen Wert bestimmen, läge er bei 97,9% (die restlichen 2,1% entfallen auf Vor- und Abspann).

In den Moderationsblöcken der Magazine ist der Längenunterschied nicht so groß, aber vorhanden: Eine ABENTEUER WISSEN-Moderation dauert durchschnittlich 1:17 (1:16) Minuten, eine QUARKS & CO-Moderation 1:36 (1:48) Minuten. Der Anteil an der Gesamtsendezeit unterscheidet sich aber deutlich: Bei ABENTEUER WISSEN nehmen die Moderationen durchschnittlich 15,4% (19,0%) der Gesamtsendezeit ein, QUARKS & CO dagegen bestreitet mehr als den doppelten Anteil, nämlich 35,8% (38,3%) der Sendezeit mit Moderationen.

Der hohe Stellenwert, den QUARKS & CO den Moderationen beimisst, wird neben dem höheren Sendezeitanteil auch an der Funktion der Moderation und an der Studiodekoration deutlich: Sie ist aufwändig und variiert von Sendung zu Sendung erheblich. Es gibt zwar bestimmte Bühnenelemente und sonstige Gegenstände, die in jeder Sendung vorhanden sind, aber auch sehr viel Variables, vor allem Anschauungsobjekte, die auf das Thema der jeweiligen Sendung zugeschnitten sind. Die Studiodekoration von ABENTEUER WISSEN ist dagegen standardisierter, das einzig variable Element ist die Projektionswand links neben dem Moderator, auf der zum jeweiligen Thema passende Bilder gezeigt werden. Alle anderen Elemente sind in jeder Sendung gleich.

Diese Feststellungen gelten allerdings nur für die normalen Sendungen mit Moderation im Studio. Ein wesentliches Kennzeichen der Ausnahmesendungen ist nämlich, dass die Moderation nicht im Studio stattfindet, sondern an verschiedenen Orten. Das hat neben produktionstechnischen Konsequenzen auch zur Folge, dass die Moderationen anders wirken, auch weil der Moderator wegen des besonderen Umfeldes anders agiert.[9]

4.1.2.4 Vorspann, Titel und Abspann

Das erste, was der Zuschauer von einer Sendung zu sehen bekommt, ist der Vorspann. Er ist deshalb für das Image der Sendung besonders bedeutend. In den Vorspann-Sequenzen der untersuchten Sendungen wird auf unterschiedliche Art und Weise auf Intention und Inhalte der Sendung hingewiesen. BBC EXKLUSIV zeigt verschiedene Bilder von Menschen, Tieren und Dingen, die symbolisch für die verschiedenen Themengebiete stehen, mit denen sich die Sendereihe beschäftigt. Dabei wird jedes Bild etwas herangezoomt und ein Vergrößerungsfaktor eingeblendet, um anzudeuten, dass in dieser Sendung die Dinge ganz nah herangeholt und detailliert gezeigt und erklärt werden. Im QUARKS & CO-Vorspann sind ebenfalls einige, aber eher abstrakt wirkende, Bilder zu sehen, die auf wissenschaftliche Inhalte der Sendung hindeuten, sie sind mit Compositing-Effekten und Bildern von Teilchenspuren aus einer Blasenkammer, einem in der ganzen Sendung immer wieder auftauchenden Bildelement, überblendet. Außerdem ist der Moderator der Sendung bereits im Vorspann zu sehen. ABENTEUER WISSEN zeigt den Moderator sogar als zentrales Element des Vorspanns. Das Wissen, um das es in der Sendung gehen soll, wird dabei vor allem durch Bücher symbolisiert, nach denen er in einer Bibliothek stöbert, dazwischen sind auch einige abstrakte Aufnahmen zu sehen.

Die Vorspanne der drei untersuchten Sendereihen sind grundsätzlich in jeder Folge gleich, eine Ausnahme bildet aber die erste ABENTEUER WISSEN-Sendung, in der am Ende des Vorspanns das Bildmaterial leicht umgeschnitten und die Schrifteinblendung um den Untertitel „Geheimakte M“ ergänzt wurde.

[9] s. Abschnitt 4.2.6.2 Moderationsblöcke (S. 140)

Die Titel der Sendereihen unterscheiden sich in ihrer Aussage hinsichtlich Wissenschaftsvermittlung deutlich: Während der Titel „BBC EXKLUSIV" nicht unbedingt ein Wissenschaftsformat suggeriert, aber die Exklusivität der Inhalte für sich in Anspruch nimmt, ist der Wissenschaftsbezug des Titels „QUARKS & CO" deutlicher, aber nur für diejenigen, die bereits über naturwissenschaftliches Grundwissen verfügen, für die übrigen dürfte er unverständlich sein.[10] Die Wortkombination „ABENTEUER WISSEN" ist in dieser Hinsicht am eindeutigsten, sie verspricht einerseits spannende Unterhaltung, andererseits aber auch Wissensvermittlung. Bemerkenswert ist außerdem, dass der Name des Moderators Bestandteil des Sendungstitels ist (vollständiger Titel: „ABENTEUER WISSEN mit Wolf von Lojewski"). Damit wird die Person des Moderators fest mit der Sendung verbunden und diese durch seine Bekanntheit aufgewertet.

Der Titel der Sendereihe wird in allen untersuchten Sendungen als Schrift eingeblendet, der Titel der einzelnen Sendung in BBC EXKLUSIV und ABENTEUER WISSEN ebenfalls, in QUARKS & CO dagegen nicht, dort wird der Titel bzw. das Thema der Sendung vom Moderator genannt.

Ein weiteres Konzeptionselement ist der Themenüberblick in der Einleitung bzw. Exposition der Sendung. QUARKS & CO bietet als einzige der untersuchten Sendereihen immer einen expliziten Themenüberblick, der fester Bestandteil der Konzeption und deutlich als solcher herausgestellt ist. Die anderen Sendungen bieten teilweise (BBC EXKLUSIV dreimal, ABENTEUER WISSEN einmal) implizite Überblicke über die Teilthemen im Rahmen der Einführung in das jeweilige Gesamtthema.

Der Abspann ist bei den Magazinen ebenfalls standardisiert: Am Ende von QUARKS & CO und ABENTEUER WISSEN wird das Bild geteilt und der Text rollt in der linken Hälfte des Bildes von unten nach oben durch, während in der rechten Hälfte eine Sendungsankündigung oder ein Hinweis gezeigt wird. Eine Ausnahme bildet die fünfte ABENTEUER WISSEN-Sendung, dort läuft der Text am unteren Rand von rechts nach links durchs Bild, während noch eine Szene aus der Sendung selbst zu sehen ist. Die BBC EXKLUSIV-Sendungen sind

[10] Die Tatsache, dass viele Zuschauer mit dem Titel nur wenig anfangen können, ist den Machern der Sendereihe durchaus bewusst (vgl. QUARKS & CO-Selbstdarstellung im Anhang 7.4.1.3 (S. 187)).

weniger standardisiert: In drei der untersuchten Sendungen nimmt der Abspann als Roll-Text das gesamte Bild ein, in den anderen beiden läuft er am unteren Bildrand.

4.1.2.5 Schrift-Einblendungen

Ein weiteres wichtiges Konzeptionselement sind eingeblendete Schriften während der Sendungen. Dabei kann es sich um Einblendungen von Namen, Orten, Internet-Adressen oder anderen Informationen handeln.

Auffällig ist, dass in QUARKS & CO der Name des Moderators zu Beginn und Ende der Sendung eingeblendet wird und auch im Abspann erscheint, während dies in ABENTEUER WISSEN nie (bis auf den Abspann der fünften Sendung)[11] der Fall ist. Offenbar reicht es dort aus, dass er Bestandteil des Sendungstitels ist.

Die Namenseinblendungen der Wissenschaftler unterscheiden sich zwischen den Sendungen deutlich in ihrer Art und Häufigkeit. Darauf wird weiter unten näher eingegangen.[12] Festzuhalten ist jedenfalls, dass die Namenseinblendungen zu ein und derselben Person immer gleich sind und nicht, wie in manchen Magazinen üblich, in jeder Einblendung andere Informationen zu der Person gegeben werden.

Neben Namen von Personen wird in den Magazinen vor allem die Adresse des dazugehörigen Internet-Angebots mehrmals eingeblendet (in BBC EXKLUSIV dagegen nur einmal am Ende des Vorspanns). An sonstigen Text-Einblendungen kommen in den untersuchten 15 Sendungen vereinzelt deutsche Untertitel zu gesprochenem englischem Text (BBC EXKLUSIV, erste Sendung), ein Spendenkonto (ABENTEUER WISSEN, dritte Sendung), ein Hinweis auf die im Anschluss folgende Sendung (ABENTEUER WISSEN, vierte Sendung) und die Kennzeichnung eines Ausschnitts aus einer anderen Sendung (QUARKS & CO, fünfte Sendung) vor.

4.1.2.6 Weitere Konzeptionselemente

Einen Wiedererkennungswert für die Sendereihe kann neben dem Moderator auch eine charakteristische Off-Stimme für die Beiträge bieten. ABENTEUER

[11] Dort wird er aber auch nicht als Moderator, sondern nur als Autor der Reportage genannt.

[12] s. Abschnitt 4.2.12 Wissenschaftsbild und Wissenschaftsbezug (S. 150)

WISSEN nutzt diese Möglichkeit durch Einsatz immer des gleichen charakteristischen Sprechers (außer in der fünften der untersuchten Sendungen, die vom Moderator selbst kommentiert wurde). Auch BBC EXKLUSIV ist in diesem Bereich standardisiert und hat eine männliche und eine weibliche Stimme, die immer wieder in den Sendungen zu hören sind (ob dies in den englischen Originalsendungen auch der Fall ist, wurde nicht untersucht). Bei QUARKS & CO mit seinen relativ vielen Beiträgen und verschiedenen Sprechern[13] ist diese Wiedererkennbarkeit dagegen nicht gegeben.

4.1.2.7 Standardisierungen

Was die Vereinheitlichung bestimmter Konzeptionselemente innerhalb der Sendereihe und damit die Strenge der Formatierung angeht, unterscheiden sich Magazine und Dokumentation: So sind im Dokumentationsformat BBC EXKLUSIV einige Konzeptionselemente variabel, die in den Magazinen standardisiert sind. Dazu gehören die Gestaltung der Schrifteinblendungen und des Abspanns. BBC EXKLUSIV kann man deshalb nicht unbedingt als einheitliches Format bezeichnen. Es gibt verschiedene Serien innerhalb der Sendereihe, z.B. die auf 20 Jahre angelegte Reihe „Kinder unserer Zeit“, aus der die zweite der fünf untersuchten Sendungen stammt, oder den Zweiteiler „Teenager - Eine Art für sich“, dessen zweiter Teil die dritte Sendung der Stichprobe ist, und auch Einzelsendungen. Die BBC-Dokumentationen weisen zwar neben ihrer großen Bandbreite an Gestaltungsmitteln auch Ähnlichkeiten und Gemeinsamkeiten in ihren Vermittlungsstrategien auf, werden aber erst durch die Vermarktung als BBC EXKLUSIV und die regelmäßige Ausstrahlung auf bestimmten Sendeplätzen unter dem Dach eines Formats vereinigt.

Die Magazine dagegen verfügen über ein klares Format, das den Rahmen vorgibt, innerhalb dessen die einzelnen Sendungen variieren können. Dieser wird aber in den Ausnahmesendungen teilweise aufgegeben, vor allem durch das Verlassen des Studios, was auch Auswirkungen auf die Standardisierung anderer Elemente, etwa das Verhalten des Moderators, hat.

[13] s. Abspanntexte der Sendungen im Anhang 7.4.2 (S. 190)

4.1.2.8 Einbindung in das Programmumfeld

Da das Fernsehen vom Zuschauer grundsätzlich als Programmfluss und nicht als Einzelsendungen wahrgenommen wird, ist es sinnvoll, einen kurzen Blick auf die Einbindung der untersuchten Sendungen in das Programmumfeld zu werfen. Dieser Blick muss sich allerdings auf in der Sendung selbst enthaltene Elemente beschränken, also solche, die von der Sendung aus auf andere Programmteile oder auf die Sendung selbst verweisen, Hinweise von außerhalb auf die Sendung, z.B. Programmhinweise („Trailer") im Vorfeld der Sendung, konnten nicht berücksichtigt werden, weil hierzu das Material nicht zur Verfügung stand.

Um die einzelne Sendung innerhalb des Programms wiedererkennbar zu machen, bietet sich neben der oben dargestellten Standardisierung verschiedener Konzeptionselemente auch die Markierung[14] durch ein dauernd eingeblendetes Sendungslogo (zusätzlich zum Senderlogo) an. Diese Dauereinblendung ist in den untersuchten Sendungen der Sendereihen BBC EXKLUSIV und ABENTEUER WISSEN jeweils während der gesamten Laufzeit (ohne Vor- und Abspann) durchgehend vorhanden. Die untersuchten QUARKS & CO-Sendungen zeigen eine derartige Einblendung nicht, es ist aber anzumerken, dass in einigen außerhalb der Stichprobe liegenden Sendungen zumindest während der Beiträge ein Logo dauernd eingeblendet wurde.

Neben der Markierung der Sendung sind auch Verweise auf die nächste Folge der Sendereihe, auf Begleitmaterial und andere Informationsquellen zur Sendung sowie auf die im Anschluss folgende Sendung zu finden.

Das Dokumentationsformat BBC EXKLUSIV hat die wenigsten derartigen Verweise, lediglich in der zweiten Sendung wird während des Abspanns auf die nächste Folge der Reihe „Kinder unserer Zeit" (nicht auf die nächste BBC EXKLUSIV-Sendung) verwiesen. Das hängt damit zusammen, dass es sich bei BBC EXKLUSIV eigentlich nicht um eine echte Sendereihe handelt, dass außerdem die Sendeplätze von einem externen Anbieter bestückt werden und dass schließlich Dokumentationen, weil sie komplett vorproduziert (und in diesem Fall außerdem Adaptionen ausländischer Produktionen) sind, nicht die Möglichkeit bieten, kurzfristige Hinweise unterzubringen. Etwas ausgeglichen

---

[14] Markierung ist hier sowohl im Sinne einer Kennzeichnung als auch der Etablierung einer Marke gemeint.

wird dieses Fehlen durch Hinweise auf kommende BBC EXKLUSIV-Sendungen in Form von Trailern direkt nach dem Abspann der Sendung, die aber nicht Gegenstand dieser Untersuchung waren.

Die Magazine dagegen enthalten viele derartige Hinweise. Die bereits erwähnte Bildteilung während des Abspanns bietet dafür eine Möglichkeit. Beide Magazine kündigen in jeweils vier der fünf untersuchten Sendungen an dieser Stelle eine Sendung an: ABENTEUER WISSEN die nächste Folge der Sendereihe, die einige Wochen später auf dem gleichen Sendeplatz läuft, QUARKS & CO die Sendung „Q 21", die sich auf ihrem Sendeplatz mit QUARKS & CO abwechselt. In einer Sendung verweist QUARKS & CO an dieser Stelle auf die Möglichkeit, an ein Skript zur Sendung zu kommen, ABENTEUER WISSEN hat wie erwähnt in einer Folge keinen Abspann mit geteiltem Bildschirm, weist aber dort auch (durch vom Moderator gesprochenen Text) auf die nächste Folge hin.

Auf das jeweilige Internet-Angebot wird in jeder der untersuchten Sendungen durch Einblendung der Adresse aufmerksam gemacht: Bei BBC EXKLUSIV jeweils nur einmal zu Beginn der Sendung (am Ende des Vorspanns), in der vierten QUARKS & CO-Sendung nur im Abspann, in den sonstigen Sendungen mehrmals an verschiedenen Stellen. In zwei ABENTEUER WISSEN- und vier QUARKS & CO-Sendungen wird die Adresse außerdem vom Moderator genannt, verbunden mit der Ermunterung, sich dort weiter zu informieren.

Nur in der Sendereihe ABENTEUER WISSEN finden sich Hinweise auf andere Informationsquellen zu den Themen der Sendung und auf die im Anschluss folgende Sendung (in jeweils drei der untersuchten Sendungen, durch Schrifteinblendungen oder den Moderator).

4.1.3 Vergleich Magazin und Dokumentation

Die auffallendsten Unterschiede zwischen Magazin und Dokumentation in konzeptioneller Hinsicht sind die Kleinteiligkeit der Magazine, die in QUARKS & CO durch viele kurze Beiträge und einen Themenüberblick sehr deutlich, in ABENTEUER WISSEN weniger gegeben ist, und das Vorhandensein eines Moderators, der in ABENTEUER WISSEN vor allem als Identifikationsfigur und zur Überleitung zwischen den Beiträgen dient, in QUARKS & CO zusätzlich viele Sachverhalte persönlich anhand von Anschauungsobjekten in aufwändiger Studioumgebung erklärt.

Die Sendereihe ABENTEUER WISSEN teilt einige Konzeptionselemente mit dem Dokumentationsformat BBC EXKLUSIV, dazu gehören die Einblendung des Sendungstitels bzw. -themas als Schrift, die Verwendung nur eines Off-Sprechers für die gesamte Sendung (nicht für jeden Beitrag einen anderen) und auch die ständige Identifizierbarkeit durch Dauereinblendung eines Logos, was in QUARKS & CO nicht der Fall ist.

Durch starke Standardisierung vieler Elemente (und damit hoher Wiedererkennbarkeit) sowie Verweise auf das nachfolgende Programm und die nächste Folge identifiziert sich ABENTEUER WISSEN aber eindeutig als Magazin, in mancher Hinsicht sogar deutlicher als QUARKS & CO. In den untersuchten BBC EXKLUSIV-Sendungen sind viele Elemente geringer standardisiert als in den beiden Magazin-Formaten. Dadurch tritt der dokumentationstypische Einzelwerk-Charakter hervor.

4.2 Ergebnisse der Inhaltsanalyse

4.2.1 Themenauswahl

4.2.1.1 Thematische Schwerpunkte

Die Untersuchung der Themenzusammensetzung der Sendungen eines Jahres zeigte große Gemeinsamkeiten, aber auch deutliche Unterschiede.

Der Wissenschaftsbereich „Natur" ist in allen drei Sendereihen der am meisten abgedeckte Bereich und wird in durchschnittlich[15] 52,1% aller Sendungen bzw. Beiträge angesprochen (s. Tabelle 11 im Anhang (S. 200)). BBC EXKLUSIV erreicht dabei mit 66,1% den höchsten Wert. Auf Rang 2 kommen dort die Sozialwissenschaften. Dies sind gleichzeitig die beiden Bereiche, die von BBC EXKLUSIV umfassender abgedeckt werden als von den anderen beiden Sendereihen. Auf Rang 3 folgt der Bereich „Medizin".

Bei QUARKS & CO kommen hinter „Natur" auf Rang 2 und 3 „Naturwissenschaften" und „Medizin", diese beiden Bereiche werden von QUARKS & CO in größerem Umfang abgedeckt als von den beiden anderen. Das gilt auch für die Bereiche „Weltraum" sowie „Wissenschaft und Gesellschaft", die aber insgesamt eine vergleichsweise geringe Rolle spielen.

[15] Es wurde der Durchschnitt der Prozentwerte der drei Sendereihen gebildet, also so getan, als ob von jeder Sendereihe gleich viele Sendungen untersucht worden wären, was zwar nicht zutrifft, rechnerisch aber sinnvoll ist, um jeder Sendereihe das gleiche Gewicht zu geben.

ABENTEUER WISSEN hebt sich mit seinen Themenschwerpunkten „Technologie“ und „Umwelt“ auf Rang 2 und 3 besonders deutlich von den beiden anderen Sendereihen ab, diese beiden Bereiche sind hier zu 34,5% und 25,7% vertreten, während sie in den anderen Sendereihen nur im einstelligen Prozentbereich liegen.

Der Blick auf die einzelnen Wissenschaftsdisziplinen bzw. Themen erlaubt die genauere Differenzierung (s. Tabelle 12 im Anhang (S. 202). Die insgesamt am häufigsten vertretene Wissenschaftsdisziplin ist Biologie, im Durchschnitt aller drei Sendereihen befassen sich 41,4% der Sendungen damit. Am häufigsten bringt BBC EXKLUSIV Biologie mit 59,3% (oft in Form von Tiersendungen). Auch bei QUARKS & CO ist sie das am meisten behandelte Gebiet (41,2% der Sendungen), in ABENTEUER WISSEN dagegen kommt die Biologie mit nur 23,8% knapp auf Rang 2 hinter den Verkehrstechnologien, die mit 23,9% geringfügig häufiger vertreten sind.

Betrachtet man die weiteren Ränge je Sendereihe, so fällt bei BBC EXKLUSIV auf, dass in den Rängen 2, 3 und 5 mit „Psychologie“, „Soziologie“ und „Pädagogik“ drei Sozialwissenschaften sehr deutlich vertreten sind; aber auch die Medizin ist mit „Erforschung von Krankheit und Gesundheit“ sowie „medizinische Diagnose und Behandlungsverfahren“ auf Rang 4 und 6 noch relativ gut abgedeckt. Auf den Rängen 8 bis 10 finden sich mit „Natur- und Artenschutz“, „Naturgeschichte“ und „Erdgeschichte“ weitere Naturthemen, die den Schwerpunkt auf dem Bereich Natur unterstreichen.

ABENTEUER WISSEN behandelt mit „Geologie“ und „Naturkatastrophen“ auf Rang 3 und 8 zwei Themenbereiche, die sich im weitesten Sinne mit der Erde befassen, mit „Erforschung von Krankheit und Gesundheit“ und „Ernährung“ auf Rang 4 und 7 ist der Bereich Medizin und mit „Physik“, „Chemie“ und „Informatik“ auf den Rängen 5, 6 und 9 sind auch die klassischen Naturwissenschaften vertreten.

QUARKS & CO ist mit den Wissenschaftsdisziplinen „Chemie“, „Physik“ und „Informatik“ auf den Rängen 2, 4 und 8 deutlich erkennbar naturwissenschaftlich ausgerichtet, hat mit „Astronomie“ und „Kosmologie“ auf Rang 6 und 7 auch einen Schwerpunkt im Bereich Weltraum und mit „Erforschung von Krankheit und Gesundheit“ sowie „Ernährung“ auf Rang 3 und 5 spielt auch der Bereich Medizin eine wichtige Rolle.

Neben den unabhängig voneinander gebildeten Rangfolgen sind für den direkten Vergleich der Sendereihen miteinander aber auch die Indizes von Interesse. An ihnen lässt sich ablesen, wie häufig eine bestimmte Wissenschaftsdisziplin in der einen Sendereihe im Vergleich zu den anderen Sendereihen vertreten ist. Sie wurden nur für Wissenschaftsdisziplinen berechnet, die in mindestens einer der drei Sendereihen über 5% Abdeckung erreichten. Am deutlichsten (mit einem Index von über 200) fallen bei BBC EXKLUSIV „Psychologie", „Soziologie", „medizinische Diagnose und Behandlungsverfahren" auf, bei ABENTEUER WISSEN „Verkehrstechnologien", „Geologie", „Naturkatastrophen", „Rechtswissenschaft" und „Kulturwissenschaft" sowie bei QUARKS & CO „Astronomie".

Fasst man schließlich für jede der drei Sendereihen die Wissenschaftsdisziplinen zusammen, die von ihr stärker abgedeckt werden als von den beiden anderen, ergibt sich ein Bild, das weitgehend mit den bereits durch unabhängigen Vergleich ermittelten Ergebnissen übereinstimmt (s. Tabelle 14 im Anhang (S. 203)):

Bei BBC EXKLUSIV liegt ein Schwerpunkt auf der Natur, die durch „Biologie" und auch durch „Natur- und Artenschutz", „Naturgeschichte" und „Erdgeschichte" repräsentiert wird, ein weiterer liegt auf den Sozialwissenschaften „Psychologie", „Soziologie" und „Pädagogik", und auch der Bereich Medizin ist mit „medizinische Diagnose und Behandlungsverfahren", „Pharmakologie" sowie „Genetik" vertreten.

ABENTEUER WISSEN setzt mit „Verkehrstechnologien" großes Gewicht auf die Anwendung von Forschungsergebnissen, außerdem geht es mit den Themen „Geologie", „Naturkatastrophen" und „gefährliche Substanzen" um die Erde und den Umgang der Menschen mit ihr, die Sozialwissenschaften „Rechtswissenschaft" und „Kulturwissenschaft" befassen sich mit gesellschaftlichen Leistungen und Problemen der Menschheit. Mit „Informatik" ist auch eine Naturwissenschaft vertreten. Medizinische Themen finden sich vergleichsweise seltener als in den anderen beiden Sendereihen.

In QUARKS & CO sind die klassischen Naturwissenschaften mit „Chemie" und „Physik" bevorzugt, auch der Bereich Weltraum mit „Astronomie" und „Kosmologie" hat Gewicht, außerdem der Bereich Medizin mit „Erforschung von Krankheit und Gesundheit" und „Ernährung".

Die in der Literatur oft erwähnte Konzentration der Wissenschaftssendungen auf Naturwissenschaften, Technik und Medizin und die weitgehende Vernachlässigung der Sozialwissenschaften[16] zeigt sich in den beiden deutschen Magazinen in unterschiedlicher Weise: QUARKS & CO legt den Schwerpunkt auf Naturwissenschaft und Medizin, ABENTEUER WISSEN befasst sich außergewöhnlich häufig mit Technologie und Umwelt, hier finden aber auch Sozialwissenschaften Beachtung.

Die aus Großbritannien importierte Sendereihe BBC EXKLUSIV bringt neben sehr viel Natur auch sehr viel Sozialwissenschaft. Das zeigt, dass sich die Schwerpunktsetzung in anderen Ländern von der in Deutschland unterscheidet (vgl. GÖPFERT 1996, S. 264f).

4.2.1.2 Thematische Geschlossenheit

Beide untersuchten Magazine sind sogenannte „monothematische" Magazine, sie würfeln ihre Themen also nicht völlig bunt zusammen, sondern geben jeder Sendung ein Überthema, unter dem alle in der Sendung gezeigten Beiträge stehen. Man könnte deshalb vermuten, dass der häufig gegen das Genre „Magazin" vorgebrachte Vorwurf des Eklektizismus bzw. der Häppchenkultur auf die untersuchten Sendungen nicht zutrifft. Bei näherem Hinsehen hat sich aber gezeigt, dass die Zusammenstellung der Themen oftmals doch eklektisch ist, wenn auch die Auswahl durch das Überthema eingeschränkt wird und damit der allzu bunten Zusammenstellung Grenzen gesetzt sind. Trotzdem ist es möglich, dass in einer Sendung sehr unterschiedliche Themen behandelt werden.

Eindeutig festzustellen ist demgegenüber die erheblich höhere thematische Geschlossenheit der Dokumentationen von BBC EXKLUSIV: In den untersuchten fünf Sendungen geht es jeweils um ein einziges klar abgegrenztes Thema, dessen verschiedene Teilbereiche nacheinander abgehandelt werden. Die Sendungen sind so aufgebaut, dass die Verbindung der einzelnen Teile auch ohne überleitende Moderationen funktioniert. Das kann für die Informationsvermittlung ein Vorteil sein, da in diesem Fall die dafür nötige Ausführlichkeit in höherem Maße vorhanden ist als bei einem Magazin. Andererseits steht genau das den heutigen Rezeptionsgewohnheiten zumindest in Deutschland entge-

---

[16] s. Abschnitt 2.3.2.2 Quantität und Qualität der Berichterstattung (S. 77)

gen, die dazu führen können, dass eine derart umfassende Beschäftigung mit einem Thema Langeweile auslöst.

Die Zerlegung eines Themas in mehrere Teilthemen ist in den Magazinen konzeptionsbedingt (mehrere getrennte Beiträge) und deshalb in allen untersuchten Magazinen (bis auf die fünfte Sendung ABENTEUER WISSEN, die eigentlich eine Dokumentation ist) festzustellen. Aber auch in drei der fünf untersuchten BBC EXKLUSIV-Dokumentationen ist das Überthema deutlich erkennbar in mehrere Teilthemen zerlegt, die nacheinander behandelt werden.

4.2.2 Exposition und Abschluss

4.2.2.1 Exposition

Aufgabe der Exposition ist es, den Zuschauer einzustimmen und ihn in das Thema der Sendung einzuführen. Kriterium für die zeitliche Abgrenzung der Exposition gegenüber der restlichen Sendung war in dieser Untersuchung die Frage, ab wann der allgemeine, einführende Charakter nicht mehr gegeben ist, sondern deutlich erkennbar auf das erste Thema bzw. den ersten Teilaspekt eingegangen wird. Expositionen haben alle untersuchten Sendungen, je nach Format unterscheiden sie sich jedoch in ihrem Aufbau.

In QUARKS & CO besteht sie aus Begrüßung der Zuschauer und Einführung in das Gesamtthema der Sendung durch den Moderator im On - in vier von fünf Sendungen bereits mit einem ersten Anschauungsobjekt - sowie dem Themenüberblick in Form einer vom Moderator kommentierten Videozuspielung; mit der Anmoderation des ersten Beitrags endet die Exposition.

Die Expositionen von 3 der 5 untersuchten ABENTEUER WISSEN-Sendungen bestehen aus der Einführung in das Thema der Sendung durch den Moderator im Off (dabei werden Bilder gezeigt, die im weiteren Verlauf der Sendung wieder auftauchen), der Einblendung des Sendungstitels und daran anschließend der Begrüßung der Zuschauer im On sowie weiteren einführenden Informationen bis zur Anmoderation des ersten Beitrags. In den anderen beiden Sendungen fiel die Einführung im Off weg - einmal wegen eines vor das eigentliche Thema gesetzten Spendenaufrufs, einmal, weil die Moderation nicht im Studio stattfand. Die Einblendung des Titels erfolgte in diesen Fällen erst zu Beginn des ersten Beitrags.

Am wenigsten standardisiert und zusammenfassend beschreibbar sind die Expositionen der untersuchten BBC EXKLUSIV-Sendungen. Sie sind vom Bild her aufwändig gemacht, inhaltlich ähnlich komplex wie die restliche Sendung und werden im Gegensatz zu den eher allgemein gehaltenen Magazin-Expositionen schon recht konkret. So bringen zwei der untersuchten Sendungen gleich zu Beginn Fallbeispiele, und vier Sendungen zeigen schon vor dem Sendungstitel einen oder mehrere Original-Töne von Protagonisten oder Experten. Die explizite Thematisierung des folgenden Inhalts in drei Sendungen (z.B. in der Form „diese Dokumentation zeigt ...") deutet darauf hin, dass die Exposition der Dokumentationen auch die Funktion der Anmoderation übernimmt. In den zwei Sendungen, die Teil einer Reihe sind, kommt außerdem unmittelbar nach dem in jeder BBC EXKLUSIV-Sendung gleichen Vorspann noch ein eigener Vorspann, der – so ist anzunehmen – in allen Folgen dieser Reihe gleich ist.

Die Länge der Exposition (jeweils ohne den Vorspann der Sendereihe) unterscheidet sich zwischen Magazin und Dokumentation nicht sehr: Bei QUARKS & CO dauert es durchschnittlich 1:50 (1:49) Minuten, bei ABENTEUER WISSEN 1:40 (1:35) Minuten und bei BBC EXKLUSIV 1:29 Minuten, bis die Einführung in das Thema der Sendung abgeschlossen ist.

In den meisten der untersuchten Sendungen erfolgt in der Exposition auch die Nennung des Sendungstitels bzw. -themas, in BBC EXKLUSIV und ABENTEUER WISSEN durch Schrifteinblendung, in QUARKS & CO durch den Moderator. Dabei kommt QUARKS & CO am schnellsten zur Sache: Vom Ende des Vorspanns bis zur Nennung des Titels dauert es durchschnittlich 30 (25) Sekunden, in der fünften Sendung wird das Thema der Sendung zwar umschrieben, aber der Titel („Risiko Zusatzstoffe" laut Programmankündigung) nicht explizit genannt, weshalb diese Sendung nicht mitgezählt werden konnte. In den BBC-Exklusiv-Sendungen erscheint der Titel im Durchschnitt nach 62 Sekunden und bei ABENTEUER WISSEN nach 82 (71) Sekunden, was aber vor allem daran liegt, dass in zwei Sendungen der Titel erst zu Beginn des ersten Beitrags, also außerhalb der Exposition, eingeblendet wird. Lässt man diese beiden Sendungen weg, ergeben sich 36 Sekunden und damit ein ähnlicher Wert wie im Magazin QUARKS & CO.

Explizite Ankündigungen der folgenden Inhalte finden sich im Themenüberblick aller QUARKS & CO-Sendungen („und das erwartet Sie heute bei Quarks & Co" u.ä.), in den Anfangsmoderationen von drei ABENTEUER WISSEN-Sendungen (z.B. „das wollen wir Ihnen zeigen") und wie oben ausgeführt in drei BBC EXKLUSIV-Sendungen. In den Anfangsmoderationen der Magazine kommen außerdem standardisierte Stilmittel des Einschmeichelns (vgl. BLEI-

CHER 1999, S. 258) zum Einsatz, z.B. „Schön, dass Sie uns eingeschaltet haben" in QUARKS & CO und „Guten Abend, liebe Zuschauer" in ABENTEUER WISSEN. Bei BBC EXKLUSIV ist deren Einsatz konzeptionsbedingt nicht möglich, da keine Begrüßung und persönliche Ansprache des Publikums stattfindet.

4.2.2.2 Abschluss

Auch am Schluss der Sendungen lassen sich Unterschiede in Gestaltung und Zusammensetzung feststellen. BBC EXKLUSIV liefert in vier der fünf Sendungen eine ausführliche Zusammenfassung der wichtigsten Aspekte und Bilder der Sendung sowie einen Ausblick auf die mögliche zukünftige Entwicklung, in der zweiten Sendung zusätzlich eine Vorschau auf die nächste Folge der Reihe. Die dritte Sendung endet mit einem ausführlichen zusammenfassenden Vorher-Nachher-Vergleich der gezeigten Entwicklungen.

In den Magazinen sind die Zusammenfassungen am Schluss, soweit überhaupt vorhanden, deutlich weniger ausführlich. Dort bildet die letzte Moderation den Schluss der Sendung. QUARKS & CO bietet in drei Sendungen eine kurze Zusammenfassung bzw. eine Art Fazit sowie in vier Sendungen einen Hinweis auf das Internet-Angebot (3x) oder das Quarks-Skript (1x). Der Abschluss der Sendung wird außerdem jedes Mal mit der Floskel „und damit sind wir am Ende" o.ä. markiert.

ABENTEUER WISSEN schließt je eine Sendung mit einer kurzen Zusammenfassung, einem kurzen Ausblick, einem ausführlicheren Hinweis auf die im Anschluss folgende Sendung und einem Hinweis auf ein Spendenkonto (das mit dem eigentlichen Thema der Sendung aber nichts zu tun hat) ab. Außerdem wird in zwei Sendungen auf die nächste Folge der Sendereihe hingewiesen.

Die geringere Ausführlichkeit des Schlusses ist bei den Magazinen konzeptionsbedingt, denn trotz des Überthemas besteht das Magazin aus mehreren Beiträgen mit unterschiedlicher Thematik, die sich in der Abmoderation nicht ohne weiteres zusammenfassen lassen. Allerdings wäre eine ausführliche Zusammenfassung auch im monothematischen Magazin zumindest theoretisch möglich, der letzten Moderation müsste dazu aber mehr Zeit eingeräumt werden, damit der Moderator in seinen Ausführungen etwas weiter ausholen und am Ende einen echten Überblick geben könnte.

4.2.3 Struktur

In den meisten Sendungen werden die Inhalte linear vermittelt, je nach Thema entweder chronologisch oder nach verschiedenen Aspekten bzw. Teilthemen geordnet.

Diese Struktur bietet sich formatbedingt vor allem in den Magazinen an, da hier durch Verwendung mehrerer Einzelbeiträge sowieso eine Abfolge mehrerer Teile vorliegt. Die fünf QUARKS & CO-Sendungen sind so strukturiert. Die erste ABENTEUER WISSEN-Sendung dagegen schildert in ihren zwei Beiträgen drei Handlungen parallel, indem die im ersten Beitrag vorgestellten Handlungen nach der Zwischenmoderation im zweiten Beitrag wieder aufgegriffen und zu Ende geführt werden.

Das Dokumentationsformat ist zwar in dieser Hinsicht flexibler, aber auch BBC EXKLUSIV vermittelt seine Informationen nur in einer Sendung deutlich erkennbar parallel. Zur sequentiellen Vermittlung verschiedener Aspekte des eigentlichen Themas wird jedoch häufig wiederholt auf die gleichen Personen als Fallbeispiele zurückgegriffen, und deren persönliche Geschichte jedes Mal ein Stück weitererzählt. In dieser Hinsicht gibt es in drei der fünf BBC EXKLUSIV-Sendungen Parallelität.

4.2.3.1 Strukturelemente

Ein wichtiges Strukturelement, das Handlungen neben einander stellt, aber noch nicht zu paralleler Informationsvermittlung führt, sind Exkurse, also eingeschobene Nebenhandlungen oder -informationen, die die Linearität der Haupthandlung durchbrechen. Sie bieten sich in Dokumentationen vor allem an, weil sie zusätzliche Informationen bringen und die inhaltliche Struktur etwas auflockern. BBC EXKLUSIV unternimmt in vier Sendungen einen oder mehrere solcher Exkurse, die häufig auch formal durch andere Musik oder Bildgestaltung von der Haupthandlung abgehoben werden. In den Magazinen sind Exkurse eher nicht zu finden; dort bietet es sich an, zusätzliche wichtige Informationen in einem eigenen Beitrag unterzubringen und den anderen Beiträgen gleichberechtigt gegenüberzustellen, wodurch sie nicht mehr als Exkurse in Erscheinung treten. In QUARKS & CO ließen sich keine Exkurse finden, in ABENTEUER WISSEN aber immerhin zwei: In der vierten Sendung wurde der Exkurs in Form eines eigenen Beitrags explizit vom Moderator angekündigt („machen wir mal einen Umweg") und abgeschlossen („jetzt aber zurück zum

Ötzi"), bei der fünften Sendung handelt es sich eigentlich um eine Dokumentation, deshalb gilt das über Exkurse in Dokumentationen Gesagte.

4.2.3.2 Strukturierungsmittel

Damit der Zuschauer die Sendung versteht, ist es wichtig, sie deutlich zu strukturieren. Dazu gehört die Hervorhebung besonders wichtiger oder entscheidender Informationen. Explizit herausgestellt werden wichtige Informationen (z.B. „entscheidend ist ..." oder „besonders wichtig ist ...") in drei BBC EXKLUSIV-Sendungen jeweils zweimal. In ABENTEUER WISSEN ließ sich dieses Strukturierungsmittel insgesamt nur einmal finden, in QUARKS & CO in zwei Sendungen insgesamt dreimal.

Eingestreute Fragen können ebenfalls Informationen hervorheben, aber auch Interesse und Aufmerksamkeit sowie intentionale Betrachtung anregen.[17] Sie kommen häufiger vor: In den fünf BBC EXKLUSIV-Sendungen finden sich insgesamt 30 solcher Fragen, in QUARKS & CO sind es 22. ABENTEUER WISSEN kommt auf 31, wobei zu bemerken ist, dass in der fünften Sendung keinerlei derartige Fragen vorkamen, sondern nur Interview-Fragen, die aber nicht gezählt wurden.

Die von STURM geforderte „fehlende Halbsekunde"[18], d.h. eine kurze Pause in Form einer Blende oder eines stehen gelassenen Bildes, taucht in allen untersuchten Sendungen sporadisch auf. Bei BBC EXKLUSIV in 70% der inhaltlichen Teile, bei ABENTEUER WISSEN in 59% (82%), bei QUARKS & CO in 60% (53%). Während der Betrachtung der Sendungen entstand aber der Eindruck, dass diese Pausen meist nicht bewusst am Ende von Sinnabschnitten gesetzt wurden, sondern sich eher zufällig bzw. aus anderen Gründen ergaben.

4.2.3.3 Gestaltung der Übergänge

Eine Möglichkeit zur Strukturierung einer Sendung, insbesondere zur Gestaltung der Übergänge zwischen zwei Sinnabschnitten ist die Wiederholung markanter Bilder zu Beginn oder Ende der Abschnitte. Intensiv genutzt wird diese Möglichkeit vom Dokumentationsformat BBC EXKLUSIV: In jeder der untersuchten Sendungen gibt es mindestens ein Bild, eine Bilderfolge oder eine

[17] s. Abschnitt 2.2.3.4 Verständliche Gestaltung: Produktvariablen (S. 51)

[18] s. Abschnitt 2.2.3.4 Verständliche Gestaltung: Produktvariablen (S. 51)

spezifische Art der Bildgestaltung, die immer wieder auftaucht (oft in Verbindung mit einem Toneffekt), um Zusammenhänge in Erinnerung zu rufen oder den Beginn eines neuen Abschnitts anzuzeigen. In den Magazinen leistet das vor allem der Übergang zwischen Beiträgen und Moderationen, der in QUARKS & CO durch einen harten Schnitt oder eine Blende, in ABENTEUER WISSEN oft durch eine spezielle Blende markiert wird. In vielen Magazinbeiträgen werden ebenfalls wiederkehrende Bild-Elemente zur Strukturierung genutzt.

Weitere häufig eingesetzte Mittel, die die Struktur deutlich machen, sind Wechsel der Musik (in ABENTEUER WISSEN in allen Sendungen eingesetzt, in QUARKS & CO und BBC EXKLUSIV jeweils in vier), explizite Markierung des Übergangs durch den Text (z.B. durch Orts- und Zeitangaben oder Formulierungen wie „währenddessen ..." oder „so ging es auch ..."; in drei ABENTEUER WISSEN- sowie je zwei QUARKS & CO- und BBC EXKLUSIV-Sendungen eingesetzt), Toneffekte (in drei BBC EXKLUSIV-, zwei QUARKS & CO- und einer ABENTEUER WISSEN-Sendung) und spezielle Bildübergänge wie Weiß- und Schwarzblenden, Reißschwenks, unscharfe Bilder u.ä. (in vier ABENTEUER WISSEN-, drei QUARKS & CO- und zwei BBC EXKLUSIV-Sendungen).

4.2.4 Dramaturgie und Inszenierung

Die Vermittlung bzw. Erzählung der Inhalte ist in allen untersuchten Sendungen von BBC EXKLUSIV und ABENTEUER WISSEN grundsätzlich realistisch, berichtend und dokumentierend. Bei QUARKS & CO dagegen sind sieben von insgesamt 43 Beiträgen fiktionaler Natur (dazu gehören u.a. die von QUARKS & CO regelmäßig angestellten „Gedankenspiele", z.B. wie ein Leben ohne Zusatzstoffe aussähe) und ein Beitrag mit spielerischen Elementen (dabei handelt es sich um eine Reihe von Mitmach-Aufgaben für den Zuschauer). Auch hinsichtlich der Häufigkeit journalistischer Darstellungsformen zeigt sich bei QUARKS & CO die größte Vielfalt: Sechs Beiträge sind vollständig als Spielhandlung angelegt, zwei vermitteln die Information in Dialogform und zwei weitere in Form eines Interviews. Die meisten Beiträge sind aber Berichte bzw. Reportagen, was auch für die anderen Sendereihen gilt. In der fünften Sendung von ABENTEUER WISSEN kommen zusätzlich mehrere längere Interviews vor, die BBC EXKLUSIV-Sendungen sind vollständig der Kategorie Bericht bzw. Reportage zuzuordnen.

Ein häufig genutztes Mittel ist die „Verpackung" der wissenschaftlichen Inhalte in eine Geschichte, meist die Erlebnisse einzelner Personen, die als Fallbeispiele fungieren. Die Wissenschaftsthemen werden nebenbei vermittelt, und der Zuschauer wird nicht von der vordergründigen Wissenschaftlichkeit der Sendung abgeschreckt. Diese Vermittlungsstrategie kommt in vier BBC EXKLUSIV-Sendungen und in allen Magazinsendungen in jeweils mindestens einem Beitrag zum Einsatz.

Die Erzählhaltung ist meistens auktorial, jedoch kommt in jeweils einer BBC EXKLUSIV- und einer ABENTEUER WISSEN-Sendung zeitweise ein personaler Erzähler vor, in QUARKS & CO sogar in insgesamt acht Beiträgen über alle fünf Sendungen verteilt. Bei den Moderationen ergibt sich ein ähnliches Bild: ABENTEUER WISSEN hat nur in der fünften Sendung (die ja in mancher Hinsicht eine Ausnahme darstellt) einen personalen Moderator, QUARKS & CO in immerhin neun von 48 Moderationsblöcken über alle Sendungen verteilt.

Aufgabe der Dramaturgie und der damit verbundenen Gestaltungsmittel ist vor allem die Strukturierung einer Erzählung bzw. Sendung und der Aufbau von Spannung bzw. Konflikten.[19] Die Einteilung in Exposition, Hauptteil und Schluss ist in allen untersuchten Sendungen mehr oder weniger deutlich erkennbar: In den Magazinen ergeben sich Exposition und Schluss hauptsächlich konzeptionsbedingt in Form der jeweils ersten und letzten Moderation, die mehr oder weniger ausführlich exponiert bzw. abschließt. In den BBC EXKLUSIV-Dokumentationen sind Exposition und Schluss deutlich erkennbar und ausführlicher als in den Magazinen.

Spannungsaufbau findet statt in vier von fünf BBC EXKLUSIV-Sendungen (in 34% der Sendungsteile) sowie in allen Magazinen in einzelnen Beiträgen bzw. Teilen (ABENTEUER WISSEN: 82% (91%), QUARKS & CO 26% (31%)). Ähnlich sieht es mit den Konflikten aus: In vier BBC EXKLUSIV-Sendungen (in 44% der Sendungsteile) sind Konflikte erkennbar, in ABENTEUER WISSEN in 50% (73%) und in QUARKS & CO in 44% (44%) der Beiträge bzw. Sendungsteile, jeweils über alle Sendungen verteilt.

Diesen Werten zufolge scheint ABENTEUER WISSEN seine Themen (besonders, wenn man die ungewöhnlich harmonische und friedliche fünfte Sendung weglässt) spannender und konfliktgeladener darzustellen als BBC EXKLUSIV und QUARKS & CO. Allerdings sind die Ergebnisse mit besonderer Vorsicht zu betrachten, denn gerade die Variablen „Spannung" und „Konflikte"

[19] s. Abschnitt 2.2.4.5 Dramaturgie (S. 67)

sind schwer operationalisierbar und in ihrer Erfassung eher subjektiv. Die Möglichkeit zum Spannungs- und Konfliktaufbau ist zudem sehr davon abhängig, ob sich das Thema für eine derartige Vermittlung eignet. Die Ergebnisse können aber einen Hinweis auf mögliche unterschiedliche Herangehensweisen liefern.

Action-Elemente, dazu gehören vor allem schnelle Bewegungen, schnelle Schnitte, Explosionen u.ä., waren in allen 15 Sendungen zu finden, in 80% der Sendungsteile von BBC EXKLUSIV, in 59% (91%) der ABENTEUER WISSEN-Beiträge bzw. Teile und in 42% (34%) der QUARKS & CO-Beiträge.

Eine weitere Gestaltungsmöglichkeit ist die Verwendung von Elementen anderer Medienproduktionen. Dazu gehören Ausschnitte aus anderen Sendungen sowie Gestaltungsmerkmale, die mit anderen Medienprodukten und Genres in Verbindung gebracht werden können, z.B. spezielle Schriften oder auch Spielszenen. Solche Elemente kommen in je drei BBC EXKLUSIV- und ABENTEUER WISSEN-, sowie in allen QUARKS & CO-Sendungen vor.

4.2.5 Visualisierung und Vereinfachung

Visualisierung bedeutet in Wissenschaftssendungen besonders die Darstellung von „Unsichtbarem", also von Dingen, die aus verschiedenen Gründen nicht direkt beobachtbar sind. Derartige Elemente sind in allen untersuchten Sendungen zu finden. In den fünf BBC EXKLUSIV-Sendungen ließen sich davon insgesamt 30 feststellen, allein 16 in der dritten Sendung. ABENTEUER WISSEN kommt auf insgesamt 15 visualisierende Elemente und QUARKS & CO auf 38, die zweite Sendung hat dabei mit 12 die meisten.

Neben der Darstellung von Unsichtbarem werden in Wissenschaftssendungen auch häufig Technik-Aufnahmen zur Veranschaulichung gezeigt. Dieses Gestaltungsmittel kommt mehr oder weniger häufig in allen untersuchten Sendungen bis auf die fünfte BBC EXKLUSIV-Sendung zum Einsatz. In dieser wird das Thema „Zeitreisen" als rein abstraktes Phänomen betrachtet, somit gibt es keine Technik, die gezeigt werden könnte.

Von besonderem Interesse für die Informationsvermittlung sind Visualisierungen im Zusammenhang mit Erklärungen, Demonstrationen oder Experimenten. Die Informationen können anhand eines Anschauungsobjekts, einer Grafik oder einer Animation durch den Moderator und im Film durch einen Experten oder den Off-Sprecher gegeben werden.

Erklärungen durch den Moderator am Anschauungsobjekt gibt es praktisch nur in der Sendung QUARKS & CO: In den fünf untersuchten Sendungen liefert er insgesamt 67 Erklärungen, oft verbunden mit Demonstrationen und Experimenten. ABENTEUER WISSEN bringt nur eine Erklärung durch den Moderator, und zwar in der ersten untersuchten Sendung, die zudem eine Ausnahme ist, weil die Moderation außerhalb des Studios in einem Museum aufgenommen wurde. Normalerweise sieht die Konzeption von ABENTEUER WISSEN derartige Erklärungen durch den Moderator nicht vor.

In der zweiten BBC EXKLUSIV-Sendung liefert der oben angesprochene Robert Winston, der gewisse Kriterien eines Moderators erfüllt, immerhin drei Erklärungen bzw. Demonstrationen. Da er aber als Experte gezählt werden soll, kommen die BBC EXKLUSIV-Sendungen auf insgesamt 16 Erklärungen und Demonstrationen durch Experten im Film, ABENTEUER WISSEN auf acht und QUARKS & CO nur auf eine.

Erklärungen und Demonstrationen anhand von Grafiken und Animationen sind am häufigsten bei QUARKS & CO zu finden: 24 werden in den Beiträgen und 18 in den Moderationsblöcken der fünf untersuchten Sendungen gegeben. ABENTEUER WISSEN bietet vier solche Erklärungen in den Beiträgen und eine in der Moderation der letzten Sendung, was wiederum eine Ausnahme von der eigentlichen Konzeption ist. BBC EXKLUSIV erklärt in der dritten Sendung fünf Sachverhalte auf diese Weise.

Von den Sendungsmachern selbst durchgeführte Experimente gibt es nur in insgesamt drei Sendungen: In der zweiten BBC EXKLUSIV-Sendung (vier verschiedene Experimente mit Kindern) sowie in der ersten und letzten QUARKS & CO-Sendung (Mitmachexperiment z.B. zur Links- bzw. Rechtshändigkeit sowie Geschmackstests mit echtem und künstlichem Aroma).

Die Visualisierung von Informationen durch Spielszenen kommt in je drei BBC EXKLUSIV- und ABENTEUER WISSEN-Sendungen sowie in vier QUARKS & CO-Sendungen zum Einsatz. Sie bietet sich besonders dann an, wenn historische (z.B. die Olympischen Spiele der Antike in der vierten BBC EXKLUSIV-Sendung oder das Leben des Ötzi in der vierten ABENTEUER WISSEN-Sendung) oder fiktionale Ereignisse (z.B. die Gedankenspiele in QUARKS & CO) dargestellt werden sollen.

Visualisierung bezieht sich zwar in erster Linie aufs Sichtbar-Machen. Aber anschaulich kann ein Sachverhalt nicht nur durch Bilder werden, sondern durch alles, was die Inhalte besser vorstellbar, einsehbar und begreifbar macht. Dazu gehören auch die Bezugnahme auf Sachverhalte des täglichen Lebens als Ausgangspunkt für weitere Erklärungen und die Verwendung von

Analogien, also die Erklärung eines unbekannten Phänomens durch Vergleich mit einem bekannten.

Der Bezug zum täglichen Leben kommt bei QUARKS & CO am meisten vor: Insgesamt 18 mal wird in den fünf Sendungen auf Sachverhalte des täglichen Lebens Bezug genommen, BBC EXKLUSIV stellt solche Bezüge sechsmal und ABENTEUER WISSEN nur dreimal her. Auch von den Analogien sind die meisten, nämlich elf, bei QUARKS & CO zu finden, BBC EXKLUSIV bringt es auf zehn und ABENTEUER WISSEN auf fünf.

4.2.6 Personalisierung

Personalisierung kommt in den untersuchten Sendungen in zwei verschiedenen Formen vor: einerseits in den Magazinen durch einen Moderator, der im Bild zu sehen ist und zum Zuschauer spricht, andererseits in den Beiträgen und den Dokumentationen durch andere Personen (Wissenschaftler, Betroffene, Augenzeugen etc.), die im Bild zu sehen sind und auf die Bezug genommen wird, oder die sich (in Original-Tönen) vor der Kamera äußern. Alle diese Personen bieten dem Zuschauer Identifikationsmöglichkeiten, sie erhöhen Authentizität und Glaubwürdigkeit und können die Informationsvermittlung verbessern.[20] In der Auswertung wird unterschieden zwischen Personalisierung in Beiträgen bzw. Dokumentationen und Personalisierung in Moderationen.

4.2.6.1 Magazinbeiträge und Dokumentationen

Wenn Wissenschaft dargestellt werden soll, gibt es die Möglichkeit, das Wissenschaftssystem als Institution zu zeigen oder einzelne Wissenschaftler hervorzuheben und die Inhalte anhand ihrer Forschungsarbeit zu vermitteln. Die zweite dieser Möglichkeiten, also Personalisierung, kommt in allen untersuchten Sendungen bis auf die zweite QUARKS & CO-Sendung wenigstens einmal vor, und zwar bei BBC EXKLUSIV in 44% aller Sendungsteile, bei ABENTEUER WISSEN in 95% (91%) und bei QUARKS & CO in nur 19% (13%) aller Sendungsteile. QUARKS & CO personalisiert in dieser Hinsicht also offenbar am wenigsten, ABENTEUER WISSEN am meisten, wobei die Möglichkeit zu derartiger Personalisierung sehr vom Thema abhängt.

---

[20] s. Abschnitt 2.3.3.4 Unterhaltung als Produkteigenschaft (S. 81)

Ein ähnliches Bild ergibt sich für den allgemeinen Grad der Personalisierung[21] (Tabelle 1): Der größte Anteil der QUARKS & CO-Beiträge entfällt auf die Kategorie „keine Personalisierung", bei BBC EXKLUSIV und ABENTEUER WISSEN haben die meisten Beiträge einen mittleren Personalisierungsgrad (hervorgehobene Werte in der Tabelle). Der Wert von 23% für starke Personalisierung bei ABENTEUER WISSEN kommt ausschließlich durch die fünfte Sendung zustande, in der es um einen Wissenschaftler und seine Forschungen geht. Lässt man diese Sendung weg, zeigt sich, dass BBC EXKLUSIV am meisten mit hoher Personalisierung arbeitet. Des weiteren fällt auf, dass ABENTEUER WISSEN keinerlei Beiträge ohne Personalisierung und – wenn man die Ausnahmesendungen weglässt – auch keine mit hoher Personalisierung enthält, was auf relativ große Standardisierung der Vermittlung mit Schwerpunkt auf mittlerer Personalisierung hindeutet.

Personalisierung		BBC EXKLUSIV	ABENTEUER WISSEN	ABENTEUER WISSEN ohne Ausnahmesendungen (1 und 5)	QUARKS & CO	QUARKS & CO ohne Ausnahmesendung (4)
keine	%	2	-	-	**35**	**34**
geringe	%	12	5	9	28	28
mittlere	%	**60**	**73**	**91**	30	28
hohe	%	26	23	-	7	9

Tabelle 1: Personalisierungsgrad

Auch aus der Anzahl der explizit erwähnten bzw. gezeigten Personen lassen sich Rückschlüsse auf die Personalisierung ziehen. Eine große Zahl von Personen wäre eigentlich besonders in den Magazinen zu erwarten gewesen, denn hier kommen mehrere unabhängige Beiträge zum Einsatz, in denen unterschiedliche Personen auftreten können. Für die Dokumentationen könnte man im Gegensatz dazu vermuten, dass sie sich eine ganze Sendung lang mit dem gleichen Thema und den gleichen Personen beschäftigen. Die Analyse zeigt aber, dass bei BBC EXKLUSIV im Durchschnitt die meisten Personen auftreten, was vor allem an den ersten beiden Sendungen liegt (Tabelle 2). QUARKS & CO, das Magazin mit der größeren Zahl von Beiträgen, zeigt geringfügig mehr Personen als ABENTEUER WISSEN. Allerdings kommen in beiden

[21] zur Definition der Personalisierungsgrade und der anderen Kriterien s. Abschnitt 7.4.5 Kategorien der Konzeptions- und Inhaltsanalyse (S. 219)

Magazinen (in QUARKS & CO häufiger als in ABENTEUER WISSEN) auch nicht explizit erwähnte Personen (z.B. Forscher im Labor) vor, die nicht mitgezählt wurden.

In der fünften ABENTEUER WISSEN-Sendung kommt die geringe Zahl der Personen durch die Konzentration auf einen einzelnen Forscher und durch den Dokumentationscharakter zustande, für den ebenso auffallend geringen Wert in der zweiten QUARKS & CO-Sendung ließ sich keine klare Ursache finden.

Anzahl der Personen	BBC EXKLUSIV	ABENTEUER WISSEN	QUARKS & CO
1. Sendung	24	9	12
2. Sendung	30	11	4
3. Sendung	11	12	13
4. Sendung	9	9	14
5. Sendung	9	4	12
Durchschnitt	16,6	9	11

Tabelle 2: Anzahl der erwähnten Personen (inkl. Moderator)

Eine besonders gute Möglichkeit zur Identifikation bieten Fallbeispiele; sie werden ebenfalls von BBC EXKLUSIV am meisten genutzt: In den ersten vier Sendungen kommen insgesamt 33 Fallbeispiele zum Einsatz (besonders in der ersten und zweiten), die fünfte Sendung bietet wegen ihres abstrakten Themas („Zeitreisen") keine Fallbeispiele, die gezeigt werden könnten. ABENTEUER WISSEN setzt in seinen ersten vier Sendungen zehn Fallbeispiele ein, die letzte Sendung konzentriert sich wie erwähnt auf einen Forscher, der nicht als Fallbeispiel anzusehen ist. QUARKS & CO zeigt über alle fünf Sendungen verteilt insgesamt 17 Fallbeispiele.

Die Anzahl der verschiedenen Personen und der Fallbeispiele kann aber höchstens einen Anhaltspunkt für die Personalisierung liefern. Es kommt auch darauf an, wie wichtig die jeweiligen Personen in den Sendungen sind bzw. wie häufig und wie lange sie zu Wort kommen.

Die quantitative Erfassung jedes einzelnen Original-Tons war im Rahmen dieser Arbeit nicht zu leisten. Aber die Betrachtung der Sendungen macht auch ohne genaue Zählung deutlich, dass BBC EXKLUSIV sehr viel mehr mit O-Tönen arbeitet als ABENTEUER WISSEN und QUARKS & CO. Gerade in QUARKS & CO kommen vergleichsweise nur wenige O-Töne zum Einsatz (in den ersten beiden Sendungen überhaupt keine), das wird aber durch lange Moderationsblöcke ausgeglichen, in denen der Moderator im Bild zu sehen ist und das Publikum persönlich anspricht.[22] Interessant ist auch, welche Informationen in den Schrifteinblendungen während der O-Töne zusätzlich zum Namen gegeben werden. Darauf wird weiter unten näher eingegangen.[23]

Ein weiterer Aspekt der Personalisierung ist die persönliche Ansprache und Einbeziehung des Publikums mit Formulierungen wie „Stellen Sie sich vor ..." oder „Wir alle haben schon einmal ...", wobei man zwischen der persönlichen direkten Ansprache mit „Sie" und der unpersönlicheren, eher indirekten Einbeziehung des Publikums mit „Wir" unterscheiden kann. Die direkte Ansprache kommt bei BBC EXKLUSIV in 10% der Sendungsteile vor, bei QUARKS & CO in 9,3% (12,5%) der Beiträge, ABENTEUER WISSEN verwendet sie in seinen Beiträgen überhaupt nicht. Das unpersönlichere „Wir" kommt in ABENTEUER WISSEN nur einmal in der fünften Sendung vor, QUARKS & CO verwendet es ebenfalls nur in einem Beitrag, BBC EXKLUSIV immerhin in 26% der Sendungsteile. Allerdings ist mit Blick auf die Magazine anzumerken, dass dort relativ viele persönliche Zuschaueransprachen nicht in den Beiträgen, sondern durch den Moderator erfolgen.[24]

Ein ebenfalls interessanter Aspekt soll im Zusammenhang mit der Personalisierung kurz beleuchtet werden, nämlich die Frage, inwieweit auf das Produktionsteam oder einzelne Beteiligte der Sendung Bezug genommen wird - ob also zumindest angedeutet wird, dass Fernsehen Teamarbeit ist und die Sendungen nicht allein vom Moderator gemacht werden, was immer noch viele Zuschauer annehmen.[25]

Die implizite oder explizite Bezugnahme auf das Produktionsteam mit Formulierungen wie „Wir haben untersucht ..." findet sich bei BBC EXKLUSIV insgesamt 15 mal auf die zweite und dritte Sendung verteilt. Es fällt auf, dass gerade in diesen beiden Sendungen („Kinder unserer Zeit" und „Teenager -

[22] s. Abschnitt 4.2.6.2 Moderationsblöcke (S. 140)

[23] s. Abschnitt 4.2.12 Wissenschaftsbild und Wissenschaftsbezug (S. 150)

[24] s. Abschnitt 4.2.6.2 Moderationsblöcke (S. 140)

[25] s. Abschnitt 2.3.5.2 Wissenschaftsvermittlung im Magazin (S. 91)

Eine Art für sich") das Produktionsteam selbst forschend tätig ist. In den anderen drei Sendungen tritt das Team dagegen völlig in den Hintergrund.

ABENTEUER WISSEN bezieht sich in den Beiträgen viermal und in den Moderationen 15 mal auf das Produktionsteam, dabei handelt es sich vor allem um die Nennung der Autoren der Beiträge. Namentliche Erwähnungen an der Produktion der Sendung Beteiligter kommen (abgesehen vom Abspann und vom Moderatornamen) in QUARKS & CO überhaupt nicht vor, die Bezugnahme auf das Produktionsteam erfolgt dort hauptsächlich durch „Wir", in den Beiträgen insgesamt fünfmal und in den Moderationen 28 mal.

4.2.6.2 Moderationsblöcke

Den oben geschilderten Ergebnissen zufolge ist die Personalisierung in den Beiträgen der Sendung QUARKS & CO eher gering. Für die Gesamtbeurteilung der Magazinsendungen müssen aber auch die Moderationen berücksichtigt werden, und diese kommen bei QUARKS & CO sehr eng an eine „Personalityshow"[26] heran. Die Studioteile haben in diesem Format eine sehr hohe Bedeutung.

Die Betrachtung der Sendungen macht deutlich, dass in QUARKS & CO die Moderationsblöcke mit den Beiträgen fast gleichberechtigt sind, was die Aufgabe betrifft, bestimmte Informationen zu vermitteln. Sie sind vom Niveau vergleichbar und ähnlich konkret. Durch den Moderator werden ganze Informationskomplexe völlig unabhängig von Beiträgen vermittelt; anschließend geht er wieder zur klassischen Moderationsrolle über und kündigt den nächsten Beitrag an.

Das ist in der Sendung ABENTEUER WISSEN grundsätzlich anders: Hier handelt es sich um die klassische Magazin-Moderation, deren Hauptaufgabe darin besteht, Übergänge zwischen den unterschiedlichen Beiträgen zu schaffen, den Zuschauer also von einem Thema weg- und zum nächsten hinzuführen. Die Vermittlung eigener Informationen in den Moderationsblöcken ist bei diesem Moderationsstil die Ausnahme. Sie kommt z.B. in der ersten untersuchten Sendung vor, in der der Moderator eine Geschichte zu einem Gemälde erzählt, das in den Beiträgen nicht vorkommt. Im Normalfall sind die Moderationen

[26] s. Abschnitt 1.2 Entwicklung der Wissenschafts-Sendungen des Fernsehens (S. 14)

aber eher allgemein und dienen - wie in Nachrichten und Magazinen üblich - der Zuspitzung auf das Thema des nächsten Beitrags.

Der unterschiedliche Stellenwert der Moderation gegenüber den Beiträgen wird auch am Anteil der Moderationsblöcke an der Gesamtsendezeit (bei QUARKS & CO mehr als doppelt so hoch wie bei ABENTEUER WISSEN) und der Aufwändigkeit der Studiodekoration deutlich.[27]

Moderator

Der Charakter einer Magazinsendung wird in hohem Maße auch durch die Person des Moderators geprägt. QUARKS & CO hat mit Ranga Yogeshwar einen „echten" Wissenschaftler als Moderator, der sich als Diplom-Physiker mit Elementarteilchen- und Astrophysik beschäftigt hat und bereits „... selbst so manchem Quark hinterhergejagt ist" (Porträt QUARKS & CO)[28], außerdem war er vor QUARKS & CO bereits an der „Wissenschaftsshow" des WDR beteiligt.

Der Moderator von ABENTEUER WISSEN, Wolf von Lojewski, kommt dagegen aus dem Journalismus, er war lange Zeit als Moderator des „heute-journals" dafür zuständig, den Zuschauern die Welt zu erklären, hatte aber mit Wissenschaft bisher eher wenig zu tun. In Physik, so sagt er selbst, sei er „... nie durch Fleiß oder besondere Leistung aufgefallen, in Chemie übrigens auch nicht." (Wolf von Lojewski über das Abenteuer Wissen)[29]

Die Moderationsstile der Sendungen unterscheiden sich deutlich. Während in QUARKS & CO ein lockerer Moderationsstil mit häufiger Einbeziehung des Publikums herrscht, der Moderator auch seine Körpersprache sehr stark einsetzt und im Studio herumläuft, steht er in ABENTEUER WISSEN ähnlich wie in einer Nachrichtensendung hinter einem Tisch, man sieht nur die obere Körperhälfte, der Sprechstil ist dem einer Nachrichtensendung vergleichbar und schafft Distanz sowohl zu den Inhalten der Sendung als auch zum Zuschauer.

Der Moderator erscheint bei QUARKS & CO insgesamt aktiver, im Vordergrund steht das Zeigen und Erklären, auch während der Moderationen finden eigenständige Handlungen statt; bei ABENTEUER WISSEN dagegen stellen die Moderationen wie im klassischen Magazin üblich ein kurzes Innehalten zwi-

---

[27] s. Abschnitt 4.1.2 Konzeptionselemente der Sendungen (S. 113)

[28] s. Anhang 7.4.1.3 (S. 187)

[29] s. Anhang 7.4.1.2 (S. 185)

schen den handlungsgeladenen Beiträgen dar, im Vordergrund steht dort das Erzählen und Überleiten.

Ausnahmen sind die erste und die fünfte Sendung von ABENTEUER WISSEN: Dort steht der Moderator nicht im Studio, sondern in einem Museum oder im Freien, was zu mehr Bewegungsfreiheit und stärkerer Einbeziehung von Körpersprache und Gesten des Zeigens führt. Die vierte Sendung von QUARKS & CO, ebenfalls mit Moderation außerhalb des Studios, bildet in dieser Hinsicht keine so große Ausnahme, da der Moderators auch in den Studio-Moderationen aktiv ist.

Der unterschiedliche Moderationsstil lässt sich empirisch unter anderem anhand der Häufigkeit direkter Publikumsansprachen nachweisen. Interessant ist dabei wie oben angesprochen der Unterschied zwischen der persönlichen direkten Ansprache mit „Sie" und der unpersönlicheren, eher indirekten Einbeziehung des Publikums mit „Wir". Aufgrund der bisherigen Ausführungen ist zu vermuten, dass in der Sendung QUARKS & CO eher die persönliche Ansprache stattfindet, in ABENTEUER WISSEN dagegen sollte eher die unpersönlichere Variante anzutreffen sein. Die Analysen bestätigen das: In QUARKS & CO wird das Publikum in 75% (86,1%) der Moderationsblöcke wenigstens einmal mit „Sie" angesprochen und einbezogen, viermal so häufig wie in ABENTEUER WISSEN mit nur 16,7% (21,4%). Das unpersönlichere „Wir" kommt dagegen in 66,7% (75%) der QUARKS & CO-Moderationen und in 77,8% (85,7%) der ABENTEUER WISSEN-Moderationen zum Einsatz, hier besteht also kein so großer Unterschied. Insgesamt lässt sich feststellen, dass die QUARKS & CO-Moderationen das Publikum deutlicher durch persönliche Ansprachen einbeziehen als die von ABENTEUER WISSEN.

Auch die Selbstbezogenheit des Moderators als mögliches Indiz für eine „Personality-Show" ist in QUARKS & CO deutlicher ausgeprägt: In 33% (33%) der Moderationen aller Sendungen bezieht er sich selbst mit Formulierungen wie „ich zeige Ihnen ..." oder „jetzt mache ich ..." ein, in ABENTEUER WISSEN passiert das nur ein einziges Mal in der vierten Sendung. Das liegt zum Teil am Moderationsstil, teilweise aber auch an der Funktion der Moderation, die dazu führt, dass der Moderator bei QUARKS & CO durch die vielen Demonstrationen und Experimente einfach stärker selbst einbezogen ist.

Die grundsätzlich höhere Aktivität in den QUARKS & CO-Moderationen zeigt sich auch daran, dass nur in dieser Sendereihe explizite Aufforderungen an das Publikum zu finden sind: Die meisten davon beziehen sich auf das Internet-Angebot zur Sendung („Klicken Sie uns an!", insgesamt siebenmal), außerdem kommen sechs Aufforderungen zum Aufpassen bzw. Nachvollziehen von Experimenten vor.

4.2.6.3 Zusammenfassung Personalisierung

Insgesamt lässt sich feststellen, dass alle drei Sendungen auf ihre eigene Art und Weise personalisieren. BBC EXKLUSIV personalisiert erheblich mit Fallbeispielen und Betroffenen, die umfangreich in Original-Tönen zu Wort kommen. Das äußert sich auch darin, dass in einigen Fällen Informationen über diese Personen gegeben werden, die für das Verständnis der eigentlichen (Wissenschafts-) Informationen keine Bedeutung haben, sondern eher Emotion und Identifikation fördern. QUARKS & CO dagegen personalisiert sehr stark durch den Moderator der Sendung, der als Identifikationsfigur auch im Vorspann der Sendung auftaucht und einen bedeutenden Teil der Sendung mit seinen Moderationen bestreitet. Original-Töne werden dagegen vergleichsweise wenige eingesetzt. ABENTEUER WISSEN liegt dazwischen: Der Moderator ist zwar auch die wesentliche Identifikationsfigur der Sendung und das zentrale Handlungselement des Vorspanns, sein Name ist außerdem Bestandteil des Sendungstitels, aber er hat innerhalb der Sendung keine so markante Funktion wie in QUARKS & CO.

4.2.7 Emotions- und Motivations-Elemente

Neben der Personalisierung gibt es noch andere Gestaltungsmittel, die die Emotionalisierungs- und Unterhaltungsqualitäten der Sendung steigern können. Die in den untersuchten Sendungen am häufigsten eingesetzten Mittel sind Musik (in allen Sendungen), emotionale bzw. drastische Bilder (in 13 der 15 Sendungen), besondere Geräusche bzw. Toneffekte (in neun Sendungen), Spielszenen (in acht Sendungen), die explizite Äußerung bzw. Darstellung von Gefühlen (in acht Sendungen) und eine gemeinsame Beobachterrolle (in acht Sendungen). Auf einige dieser und weiterer Elemente wird weiter unten in den Abschnitten zur Bild- und Tongestaltung noch näher eingegangen.

Es ist wichtig, die Zuschauer emotional anzusprechen, um sie zu motivieren, sich mit wissenschaftlichen Inhalten zu beschäftigen. Dazu bietet es sich an, den Bezug zur praktischen Anwendung der Erkenntnisse und soweit möglich zum Vorwissen des Alltags herzustellen. In QUARKS & CO ließen sich in 42% (53%) der Beiträge solche motivierenden Elemente finden, bei BBC EXKLUSIV in 8% der Sendungsteile und bei ABENTEUER WISSEN in 5% (9%).

Auch das offensichtliche Vorenthalten der Antwort auf explizit gestellte oder implizit aufgeworfene Fragen kann die Motivation erhöhen, indem es die Spannung steigert und den Zuschauer dazu bewegt, der Sendung bis zur Beantwortung aufmerksam und konzentriert zu folgen. Dieses für einen Krimi typische dramaturgische Element zum Aufbau eines Spannungsbogens kommt in allen untersuchten Sendungen vor, bis auf zwei: die letzte ABENTEUER WISSEN-Sendung, die sich wie erwähnt außergewöhnlich friedlich und harmonisch darstellt, und die letzte QUARKS & CO-Sendung. Am häufigsten werden Antworten in ABENTEUER WISSEN vorenthalten, nämlich in 64% (73%) der Sendungsteile, bei BBC EXKLUSIV in 34% der Teile und bei QUARKS & CO in 14% (16%) der Beiträge.

4.2.8 Bildgestaltung

Da das Fernsehen ein visuelles Medium ist, kommt der Bildgestaltung besondere Bedeutung zu: Sie kann einerseits durch Visualisierungen das Verständnis verbessern, andererseits aber auch durch den Einsatz auffälliger Gestaltungsmittel für „Augenkitzel“ (WEMBER 1983) sorgen und damit die Motivation zur aufmerksamen Betrachtung der Sendung erhöhen, ohne selbst zur Informationsvermittlung beizutragen.[30] Möglichkeiten zur Bildgestaltung ergeben sich sowohl während der Kameraaufnahmen als auch während der Nachbearbeitung.

4.2.8.1 Kameraführung

Das in den untersuchten Sendungen am häufigsten eingesetzte Mittel der Kameraführung ist die Kamerafahrt, sie kommt in allen Sendungen bis auf die zweite BBC EXKLUSIV-Sendung zum Einsatz (s. Tabelle 3). In einer BBC EXKLUSIV- und einer ABENTEUER WISSEN-Sendung sind neben horizontalen Fahrten auch Kranfahrten zu sehen. Ebenfalls recht häufig eingesetzt werden auffällige Schwenks, ungewöhnliche Perspektiven (z.B. Frosch- oder Vogelperspektive) und zwei Elemente, die einen gewissen „Filmlook“ erzeugen: einerseits die Gliederung des Raums durch deutliche Tiefenunschärfe, teilweise mit Schärfeverlagerung, andererseits die gezielte und selektive, sogenannte „Low-Key“-

[30] Der „Augenkitzel“ kann aber auch ablenken, wenn er überhand nimmt, und die Informationsvermittlung verschlechtern, wovor WEMBER zu Recht warnt.

Ausleuchtung, die viele Bildteile dunkel lässt und dadurch eine geheimnisvolle Atmosphäre erzeugt.

auffällige Kameraführung		BBC EXKLUSIV	ABENTEUER WISSEN	ABENTEUER WISSEN ohne Ausnahmesendungen (1 und 5)	QUARKS & CO	QUARKS & CO ohne Ausnahmesendung (4)
Fahrt	%	**30**	**77**	**82**	**40**	**28**
Schwenk	%	**6**	**41**	**45**	**26**	**22**
Perspektive	%	**22**	**23**	**18**	**14**	**19**
Tiefenunschärfe	%	**56**	**73**	**82**	**33**	**25**
davon Schärfeverlagerung	%	**12**	**32**	**45**	**7**	**-**
Low-Key-Aufnahmen	%	**22**	**27**	**18**	**16**	**19**

Tabelle 3: auffällige Kameraführung

Zwei weitere Formen besonderen Kameraeinsatzes, nämlich die subjektive Kamera und die Verwendung gar keiner Kameraaufnahmen, also die komplette Umsetzung eines Beitrags als (Zeichen-)Trickfilm, kommen nur bei QUARKS & CO (jeweils in drei Beiträgen) zum Einsatz.

4.2.8.2 Nachbearbeitung

In der Nachbearbeitung können die Bilder mit verschiedenen Effekten zusammengesetzt bzw. verfremdet werden. Dazu gehören Compositing (Zusammensetzen mehrerer Bilder), Zeitveränderung (Zeitlupe / -dehnung, Zeitraffer, Rückwärts), Einfärben, Negativ, Spiegeln, Unschärfe u.a. Insgesamt zeigt sich, dass bei BBC EXKLUSIV die meisten Bildverfremdungen zu finden sind. Besonders auffällig ist die Bildgestaltung in der fünften Sendung. Da es für das sehr abstrakte Thema dieser Sendung („Zeitreisen") keine konkreten Visualisierungsmöglichkeiten gibt, kommen sehr viele verfremdete, abstrakte Bilder zum Einsatz.[31]

[31] s. auch Tabelle 16 im Anhang (S. 226)

Bild-Bearbeitung		BBC EXKLUSIV	ABENTEUER WISSEN	ABENTEUER WISSEN ohne Ausnahmesendungen (1 und 5)	QUARKS & CO	QUARKS & CO ohne Ausnahmesendung (4)
Compositing	%	40	18	36	33	41
Zeitveränderung	%	54	23	27	12	13
Einfärben	%	6	-	-	-	-
Negativ	%	10	-	-	-	-
gespiegeltes Bild	%	4	-	-	-	-
unscharfes Bild	%	30	5	9	-	-

Tabelle 4: Bild-Bearbeitung

Im Gegensatz zu den Bildverfremdungen, die sowohl dem Augenkitzel als auch der Visualisierung (vor allem Zeitdehnung und Zeitraffer) dienen können, sind bildliche Steuerungscodes, also Elemente, die auf wichtige Bildelemente hinweisen sollen, hauptsächlich zum besseren Verständnis gedacht. Dazu gehören Hervorhebungen (z.B. farbige Unterlegung), Vergrößerungen, Pfeile und andere Elemente, die auf etwas hinweisen. In QUARKS & CO kommen insgesamt 19 davon zum Einsatz, in ABENTEUER WISSEN sind es sieben und in BBC EXKLUSIV fünf. Dabei fällt auf, dass grafische Steuerungscodes bei BBC EXKLUSIV überhaupt nicht vorkommen, sondern nur Vergrößerungen und mit dem Finger zeigende Personen, offenbar sind derartige Elemente nicht Bestandteil der Konzeption.

Neben der Verfremdung einzelner Bilder ergeben sich aber auch beim Schnitt verschiedene Möglichkeiten, die Bilder auf besondere Art und Weise miteinander zu verbinden. Dazu gehören Parallelmontage, Jumpcuts, schnell zusammengeschnittene Bilder bzw. kurze Zwischenschnitte sowie Übergänge zwischen Bildern durch Blenden und andere Effekte. Die meisten Auffälligkeiten im Schnitt sind bei BBC EXKLUSIV zu finden: Parallelmontage, schnelle Schnittfolgen und Jumpcuts werden dort häufiger eingesetzt als in den Magazinen. Dort allerdings wird häufiger mit Übergangseffekten gearbeitet.

Schnitt		BBC EXKLUSIV	ABENTEUER WISSEN	ABENTEUER WISSEN ohne Ausnahmesendungen (1 und 5)	QUARKS & CO	QUARKS & CO ohne Ausnahmesendung (4)
Parallelmontage	%	**14**	**5**	**9**	**2**	**-**
schnelle Schnitte	%	**24**	**-**	**-**	**-**	**-**
Jumpcuts bzw. Stoptrick	%	**14**	**9**	**9**	**9**	**9**
Übergangs-effekte	%	**22**	**32**	**55**	**26**	**22**

Tabelle 5: Schnitt

Aufschlüsse über die Vermittlungsstrategien kann auch der inhaltliche Bezug der Bilder, besonders das Vorhandensein auffälliger abstrakter bzw. symbolischer Bilder neben den konkreten Bildern, geben. Symbolische oder abstrakte Bilder sind in 76% der Sendungsteile von BBC EXKLUSIV zu finden, in 23% (45%) der ABENTEUER WISSEN-Beiträge bzw. Teile und in 28% (38%) der QUARKS & CO-Beiträge.

4.2.9 Ton- und Musikeinsatz

Ton und Musik dienen (abgesehen vom Sprechtext) normalerweise nicht der expliziten Informationsvermittlung, sondern haben vor allem authentizitäts- bzw. emotionalitätssteigernde Wirkungen. Musik, Atmo (Hintergrundgeräusche), Originalgeräusche und Toneffekte kommen in jeder der 15 untersuchten Sendungen jeweils mindestens einmal zum Einsatz. Dabei fällt auf, dass bei BBC EXKLUSIV die Musik das am meisten eingesetzte Gestaltungsmittel ist (kommt in allen Sendungsteilen vor), während in QUARKS & CO die Originalgeräusche am meisten verwendet werden (Tabelle 6). Außerdem ist festzustellen, dass ABENTEUER WISSEN in jedem Beitrag bzw. Teil mindestens einmal Musik, Atmo und Originalgeräusche einsetzt. Dieses Ergebnis ist aber unter dem Gesichtspunkt zu sehen, dass die ABENTEUER WISSEN-Beiträge vergleichsweise lang sind und deshalb mehr Zeit für den Einsatz der verschiedenen Ton-Elemente haben.

Ton-Einsatz		BBC EXKLUSIV	ABENTEUER WISSEN	ABENTEUER WISSEN ohne Ausnahmesendungen (1 und 5)	QUARKS & CO	QUARKS & CO ohne Ausnahmesendung (4)
Musik	%	100	100	100	74	78
Atmo	%	92	100	100	77	69
O-Geräusche	%	80	100	100	88	91
Toneffekte	%	72	86	73	53	63

Tabelle 6: Toneinsatz

4.2.9.1 Originalgeräusche

In den drei untersuchten Sendereihen setzt jeweils die Mehrzahl der Beiträge bzw. Teile Originalgeräusche teilweise ein (Tabelle 7). Bei QUARKS & CO ist außerdem ein deutlicher Teil der Beiträge vollständig mit Originalgeräuschen unterlegt, bei BBC EXKLUSIV ein etwa ebenso großer Anteil völlig ohne Originalgeräusche. Tendenziell verwenden die Magazine mehr Originalgeräusche als das Dokumentationsformat (s. auch Tabelle 6).

Originalgeräusch-Einsatz		BBC EXKLUSIV	ABENTEUER WISSEN	ABENTEUER WISSEN ohne Ausnahmesendungen (1 und 5)	QUARKS & CO	QUARKS & CO ohne Ausnahmesendung (4)
vollständig	%	2	9	0	21	16
teilweise	%	78	91	100	67	75
nicht	%	20	0	0	12	9

Tabelle 7: Originalgeräusche

4.2.9.2 Musik

Die Behauptung, der Einsatz von Musik in Informationssendungen habe zugenommen (vgl. WEGENER 2001, S. 104), lässt sich hier zwar nicht bestätigen, da Vergleichsdaten fehlen, aber es zeigt sich zumindest, dass sehr viel Musik zum Einsatz kommt (Tabelle 8). QUARKS & CO kommt zwar in immerhin 26% (22%) seiner Beiträge völlig ohne Musik aus, ABENTEUER WISSEN und BBC EXKLUSIV setzen dagegen in jedem Beitrag bzw. Sendungsteil zumindest teilweise Musik ein.

Die Tendenz zum vollständigen Unterlegen mit Musik scheint bei ABENTEUER WISSEN am deutlichsten ausgeprägt zu sein: In der vierten Sendung wurden sämtliche Beiträge und in der ersten Sendung sämtliche Moderationen komplett mit Musik unterlegt. Grundsätzlich ist Musik in den Moderationsblöcken aber die Ausnahme. Sie kommt in den untersuchten Sendungen (bis auf den erwähnten Fall) jeweils nur in der Anfangsmoderation während der bebilderten Einführung (ABENTEUER WISSEN) oder des Themenüberblicks (QUARKS & CO) zum Einsatz.

Musik-Einsatz	BBC EXKLUSIV	ABENTEUER WISSEN	ABENTEUER WISSEN ohne Ausnahmesendungen (1 und 5)	QUARKS & CO	QUARKS & CO ohne Ausnahmesendung (4)
(Beiträge)					
vollständig %	10	18	36	12	16
teilweise %	90	82	64	63	63
nicht %	0	0	0	26	22
(Moderationen)					
vollständig %	-	17	0	0	0
teilweise %	-	17	14	13	14
nicht %	-	67	86	88	86

Tabelle 8: Musikeinsatz

Aufgabe der Musik ist in den untersuchten Sendungen vor allem, Stimmungen zu erzeugen, allerdings wird sie an einigen Stellen auch als Leitmotiv oder Kennung eingesetzt. Diese denotative Verwendung findet sich in 21% (25%) der QUARKS & CO-Beiträge, in 9% (18%) der ABENTEUER WISSEN-Beiträge bzw. Teile und in 14% der BBC EXKLUSIV-Sendungsteile. Auch das Weglassen bzw. plötzliche Verstummen der Musik hat in 12% (16%) der QUARKS & CO-Beiträge, in 9% (0%) der ABENTEUER WISSEN- und 18% der BBC EXKLUSIV-Sendungsteile kennzeichnende Funktion.

4.2.10 Text

4.2.10.1 Sprecher

Manche Sendereihen verwenden grundsätzlich den gleichen Sprecher. Das ist in ABENTEUER WISSEN in den ersten vier Sendungen der Fall (die fünfte Sendung hat der Moderator selbst kommentiert), BBC EXKLUSIV verwendet in vier Sendungen durchgehend eine männliche und in einer Sendung eine weibliche Stimme (dabei sind die für die Übersetzung der englischen Original-Töne verwendeten Sprecher nicht berücksichtigt). QUARKS & CO variiert stärker und verwendet in 20 Beiträgen je eine männliche und in 14 Beiträgen je eine weibliche Stimme, in zwei Beiträgen kommen je zwei männliche Stimmen und in weiteren drei Beiträgen ein gemischtes Zweiter-Team zum Einsatz. Außerdem kommentiert der Moderator in der vierten Sendung vier Beiträge selbst.

4.2.10.2 Bild-Text-Verhältnis

Im Zusammenhang mit dem Bild-Text-Verhältnis ist die Frage von Interesse, inwieweit im Text explizit auf das Bild verwiesen oder Bezug genommen wird. Das kann durch Formulierungen wie „hier sehen Sie ...", „hier links im Bild ..." o.ä. erfolgen. Solche Hinweise kommen in den QUARKS & CO-Beiträgen und den BBC EXKLUSIV-Sendungen insgesamt jeweils 16 mal und in den ABENTEUER WISSEN-Beiträgen 17 mal vor, wobei dieser Wert höher zu bewerten ist, da die Sendungen etwa eine Viertelstunde kürzer sind. An den Moderationen zeigt sich, dass in QUARKS & CO sehr viel anhand von Anschauungsobjekten demonstriert wird: Insgesamt 54 Angaben finden sich dort in den Moderationen, bei ABENTEUER WISSEN sind es lediglich sechs.

4.2.11 Unabhängigkeit der Teile

Ein Vorteil der magazintypischen Kleinteiligkeit ist, dass sich der Zuschauer jederzeit zuschalten kann und wegen der Unabhängigkeit der Einzelteile spätestens mit Beginn des nächsten Beitrags die gleichen Verstehens-Chancen hat wie ein Zuschauer, der schon länger zusieht. Von Nachteil wäre es deshalb, wenn innerhalb eines Beitrags Bezüge zu Inhalten hergestellt würden, die in früheren Beiträgen dargestellt wurden. Das kommt in den untersuchten Magazinsendungen nur in Einzelfällen vor, etwa in der ersten ABENTEUER WISSEN-Sendung, wo der zweite Beitrag die inhaltliche Fortsetzung des ersten ist, oder in zwei QUARKS & CO-Sendungen, die sich in einigen wenigen Beiträgen auf ein zu Beginn der jeweiligen Sendung ausführlich vorgestelltes Konzept beziehen. In den untersuchten BBC EXKLUSIV-Dokumentationen dagegen ist diese Unabhängigkeit nicht gegeben. Besonders die Exposition ist wichtig, weil dort viele Informationen gegeben werden, die für das weitere Verständnis der Sendung und für die Herstellung von Zusammenhängen bedeutend sind. Dort wirkt es sich also in der Tat negativ auf das Verständnis aus, wenn man die Sendung nicht von Anfang an sieht.

4.2.12 Wissenschaftsbild und Wissenschaftsbezug

Allgemein halten sich die Sendungen mit der expliziten Nennung von Wissenschaftsdisziplinen mehr oder weniger zurück. Das hängt sicherlich damit zusammen, dass es sich dabei um Fachbegriffe handelt, und die wollen die Sendungen im Interesse der Allgemeinverständlichkeit und um nicht zu sehr „an Schule zu erinnern" (YOGESHWAR 1990, S. 272) gerade vermeiden. Meistens wird deshalb im Kommentartext einfach nur von „Wissenschaftlern" oder

„Forschern“ gesprochen. Die Nennung wissenschaftlicher Disziplinen erfolgt in erster Linie implizit, nämlich durch Einblendung der Berufe bzw. Fachrichtungen der Personen, die mit Original-Ton zu sehen sind.

Wissenschaftliche Disziplinen werden am ehesten noch bei BBC EXKLUSIV genannt. Dort waren insgesamt 20 Nennungen, oft sowohl im Kommentartext als auch in Schrifteinblendungen, zu finden (jede Disziplin wurde pro Sendung nur einmal gezählt). Bei QUARKS & CO waren es elf und bei ABENTEUER WISSEN neun (wobei hier wieder die kürzere Laufzeit der Sendung und die geringe Zahl der Beiträge zu beachten sind).

Bemerkenswert ist auch der Aufbau der Schrifteinblendungen in Original-Tönen: QUARKS & CO nennt in den untersuchten Sendungen keinerlei Berufs- oder Fachrichtungsbezeichnungen der Wissenschaftler, sondern immer nur die jeweilige Institution in Namenseinblendungen (allerdings werden in den untersuchten fünf Sendungen insgesamt nur drei Wissenschaftler mit einer Schrifteinblendung versehen), bei BBC EXKLUSIV dagegen wird, sofern überhaupt Namen als Schrifteinblendung genannt werden (in der zweiten Sendung z.B. nicht ein einziges Mal), immer der Beruf bzw. die Fachrichtung sowie in der fünften Sendung durchgehend auch die Institution mitgenannt. ABENTEUER WISSEN hat in dieser Hinsicht keine klare Linie, sondern nennt teilweise nur den Beruf, teilweise nur die Institution (in der ersten Sendung in Form von „Leiter der ...“), in der vierten Sendung durchgehend Beruf und Ort.

Diese Beobachtungen lassen, als Konzeptionselemente aufgefasst, auch gewisse Rückschlüsse auf die Produktionsbedingungen zu: So könnte die innerhalb der Sendereihe ABENTEUER WISSEN uneinheitliche, aber innerhalb einer Sendung einheitlichere Verwendung von Namenseinblendungen darauf zurückzuführen sein, dass verschiedene Folgen der Sendereihe von unterschiedlichen Teams bzw. Produktionsfirmen (den Abspanntexten[32] der Sendungen zufolge mindestens drei verschiedene) als Auftragsproduktionen erstellt wurden und für dieses Konzeptionselement offenbar keine klaren Vorgaben existieren. Die scheint es bei der BBC eher zu geben, obwohl es sich auch hier um unterschiedliche Teams handelt. Die konsequentere Vereinheitlichung könnte hier aber auch mit der Bearbeitung aller Sendungen für den deutschen Markt durch die selbe Produktionsfirma zusammenhängen.

---

[32] Die Abspanntexte der Sendungen finden sich im Anhang 7.4.2 (S. 190)

Auch in der Fokussierung auf Forschungsergebnisse oder Forschungsprozesse unterscheiden sich die Sendungen erkennbar: ABENTEUER WISSEN zeigt in 77% (82%) seiner Beiträge bzw. Teile vor allem Forschungsprozesse; Forschungsergebnisse stehen nur in 18% (27%) deutlich im Mittelpunkt (was nicht heißt, dass sie in den anderen Fällen gar nicht genannt werden). In den anderen Sendungen ist es eher umgekehrt: BBC EXKLUSIV fokussiert in 54% der Sendungsteile auf Ergebnisse und in 36% auf Prozesse, QUARKS & CO konzentriert sich in 47% (56%) der Beiträge auf Ergebnisse und in 40% (34%) auf Prozesse. In den restlichen Teilen bzw. Beiträgen ist kein eindeutiger Schwerpunkt erkennbar.

Der Bezug zum täglichen Leben ist bei QUARKS & CO am deutlichsten zu finden: Insgesamt 17 mal ist Relevanz für das alltägliche Leben gegeben bzw. werden wissenschaftliche Erkenntnisse durch Bezugnahme darauf relevant gemacht. Bei BBC EXKLUSIV ist das nur dreimal, bei ABENTEUER WISSEN zweimal der Fall. Der vergleichsweise hohe Wert bei QUARKS & CO kommt natürlich auch dadurch zustande, dass die Themen der Sendungen häufig recht alltagsnah sind.

Die gleiche Reihenfolge der Sendungen ergibt sich bei der Frage, wie oft auf konkrete Anwendungsmöglichkeiten wissenschaftlicher Erkenntnisse Bezug genommen wird und wie oft mögliche Folgen dieser Anwendung dargestellt werden; allerdings sind die Unterschiede weniger ausgeprägt.

Die Gegenüberstellung unterschiedlicher Meinungen in der Wissenschaft findet sich dagegen bei BBC EXKLUSIV am häufigsten, insgesamt achtmal auf zwei Sendungen verteilt. Bei QUARKS & CO werden Meinungsverschiedenheiten unter Wissenschaftlern in drei Beiträgen angesprochen, in ABENTEUER WISSEN waren gar keine zu finden.

4.2.13 Vergleich Magazin und Dokumentation

Bei der Inhaltsanalyse hat sich gezeigt, dass es wesentliche gestalterische Unterschiede zwischen Magazin und Dokumentation gibt. Dazu gehören die deutlich anderen Strukturierungstechniken der Dokumentation, vor allem die besondere Rolle und höhere Komplexität von Exposition und Schluss sowie die damit zusammenhängende abweichende Bild- und Tongestaltung, die sich an Auffälligkeiten in Kameraarbeit und Schnitt zeigt. Ein weiterer wichtiger Aspekt ist die unterschiedliche Art und Weise der Personalisierung: Die Dokumentation arbeitet viel mit Fallbeispielen und Original-Tönen; die Magazine haben im Gegensatz dazu den Moderator als Identifikationsfigur. Dadurch ergeben sich unterschiedliche Möglichkeiten der Zuschaueransprache und eine andere Distanz bzw. Nähe zum Publikum. Auch im Verhältnis zu den wissenschaftlichen Inhalten unterscheiden sich die Formate: Die Dokumentation BBC EXKLUSIV stellt ihren wissenschaftlichen Anspruch deutlich heraus, das Magazin QUARKS & CO bemüht sich im Gegensatz dazu, möglichst alltagsnah zu sein und zeigt außerdem die größte Vielfalt an Vermittlungsformen wie Spielszenen, fiktionaler Aufbereitung oder Trickfilm. Festzustellen ist schließlich, dass QUARKS & CO viel erklärt, ABENTEUER WISSEN dagegen hauptsächlich erzählt und BBC EXKLUSIV mit seiner Vermittlungsform dazwischen liegt.

4.3 Ergebnisse der Rezeptionsdaten-Auswertung

4.3.1 Darstellung der Ergebnisse

Bevor die Struktur des Publikums der einzelnen Sendungen untersucht wird, soll zunächst ein kurzer Blick auf die Zusammensetzung des Durchschnittspublikums der Sender und ihrer Programme insgesamt geworfen werden, um anschließend Vergleiche ziehen zu können.[33]

Die Zuschauer des ZDF-Programms stammen überdurchschnittlich häufig aus traditionellen Milieus, in den höheren Einkommens- und Bildungsschichten aber auch aus den (modernen) gesellschaftlichen Leitmilieus. Der Sender VOX wird relativ oft von modern orientierten Zuschauern genutzt, besonders von Experimentalisten und modernen Performern; von traditionellen Milieus, besonders den Konservativen, wird er dagegen eher abgelehnt. Die Zuschauerstruktur des WDR Fernsehens ähnelt der des ZDF, der Schwerpunkt auf den traditionellen Milieus ist aber noch etwas ausgeprägter.

Die Sendereihe ABENTEUER WISSEN ist von den drei untersuchten Sendungen das Programm mit dem höchsten Marktanteil. Der hohe Wert kommt vermutlich dadurch zustande, dass das ZDF mehr Stammzuschauer hat als die anderen Sender. Der Marktanteil der Sendung ABENTEUER WISSEN liegt allerdings um 3,2% unter dem Durchschnitt des Senders, was wohl damit zusammenhängt, dass es sich beim ZDF grundsätzlich um einen Massenprogrammanbieter handelt und vielen Zuschauern eine solche Sendung zu speziell ist, so

[33] zu den folgenden Ausführungen s. Tabellen und Abbildungen auf S. 241ff

dass sie auf ein anderes Programm ausweichen. BBC EXKLUSIV und QUARKS & CO dagegen haben einen geringfügig höheren Marktanteil als die jeweiligen Sender VOX und WDR im Durchschnitt. Das könnte einerseits daran liegen, dass es sich um Sender handelt, die vor allem von einer bestimmten, speziell interessierten Personengruppe angesehen werden; andererseits ist zu vermuten, dass die Sendungen von vielen Zuschauern gezielt eingeschaltet werden (vor allem BBC EXKLUSIV auf VOX).

Interessant für diese Untersuchung ist vor allem der Vergleich der Zusammensetzung des Publikums einer der drei Sendungen mit dem Durchschnittspublikum des jeweiligen Senders. Hierbei zeigt sich, dass ABENTEUER WISSEN im Vergleich zum durchschnittlichen ZDF-Programm vor allem die höheren sozialen Schichten anspricht, und zwar von traditionell bis neuorientiert: Bei den Konservativen wie den modernen Performern ergeben sich Unterschiede von über +14%, bei den Postmateriellen sind es sogar +17,6%. Das relevante Kriterium ist angesichts der Inhalte vermutlich vor allem der Bildungsstand. Auf die relativ gesehen geringste Zustimmung stößt ABENTEUER WISSEN bei den DDR-Nostalgischen und den Traditionsverwurzelten (jeweils über 17% weniger als im Durchschnittspublikum). Insgesamt ist das Zuschauerprofil von ABENTEUER WISSEN also im Vergleich zum ZDF-Gesamtprogramm in Richtung höherer Schichten und auch etwas in Richtung modernerer Zuschauer verschoben.

Die Sendereihe BBC EXKLUSIV verzeichnet in den meisten Milieus einen leicht oder deutlich höheren Anteil an der Zuschauerschaft im Vergleich zum durchschnittlichen VOX-Publikum - außer in der bürgerlichen Mitte und in den hedonistischen Milieus. Am deutlichsten ist der Unterschied bei den Postmateriellen mit +58,1% und bei den DDR-Nostalgischen mit +23,6%. Der Grund dafür ist nicht so offensichtlich. Der höhere Anteil in den gesellschaftlichen Leitmilieus ist wahrscheinlich – ähnlich wie bei ABENTEUER WISSEN – durch die wissenschaftlichen Inhalte und die dafür erforderliche Vorbildung gegeben; die Zunahme in den traditionellen Milieus könnte damit zusammenhängen, dass die BBC EXKLUSIV-Dokumentationen im Vergleich zum sonstigen modern orientierten VOX-Programm eher traditionell wirken (ob sie es sind, ist eine andere Frage), zumal sie bei den extrem modern orientierten Experimentalisten relativ gesehen am schlechtesten ankommen. Insgesamt ist das Profil im Vergleich zum Programmdurchschnitt hin zu höheren sozialen Schichten und teilweise zu traditionelleren Orientierungen verschoben.

QUARKS & CO dagegen wirkt offenbar erheblich moderner als das WDR Fernsehen im Durchschnitt und zeigt dabei die deutlichsten Unterschiede aller hier untersuchten Sendereihen. So verläuft eine auffällig scharfe Trennlinie zwischen den gesellschaftlichen Leitmilieus sowie den hedonistischen Milieus auf der einen und den traditionellen sowie den Mainstream-Milieus auf der anderen Seite. Während die ersten beiden Gruppen die Sendung QUARKS & CO vergleichsweise sehr viel zahlreicher als den Rest des WDR-Programms sehen (Postmaterielle +32,8%), ist der Zuschaueranteil vor allem bei den Konsum-Materialisten (-31,5%) und in der bürgerlichen Mitte (-29,9%) erheblich geringer als im durchschnittlichen WDR-Publikum.

Die Tatsache, dass die Wissenschaftssendung QUARKS & CO auch von den eher gering gebildeten Hedonisten um +16,9% mehr, von den Etablierten dagegen nur geringfügig mehr und von den Konservativen sogar um 16,5% weniger konsumiert wird als der Durchschnitt des Programms, kann als Indiz dafür gesehen werden, dass der Bildungsstand hier - im Gegensatz zu den beiden anderen Sendereihen - offenbar eine geringere Rolle spielt. Das hieße, dass es QUARKS & CO, wie in der Selbstdarstellung betont, tatsächlich gelingt, Wissenschaft besonders allgemeinverständlich zu vermitteln. Das Zuschauerprofil ist also vor allem in Richtung moderner Orientierung und nur wenig in Richtung höherer Schichten verschoben. Entscheidendes Kriterium ist wohl die relativ moderne und auffällige Art der Präsentation, die man entweder mag oder nicht (deshalb die scharfe Trennlinie), während sich die anderen beiden Sendereihen mit ihrer Gestaltung offenbar weniger von der allgemeinen Anmutung des jeweiligen Fernsehprogramms abheben.

4.3.2 Vergleich Magazin und Dokumentation

Auffällig ist, dass alle drei Sendereihen von der bürgerlichen Mitte, die immerhin 16% der deutschen Bevölkerung repräsentiert, deutlich weniger und von den drei gesellschaftlichen Leitmilieus, vor allem den Postmateriellen, mehr angesehen werden als der jeweilige Sender im Durchschnitt. Das hängt wohl hauptsächlich mit den im Vergleich zum sonstigen Programm anspruchsvollen wissenschaftlichen Inhalten zusammen, aber sicher auch mit den Genres der Sendungen.

Den Analyseergebnissen zufolge sprechen Magazine, die wie QUARKS & CO eher kleinteilig und schnell sind, vor allem modern orientierte Zuschauer an, während traditionell orientierte eher dem langsamer wirkenden Dokumentationsformat etwas abgewinnen können. So gesehen spricht das Magazin A-

BENTEUER WISSEN einerseits wegen seines Magazincharakters die Experimentalisten an, andererseits ist es wegen seines dokumentarischen Charakters aber auch bei den Konservativen beliebt.

Auf Basis nur dreier Sendereihen sind diese Erkenntnisse freilich noch nicht aussagekräftig und zuverlässig, sie wären durch Untersuchung einer größeren Zahl von Sendungen zu präzisieren.

5. Diskussion

5.1 Magazin und Dokumentation: Zwei verschiedene Welten?

Die vorliegende Untersuchung zeigt, dass zwischen Magazin und Dokumentation und deren Gestaltung in der Tat deutliche Unterschiede bestehen, die sich darauf auswirken, wie wissenschaftliche Inhalte vermittelt werden. Gegenüber dem Magazin mit seinen Einzelbeiträgen zeichnet sich die Dokumentation durch andere Verfahren der Strukturierung aus. Die Einteilung in Exposition, Hauptteil und Schluss ist sehr wichtig, und die Exposition wird durch den unmittelbaren Einstieg in Fallbeispiele und Original-Töne schnell konkret. Außerdem sind zu Beginn bereits Bilder zu sehen, die im weiteren Verlauf der Sendung wiederholt auftauchen - was auch im Magazin ABENTEUER WISSEN der Fall ist. Wiederkehrende Bilder werden von der Dokumentation in der gesamten Sendung zur Strukturierung genutzt. Auch die Zusammenfassung ist in der Dokumentation sehr ausführlich und beinhaltet Fazit und Ausblick; dem steht in den Magazinen ein eher abrupter Schluss nach dem Motto „Das war's" gegenüber. Parallele Handlungen sind im Magazin konzeptionsbedingt die Ausnahme, in der Dokumentation wären sie dagegen möglich und werden zumindest bedingt genutzt, indem sich Fallbeispiele oft parallel durch die Sendung ziehen und Exkurse unternommen werden.

Dem komplexen Handlungsgeflecht der Dokumentation steht die relative Unabhängigkeit und Verschiedenheit der Sendungsteile im Magazin gegenüber; sie zeigt sich besonders in QUARKS & CO, das einen Themenüberblick einsetzt, um dem Zuschauer Orientierung in der Kleinteiligkeit zu ermöglichen. Komplex verflochten sind die Magazine dagegen mit dem restlichen Fernsehprogramm: Verweise im Abspann sowie in der Sendung ermöglichen die Einbindung in die übergeordnete Struktur als Teil eines Ganzen; die Dokumentation dagegen hat Einzelwerk-Charakter.

Dramaturgische Mittel, vor allem des Spannungsaufbaus, werden besonders in der Dokumentation und im dokumentarisch geprägten ABENTEUER WISSEN eingesetzt. Eingestreute Fragen strukturieren, Vorenthalten der Antwort sorgt für Spannung, und auch Action-Elemente sind häufiger anzutreffen. Die Dokumentation verfügt über aufwändigere Bild-Nachbearbeitung, mehr Auffälligkeiten im Schnitt - z.B. Parallelmontage oder Jumpcuts - sowie viele abstrakte und symbolische Bilder, was wohl mit der anderen Produktions-Art zusammenhängt. Die Magazine verwenden dagegen öfter Übergangseffekte. In der Bildgestaltung von ABENTEUER WISSEN zeigt sich deutlich, dass man sich an Dokumentationen orientiert: Dort und in den BBC EXKLUSIV-Dokumentationen kommt „Filmlook", z.B. in Form von Low-Key-Aufnahmen oder Tiefenunschärfe zum Einsatz. Auch in der Strukturierung zeigt sich diese Tendenz: In der ersten ABENTEUER WISSEN-Sendung führt der zweite Beitrag die drei Handlungsstränge des ersten weiter, was für ein Magazin eigentlich unüblich ist; die fünfte Sendung ist faktisch eine Dokumentation.

Im dokumentarischen BBC EXKLUSIV ist die Tonebene deutlich von Musik geprägt, während im Magazin QUARKS & CO tendenziell mehr Originalgeräusche vorkommen, ABENTEUER WISSEN steht in der Mitte und setzt häufig beides ein.

Im Magazin sind vergleichsweise viele Elemente im Interesse der Wiedererkennbarkeit standardisiert, in der Dokumentation ist das deutlich weniger der Fall; allerdings lässt sich feststellen, dass in BBC EXKLUSIV und ABENTEUER WISSEN ein gewisser Wiedererkennungswert durch den bzw. die gleichen Off-Sprecher gegeben ist.

Sehr deutlich unterscheidet sich die Art der Personalisierung. Während die Dokumentation vor allem mit Fallbeispielen und Original-Tönen arbeitet und trotz eines einzigen Themas erstaunlich viele Personen auftreten lässt, dient den Magazinen der Moderator als zentrale Identifikationsfigur. Er bietet ganz andere Möglichkeiten der Zuschaueransprache, wie etwa des Einschmeichelns zu Beginn der Sendung. Persönlich und direkt angesprochen wird das Publikum besonders in QUARKS & CO: Der Moderator baut durch häufige Verwendung von „ich" und „Sie" eine Beziehung zum Zuschauer auf, er kommt quasi als persönlicher Gesprächspartner zu ihm nach Hause und fordert ihn auf, mitzumachen. ABENTEUER WISSEN mit seiner klassischen Magazin-Moderation und BBC EXKLUSIV lassen dagegen eine gewisse Distanz zum Publikum und beziehen es eher vorsichtig mit „Wir" ein.

Der Wissenschaftsbezug ist in den BBC EXKLUSIV-Dokumentationen am ausgeprägtesten. Sie nennen viele Wissenschaftsdisziplinen und stellen auch Dissens unter Wissenschaftlern dar. Von ihrer Machart her ähneln sie einer wissenschaftlichen Abhandlung mit Einführung, Erklärungen und Resümee; die vielen Original-Töne können als Zitate angesehen werden, die neben ihrer emotionalen Qualität auch die Authentizität und Glaubwürdigkeit steigern sowie den wissenschaftlichen Anspruch unterstreichen. Der Text ist in diesem Fall der entscheidende Bedeutungsträger, die Bilder haben trotz oder gerade wegen ihrer aufwändigen und auffälligen Gestaltung oft eher ausschmückenden bzw. bekräftigenden Charakter. Im Magazin QUARKS & CO steht klar der Alltagsbezug im Vordergrund: Mit vielen Analogien und Bezügen auf praktische Anwendung und tägliches Leben soll weniger ein hoher wissenschaftlicher Anspruch erfüllt, als vielmehr der Zuschauer auf seinem Wissensstand „abgeholt" und behutsam ein Stück vorangebracht werden.

Bedingt durch die Kleinteiligkeit des Magazins können in einer Sendung verschiedene Vermittlungs- und Gestaltungsformen zum Einsatz kommen. Die größte Vielfalt zeigt QUARKS & CO, dort kommen neben realistischen Berichten und Reportagen auch fiktionale und spielerische Aufbereitungen sowie Gestaltungsmittel wie subjektive Kamera oder Trickfilm vor.

Neben den angesprochenen Unterschieden zwischen Magazin und Dokumentation gehen aber auch die beiden untersuchten Magazinformate verschiedene Wege bei der Darstellung der Inhalte. Während QUARKS & CO wissenschaftliche Ergebnisse ausführlich erklärt und dabei Visualisierungen, Anschauungsobjekte und eigene Experimente sowie bildliche Steuerungscodes und Bezugnahmen auf das Bild nutzt, schildert ABENTEUER WISSEN eher Prozesse auf erzählende Art und Weise. Das Dokumentationsformat BBC EXKLUSIV liegt mit seiner Mischung aus Erzählen und Erklären in dieser Hinsicht zwischen den beiden Magazinformaten.

Die festgestellten Unterschiede und Eigenarten der Sendungen decken sich größtenteils mit den Selbstdarstellungen der Sendereihen; allerdings muss angemerkt werden, dass ein Großteil der dort versprochenen Eigenschaften sehr allgemein und unverbindlich formuliert und damit nur schwer objektiv überprüfbar ist (z.B. die Eigenschaft „interessant").

QUARKS & CO löst mit seiner Vielfalt an Darstellungsformen das Versprechen einer „Fülle von Facetten" ein und fährt wirklich alles auf, was das Fernsehen zu bieten hat und die beiden anderen Formate in dieser Vollständigkeit nicht bieten. Das besondere Augenmerk, das die Macher auf die Verständlichkeit und unkomplizierte Vermittlung richten wollen, findet sich in der Art und Weise wieder, in der die Sendung die Sachverhalte erklärt.

Die in den ABENTEUER WISSEN-Selbstdarstellungen durchscheinende abenteuerlich-detektivische Grundstimmung ist in den Sendungen tatsächlich erkennbar. Auch in den Texten der Sendung kommen Kriminal- und Detektiv-Begriffe wie fahnden, ermitteln, Spur etc. vor, und die Vermittlung der Inhalte erfolgt wie angekündigt vor allem anhand konkreter Fälle. Für den detektivischen und kriminalistischen Charakter spricht auch, dass Rechtswissenschaft als Themenbereich im Vergleich zu den anderen Sendungen eine größere Rolle spielt.

Der „populärwissenschaftliche" Anspruch der Sendereihe BBC EXKLUSIV zeigt sich in den konkreten Sendungen an der Mischung aus populärem Erzählen und wissenschaftlichem Erklären. Die in Ankündigungen und im Vorspann versprochene Augenzeugenschaft und genaue Betrachtung der Sachverhalte ist durch die außergewöhnlichen, auffälligen Bilder und durch detaillierte Erklärungen gut gegeben.

5.2 Die Situation der Fernsehforschung

Die Fernsehforschung ist in einer besonderen Situation, die sie vor zahlreiche Probleme stellt. Sie ist wegen ihres interdisziplinären Charakters gewissermaßen nirgends zu Hause und berührt zahlreiche wissenschaftliche Disziplinen, was dazu führt, dass sie mit widersprüchlichen Erkenntnissen aus diesen Gebieten konfrontiert ist. Dazu kommt, dass sie es mit einem theoretisch endlosen Untersuchungsgegenstand, nämlich dem Fernsehprogramm und seinen komplexen Verflechtungen der Sendungen untereinander zu tun hat. Das bringt große Materialmengen mit sich, die entweder nur quantitativ zu untersuchen oder erst durch Auswahl zu reduzieren sind.

Fernsehforschung steht im Konflikt zwischen Theorie und Empirie. Sie muss theoretisch fundiert arbeiten, um die Komplexität der beteiligten Akteure und Prozesse angemessen zu berücksichtigen, sie muss aber gleichzeitig empirisch arbeiten, um zu realistischen Ergebnissen zu kommen (vgl. MEUTSCH / ECKGOLD / SINOFZIK 1990, S. 150). Die Verbindung beider Bereiche stellt ein wesentliches Problem in allen empirischen Wissenschaften dar (vgl. SCHMITT 1990, S. 219).

Einige Autoren beklagen den unbefriedigenden Forschungsstand und führen ihn darauf zurück, dass die durchgeführten Experimente nicht komplex genug angelegt sind. So wird vor allem der Text untersucht und nach wie vor mit Stimulus-Response-Modellen gearbeitet, weil es sehr schwer ist, die theoretisch anerkannte hohe Komplexität in einem empirischen Untersuchungsdesign angemessen abzubilden (vgl. BALLSTAEDT 1990, S. 29f; SALOMON 1990, S. 185). Es wird aber auch anerkannt, dass die vollständige Abbildung der Realität nicht erreichbar und womöglich gar nicht erstrebenswert ist, denn bedeutende Fortschritte entstehen oft gerade durch einfache Annahmen (vgl. SCHMITT 1990, S. 120).

Das führt dazu, dass es in der Fernsehforschung viele unterschiedliche Theorien, Modelle und empirische Untersuchungsergebnisse gibt, die sich teilweise widersprechen; die Verknüpfungen zwischen den Teilbereichen fehlen, und es gibt kaum unumstrittene Aussagen. Für konkrete Forschungsvorhaben stehen Modelle aus verschiedenen Wissenschaftsbereichen wie Filmwissenschaft, kognitiver Psychologie, Semiotik oder Linguistik zur Auswahl.

Die Verknüpfung der Forschung mit der Fernsehpraxis wird als schwierig bezeichnet: Zusammenarbeit zwischen Wissenschaftlern und Praktikern findet selten statt, es gibt aber auch Ausnahmen (z.B. AUGST / SIMON / WEGNER 1985). Medienwissenschaftliche Forschungsaktivitäten nehmen häufig keinen Bezug auf Probleme der Medienpraxis und bleiben in der Praxis oft ohne Auswirkungen.

Wissenschaftssendungen sind nicht nur im Journalismus, sondern auch in der Fernsehforschung eher eine Randerscheinung. Die Verständlichkeitsforschung befasst sich in erster Linie mit Nachrichtensendungen. Einige der dort gewonnenen Erkenntnisse lassen sich zwar auf Wissenschaftssendungen übertragen, ihren Besonderheiten kann man damit aber nicht gerecht werden.

Im Bereich der Erforschung von Wissenschaftssendungen gibt es bisher wenige Untersuchungen, die sich mit der Verständlichkeit einzelner Sendungen und dem daraus folgenden Lernerfolg beim Rezipienten sowie verschiedenen Möglichkeiten zu deren Optimierung beschäftigen (z.B. AUGST/SIMON/WEGNER 1982, 1985; DIEDERICHS 1994; TÜRER 1989).

Außerdem existieren einige Studien zu Menge und Themenschwerpunkten der Wissenschaftsberichterstattung im Fernsehen, teilweise auch im internationalen Vergleich (z.B. SCHOLZ/GÖPFERT 1997, GÖPFERT 1996, FLOTO 2003), zur Akzeptanz bestimmter Darstellungsformen bei verschiedenen Rezipienten (WACHAU 1999) und zu Sichtweisen und Voraussetzungen auf Seiten der Sendungsmacher (HÖMBERG 1990, FREUND 1990).

5.3 Resümee und Ausblick

Mediale Wirkungen sind komplexe Vorgänge, bei denen viele verschiedene Faktoren interagieren. Gerade im Fernsehen, das erstens zwei Medien, nämlich Bild und Ton, gleichzeitig anbietet, in dem zweitens die einzelne Sendung in das Geflecht des Programms mit seinen Schnittstellen und Querverweisen eingebunden ist und das sich drittens als paralleler Fluss vieler solcher Programme dem Zuschauer darbietet, ist diese Komplexität besonders hoch. Im sehr begrenzten Rahmen einer Magisterarbeit (und auch im Rahmen umfangreicherer Arbeiten) ist es deshalb nur schwer möglich, die vielfältigen Faktoren und deren Zusammenspiel angemessen zu berücksichtigen.

Ein grundsätzliches Problem, das sich in dieser Untersuchung ergab, war die Frage, inwieweit Dokumentations- und Magazin-Sendungen überhaupt miteinander verglichen werden können. Vor allem zur Erfassung quantitativer Größen sind die dafür nötigen Analyseeinheiten und deren Umfang ein Problem. Die hier praktizierte Einteilung der Dokumentationen und der langen Magazinbeiträge in mehrere Teile nach inhaltlichen Gesichtspunkten hat sich als problematisch erwiesen - besonders wenn es um die Ausprägung bestimmter Variablen pro Analyseeinheit ging. Anzahl und Länge der einzelnen Analyseeinheiten unterscheiden sich deutlich voneinander, sowohl innerhalb einer Sendung, als auch im Vergleich zwischen den Sendereihen. So war eine Analyseeinheit bei BBC EXKLUSIV durchschnittlich 260 Sekunden lang, bei QUARKS & CO 299 und bei ABENTEUER WISSEN 408. Die kürzeste Analyseeinheit aller 15 untersuchten Sendungen war 24 Sekunden lang (Schluss der zweiten BBC EXKLUSIV-Sendung), die längste dagegen 476 Sekunden (dritter Beitrag der dritten ABENTEUER WISSEN-Sendung). Durch die gleiche Gewichtung aller Analyseeinheiten kann es zu systematischen Verzerrungen kommen. Die Gewichtung nach Länge hätte das Problem nur verlagert. Ein anderer Weg wäre die vom Inhalt unabhängige Einteilung aller Sendungen, gleich ob Magazin oder Dokumentation, in Analyseeinheiten mit fester Länge gewesen. Diese Lösung wäre zwar objektiv durchführbar gewesen, hätte aber zur Folge gehabt, dass die inhaltliche Struktur nicht wiedergegeben worden wäre, also eine Analyseeinheit möglicherweise Teile verschiedener Inhaltsaspekte umfasst hätte und bei Magazinen die Übergänge zwischen Moderationen und Beiträgen höchstens zufällig mit den Grenzen der Analyseeinheiten zusammengefallen wären.

Für zukünftige Untersuchungen muss also nach einem Kompromiss gesucht werden, der zu etwa gleich großen Analyseeinheiten führt, gleichzeitig aber Magazin und Dokumentation in ihren konzeptionellen Eigenarten gerecht wird.

Die geringe Stichprobengröße von drei Sendereihen mit je fünf Sendungen erhebt natürlich keinen Anspruch auf Repräsentativität. Das Ergebnis kann von zahlreichen Faktoren beeinflusst werden, dazu gehören neben den tatsächlichen Unterschieden zwischen Magazin und Dokumentation auch die Themenzusammensetzung und die Intentionen der Produzenten, unabhängig von der Formatentscheidung. Dazu kommt, dass viele der verwendeten Analysekriterien eher subjektiv sind.

In Anbetracht solcher komplexen Zusammenhänge und der geringen Fallzahl kann also nicht erwartet werden, Zusammenhänge zwischen dem Faktor Format und bestimmten Eigenarten der Sendungen eindeutig herauszufinden, was ja auch nicht der eigentliche Sinn einer explorativen Arbeit wie der vorliegenden ist; aber es konnten einige Tendenzen ausgemacht werden, die in folgenden Untersuchungen gezielt weiter zu betrachten wären.

Für eine solche größer angelegte, repräsentative Studie wäre es einerseits nötig, sich gezielt auf eine deutlich geringere Zahl von Kriterien zu beschränken und diese in Form eines Codebuchs genau nachvollziehbar und damit intersubjektiv erfassbar festzulegen.

Außerdem wäre die Zahl der untersuchten Sendereihen erheblich - wenn nicht sogar bis zur Vollerhebung - zu erhöhen und auch die Stichproben der je Sendereihe untersuchten Sendungen auszuweiten, sofern hauptsächlich mit quantitativen Methoden gearbeitet werden soll.

6. Fazit und Zusammenfassung

Die Analyse dreier Sendereihen hat exemplarisch gezeigt, welche unterschiedlichen Möglichkeiten es gibt, Wissenschaft im Fernsehen zu vermitteln: QUARKS & CO als Beispiel für ein Wissenschaftsmagazin mit klassischer naturwissenschaftlicher Ausrichtung und großer Formenvielfalt, das vor allem das persönliche und allgemeinverständliche Erklären von Wissenschaft in den Mittelpunkt stellt und besonders bei modern orientierten Zuschauern beliebt ist; ABENTEUER WISSEN, das im Gegensatz dazu spannende Geschichten aus Technik und Umwelt erzählt und die dahinterliegenden Zusammenhänge aufdeckt, was bei höher gebildeten Zuschauern besonders gut ankommt; und schließlich das Dokumentationsformat BBC EXKLUSIV, das über Natur und Sozialwissenschaften mit hohem wissenschaftlichen Anspruch berichtet, aber gleichzeitig auch durch gelungene dramaturgische Gestaltung der Bilder und den sich daraus ergebenden Unterhaltungswert breite Publikumsschichten anzusprechen vermag.

Beide Sendungstypen, Magazin wie Dokumentation, haben ihre Vor- und Nachteile. Dokumentationen bieten die Möglichkeit, eingehend, ausführlich und umfassend sowie durch Nutzung von Mitteln der Dramaturgie auch unterhaltsam über ein einzelnes Thema zu informieren. Magazine können mittels ihrer Moderationen einerseits durch persönliche Ansprache emotional motivieren und andererseits, wenn sie live sind, sehr aktuell sein, was in aufwändig vorproduzierten Dokumentationen so nicht möglich ist. Die Unterteilung der Magazine in mehrere Beiträge bietet die Flexibilität, jeden Teil anders zu gestalten; das hat den Vorteil, dass immer wieder neuartige Reize möglich sind, die Motivation und Aufmerksamkeit erhöhen. Andererseits birgt die kleinteilige Struktur der Magazine die Gefahr, dass die einzelnen Inhalte zerfallen und die Gesamtzusammenhänge nicht mehr deutlich sichtbar werden, was im schlimmsten Fall zu Beliebigkeit und Eklektizismus führt. Entscheidend ist deshalb, dass noch ein roter Faden erkennbar bleibt, der die Teile trotz ihrer Vielfalt als Ganzes zusammenhält. Das Dokumentationsformat macht es den Produzenten in dieser Hinsicht leichter, da der Fluss der Informationsvermittlung durch nichts unterbrochen wird.

Bei der Betrachtung der vorliegenden Sendungen zeigt sich insgesamt, dass die Qualität, was die jeweils intendierte Art der Vermittlung betrifft, hoch ist. Allen Warnungen vor Kulturverlust und totaler Trivialisierung des Fernsehens zum Trotz gibt es nach wie vor sehr gute Sendungen, die informativ sind und die Möglichkeiten der modernen Technik auf ihre Weise nutzen, um wissenschaftliche Inhalte möglichst wirkungsvoll zu vermitteln. Sie sind unterhaltsam und man lernt etwas dabei. Allerdings muss man solche Sendungen suchen. Bezüglich des Stellenwertes von Wissenschafts-Inhalten bei den Verantwortlichen in den Sendeanstalten darf man sich aber nichts vormachen: Diese Sendungen können sich selbst in den öffentlich-rechtlichen Programmen nur so lange behaupten, wie die Quote stimmt; andere Erwägungen wie der Bildungsauftrag spielen offenbar eine untergeordnete Rolle, was unter anderem die Einstellung des Gesundheitsmagazins „Praxis" durch das ZDF im Herbst 2004 wegen zu schlechter Quote gezeigt hat.

Diese traditionsreiche Sendung[1] ist Opfer der veränderten Sehgewohnheiten und des Trends zum Eklektizismus geworden, was das ZDF auch offen zugibt: „In einer veränderten Fernsehlandschaft mit heute 40 empfangbaren Kanälen im Durchschnittshaushalt zeigt sich, dass ein nur auf eine bestimmte Sparte bezogenes Angebot von den Zuschauern eines TV-Hauptprogramms nicht mehr so wahrgenommen wird wie in den Gründerjahren. Vor diesem Hintergrund hat das ZDF sich entschlossen, Gesundheitsthemen in einer Form anzubieten, die stärker auf die veränderten Sehgewohnheiten eingeht." (ZDF 2004) Medizinthemen soll es im ZDF weiterhin geben, auf andere Magazine verteilt - unter anderem in der Sendung ABENTEUER WISSEN.

Dazu ist festzustellen, dass die Sehgewohnheiten der Zuschauer auch davon abhängen, was sie geboten bekommen. Insofern bleibt zu hoffen, dass nicht alle dieser anspruchsvollen Sendungen dem leider oft destruktiven Einfluss des angeblichen Publikumsgeschmacks geopfert werden und dass sich letzten Endes Qualität durchsetzt.

---

[1] s. Abschnitt 1.2 Entwicklung der Wissenschafts-Sendungen des Fernsehens (S. 14)

7. ANHANG

7.1 Literaturverzeichnis

VAN APPELDORN, Werner (1970): Der dokumentarische Film. Bonn: Dümmler Verlag

VAN APPELDORN, Werner (2002): Handbuch der Film- und Fernsehproduktion. Psychologie - Gestaltung - Technik. München: TR-Verl. Union

VAN APPELDORN, Werner (1990): Filmische Gestaltungsregeln und ihre Bedeutung für die Kommunikation, in: MEUTSCH, Dietrich; FREUND, Bärbel (Hrsg.): Fernsehjournalismus und die Wissenschaften. Opladen, S. 15-28

ARNHEIM, R. (1972): Anschauliches Denken. Zur Einheit von Bild und Begriff. Köln: DuMont.

AUGST, Gerhard; SIMON, Hartmut; WEGNER, Immo (1982): Die Verständlichkeit von Fernsehtexten. Strukturelle und empirische Untersuchungen zur Wissenschaftssendung „Der Jupiter-Effekt". Siegen

AUGST, Gerhard; SIMON, Hartmut; WEGNER, Immo (1985): Wissenschaft im Fernsehen - verständlich? Produktion und Rezeption der Wissenschaftssendung „Fortschritt der Technik - Rückschritt der Menschen?" unter dem Blickwinkel der Verständlichkeit. Frankfurt

AUSUBEL, David Paul (1960): The Use of Advance Organizers in the Learning and Retention of Meaningful Verbal Material. In: Journal of Educational Psychology, Ausg. 51. Washington DC: American Psychological Association. S. 267-272

AUSUBEL, David Paul (1980): Psychologie des Unterrichts, 2. Auflage, 2 Bde. (Bd.1: S. 1-459; Bd.2: S. 460-753), Aus dem Amerikanischen übersetzt von Walter Vontin. Weinheim, Basel: Beltz

BALLSTAEDT, Steffen-Peter (1987): Integrative Verarbeitung bei audiovisuellen Medien. Forschungsbericht Nr. 46, hrsg. vom Deutschen Institut für Fernstudien. Tübingen.

Ballstaedt, Steffen-Peter (1988): Wenn Hören und Sehen vergeht: Grenzen der audiovisuellen Integration. Forschungsbericht Nr. 52, hrsg. vom Deutschen Institut für Fernstudien. Tübingen.

Ballstaedt, Steffen-Peter (1990): Wenn Hören und Sehen vergeht: Grenzen der audiovisuellen Integration, in: **Meutsch**, Dietrich; **Freund**, Bärbel (Hrsg.): Fernsehjournalismus und die Wissenschaften. Opladen 1990, S. 29-46

Ballstaedt, Steffen-Peter; **Mandl**, Heinz; **Schnotz**, Wolfgang; **Tergan**, Sigmar-Olaf (1981): Texte verstehen, Texte gestalten. München, Wien, Baltimore: Urban & Schwarzenberg

Ballstaedt, Steffen-Peter; **Molitor**, Sylvie; **Mandl**, Heinz (1987): Wissen aus Text und Bild. Forschungsbericht Nr. 40, hrsg. vom Deutschen Institut für Fernstudien. Tübingen.

Bamberger, Richard; **Vanecek**, Erich (1984): Lesen - Verstehen - Lernen - Schreiben: Die Schwierigkeitsstufen von Texten in deutscher Sprache. Wien.

Bergmann, Erhard (1969): Schulfernsehen. Zur Entwicklung, Didaktik und Praxis. Frankfurt/Main: Diesterweg

Berlyne, Daniel Ellis (1974): Konflikt, Erregung, Neugier. Stuttgart: Ernst Klett Verlag

Bleicher, Joan Kristin (1999): Fernsehen als Mythos - Poetik eines narrativen Erkenntnissystems, Opladen/Wiesbaden: Westdt. Verlag

Blumler, Jay G.; **Katz**, Elihu (Hrsg.) (1974): The uses of mass communications: current perspectives on gratifications research, Volume III. London, Beverly Hills, Calif.: Sage Publ.

Bock, Michael (1980): Kognitive und psychobiologische Aspekte der Überraschung. In: Psychologische Rundschau, offizielles Organ der Deutschen Gesellschaft für Psychologie (DGPs), zugleich Informationsorgan des Berufsverbandes Deutscher Psychologinnen und Psychologen (BDP) Ausg. 31, Göttingen, Bern: Hogrefe. S. 248-260

Bock, Michael (1990): Medienwirkungen aus psychologischer Sicht: Aufmerksamkeit und Interesse, Verstehen und Behalten, Emotionen und Einstellungen, in: **Meutsch**, Dietrich; **Freund**, Bärbel (Hrsg.): Fernsehjournalismus und die Wissenschaften. Opladen, S. 58-88

BOMMERT, Hanko; **WEICH**, Karl W.; **DIRKSMEIER**, Christel (1995): Rezipientenpersönlichkeit und Medienwirkung: Der persönlichkeitsorientierte Ansatz der Medienwirkungsforschung. Münster, Hamburg: Lit.

BRUNS, Thomas; **MARCINKOWSKI**, Frank (1997): Politische Information im Fernsehen. Eine Längsschnittstudie zur Veränderung der Politikvermittlung in Nachrichten und politischen Informationssendungen. Opladen: Leske + Budrich.

BUBLATH, Joachim (1983): Naturwissenschaften in den Medien. In: ZDF, Hauptabteilung Information und Presse (Hrsg.): ZDF-Jahrbuch 1983. Mainz 1984, S. 68-71

CHATMAN, Seymour (1978): Story and Discourse: Narrative Structure in Fiction and Film. Ithaca u.a.: Cornell Univ. Press

VON CUBE, A. (1984): Wissenschafts-Journalismus. In: **DENNHARDT**, Joachim; **HARTMANN**, D. (Hrsg.): Schöne neue Fernsehwelt. Utopien der Macher. München, S. 154-161

DANN, Hanns-Dietrich (1983): Subjektive Theorien: Irrweg oder Forschungsprogramm? Zwischenbilanz eines kognitiven Konstrukts. In: **MONTADA**, Leo.; **REUSSER**, Kurt; **STEINER**, Gerhard (Hrsg.): Kognition und Handeln. Hans Aebli zum 60. Geburtstag. Stuttgart: Klett-Cotta, S. 77-92

DEHM, Ursula (1984): Fernsehunterhaltung aus der Sicht der Zuschauer. In: Media-Perspektiven 8/1984, S. 630-643.

DIEDERICHS, Heike (1994): Zur Verständlichkeit von Wissenschaftssendungen. Ein Vergleich von Produkt und Rezipientenanalyse an fünf ausgewählten Sendungen. Lumis-Schriften aus dem Institut für empirische Literatur- und Medienforschung der Universität-Gesamthochschule Siegen, Sonderreihe Band V

VAN DIJK, Teun Adrianus (1977): Semantic Macro-Structures and Knowledge Frames in Discourse Comprehension. In: **JUST**, Marcel Adam; **CARPENTER**, Patricia A. (Hrsg.): Cognitive processes in comprehension. Hillsdale, N.J.: Erlbaum

DÖRR, Günter (1997): Fernsehen und Lernen - attraktiv und wirksam? Oldenburg Verlag, München

DORSCH, Petra (1983): Persuasive Kommunikation und Wirkungsforschung. In: **DECKER**, Horst; **DORSCH**, Petra et al. (Hrsg.): Einführung in die Kommunikationswissenschaft: der Prozess der politischen Meinungs- und Willensbildung. Ein Kurs im Medienverbund / Projektgruppe am Institut für Kommunikationswissenschaft der Universität München

FLOTO, Christian (2003): TV-Medizinsendungen und Medizingeschichte – ein Dosis- und Darreichungsproblem auf dem deutschen Fernsehmarkt?, in: Medien & Kommunikationswissenschaft, Themenheft „Gesundheit in den Medien", Nomos Verlagsgesellschaft, Baden-Baden

FREDERIKSEN, C.H. (1977): Structure and process in discourse production and comprehension, In: **JUST**, Marcel Adam; **CARPENTER**, Patricia A. (Hrsg.): Cognitive processes in comprehension. Hillsdale, N.J.: Erlbaum, S. 313-322

FREUND, Bärbel (1990): Verständlichkeit und Attraktivität von Wissenschaftssendungen im Fernsehen: Die subjektiven Theorien der Macher, Siegen

FREUND, Bärbel; **KÖCK**, Wolfram Karl (1994): Wissenschaftsvermittlung durch Fernsehen zwischen Information und Unterhaltung, in: **LUDES**, Peter; **SCHUMACHER**, Heidemarie; **ZIMMERMANN**, Peter (Hrsg.) (1994): Geschichte des Fernsehens in der Bundesrepublik Deutschland, Band 3: Informations- und Dokumentarsendungen. München, S. 175-201

FREUND, Bärbel; **MEUTSCH**, Dietrich (1990): Audiovision: Theorie und Praxis, in: **MEUTSCH**, Dietrich; **FREUND**, Bärbel (Hrsg.): Fernsehjournalismus und die Wissenschaften. Opladen.

GAGE, Nathaniel Lees; **BERLINER**, David C. (1979): Pädagogische Psychologie. Übers. u. hrsg. von Gerhard Bach. Band 1: Lehrmethoden, Bewertung des Lehrerfolges. 2. durchgesehene Auflage. München: Urban & Schwarzenberg

GERBNER, G.; **GROSS**, L. (1976.1): Living with television: The violence profile. Journal of Communication, 26. New York, NY: Oxford Univ. Press, S. 173-199

GERBNER, G.; **GROSS**, L. (1976.2): The scary world of TV's heavy viewer. Psychology Today, 89, New York, NY: Sussex Publ. S. 41-45

GERHARDS, Jürgen (1988): Soziologie der Emotionen. Fragestellungen, Systematik und Perspektiven. Weinheim, München: Juventa-Verl.

Göpfert, Winfried (1986): Fernsehen. In: **Ruß-Mohl**, Stephan (Hrsg.): Wissenschaftsjournalismus – Ein Handbuch für Ausbildung und Praxis, München: List Verlag

Göpfert, Winfried (1990): „Kopfsprünge", die neue Wissenschaftsshow aus Berlin, in: **Meutsch**, Dietrich; **Freund**, Bärbel (Hrsg.) (1990): Fernsehjournalismus und die Wissenschaften. Opladen, S. 124-130

Göpfert, Winfried (1996): Scheduled Science: TV coverage of science, technology, medicine and social science and programming policies in Britain and Germany, in: Public Understanding of Science 5, London, S. 361-374

Göpfert, Winfried; **Kunisch**, Philipp (1999): Wissenschaft per Nachrichtenagentur. Forschungsbericht. Freie Universität Berlin, Internet: http://www.kommwiss.fu-berlin.de/fileadmin/user_upload/wissjour/kuni_fobe.pdf (Stand: 01.10.2004)

Groeben, Norbert (1978): Die Verständlichkeit von Unterrichtstexten. Dimensionen und Kriterien rezeptiver Lernstadien. Münster: Aschendorff

Groeben, Norbert; **Scheele**, Brigitte (1977): Argumente für eine Psychologie des reflexiven Subjekts. Paradimawechsel vom behavioralen zum epistemologischen Menschenbild. Darmstadt: Dr. Dietrich Steinkopf-Verlag

Groeben, Norbert; **Vorderer**, Peter (1982): Leserpsychologie. Textverständnis - Textverständlichkeit. Münster: Aschendorff

Haase, Henning (1981): Gewalt im Fernsehen. In: **Haase**, Henning; **Molt**, W. (Hrsg.): Handbuch der Angewandten Psychologie. Band 3: Markt und Umwelt. Landsberg (München): Verlag Moderne Industrie, S. 262-282

Hall, Peter Christian (1979): Zeitkritik als Ressort. Politische Fernsehmagazine im Kreuzfeuer der Interessen, in: **Kreuzer**, Helmut; **Prümm**, Karl (Hrsg.): Fernsehsendungen und ihre Formen. Typologie, Geschichte und Kritik des Programms in der Bundesrepublik Deutschland. Philipp Reclam jun. Stuttgart, S. 305-328

Hartmann, F.R. (1961): Single and multiple channel communication. A review of research and a proposed model. Audiovisual Communication Review 9. S. 235-262.

Heimann, P. (1963): Zur Dynamik der Bild-Wort-Beziehungen in den optischen Massenmedien. In: **Heiss**, Robert; **Caselmann**, G.; **Schorb**, A.O.; **Heimann**, P.: Bild und Begriff. München: Juventa-Verl.

Heller, Heinz-B. (1994): Dokumentarfilm im Fernsehen - Fernsehdokumentarismus, in: **Ludes**, Peter; **Schumacher**, Heidemarie; **Zimmermann**, Peter (Hrsg.) (1994): Geschichte des Fernsehens in der Bundesrepublik Deutschland, Band 3: Informations- und Dokumentarsendungen. München, S. 91-100

Herbart, Johann Friedrich (1806): Allgemeine Pädagogik aus dem Zwecke der Erziehung abgeleitet. In: **Nohl**, Hermann et al. (Hrsg.): Kleine Pädagogische Texte. Weinheim: Beltz

Hickethier, Knut (1993): Film- und Fernsehanalyse, Stuttgart/Weimar

Hickethier, Knut (1994): Methodische Probleme der Fernsehanalyse, in: **Hickethier**, Knut (Hrsg.): Aspekte der Fernsehanalyse, Münster/Hamburg 1994

Hofer, M. (1974): Instruktion als Optimierung von Lernprozessen. Teil II: Unterrichtsmedien. In: **Weinert**, Franz Emanuel; **Graumann**, E.F. et al. (Hrsg.): Funk-Kolleg Pädagogische Psychologie. Band II, Frankfurt/Main: Fischer-Taschenbuch-Verlag, S. 827-850

Holz-Bacha, C. (1989): Unterhaltung ernst nehmen. Warum sich Kommunikationswissenschaft um den Unterhaltungsjournalismus kümmern muß. In: Media-Perspektiven, 4/1989, S. 200-206

Hömberg, Walter (1987): Wissenschaftsjournalismus in den Medien. Zur Situation eines Marginalressorts. In: Media-Perspektiven, Ausg. 5, S. 297-310

Hömberg, Walter (1990): Das verspätete Ressort : die Situation des Wissenschaftsjournalismus, Konstanz: Univ.-Verl., 1989/1990

Hoppe-Graff, Siegfried (1984): Verstehen als kognitiver Prozeß. Psychologische Ansätze und Beiträge zum Textverstehen. In: Zeitschrift für Literaturwissenschaft und Linguistik (LiLi), Jg. 14/1984, Ausg. 55: Textverständlichkeit - Textverstehen. hrsg. v. Wolfgang Klein. Göttingen: Vandenhoeck & Ruprecht, S. 10-37

Hörmann, Hans (1976): Meinen und Verstehen. Grundzüge einer psychologischen Semantik. Frankfurt/Main: Suhrkamp.

Hunziker, Hans Werner (1973): Audiovisuelles Lernen und kreatives Denken. Theorie und Praxis der Lernplanung und AV-Programmgestaltung. Zürich: transmedia Verlag

Jackendoff, R. (1987): On beyond zebra: The relation of linguistic and visual information. Cognition, 26, S. 89-114.

Joerger, Konrad (1980): Einführung in die Lernpsychologie. 7. Auflage. Freiburg, Basel, Wien: Herder

Kandorfer, Pierre (Hrsg.) (1978): Praxis des Wissenschafts-Films. Köln: Medipress-Verl.

Katz, Elihu (1978): Konzepte der Medienwirkungsforschung. Vortrag gehalten auf der 8. flämischen Konferenz über Kommunikationswissenschaften in Brüssel, 26.-27. Oktober 1978. Übers. eines unredigierten Vortragsmanuskripts. Brüssel.

Katz, Elihu; **Gurevitch**, Michael; **Haas**, Hadassah (1973): On the Use of the Mass Media for Important Things. In: American Sociological Review (ASR), 38, American Sociological Association. S. 164-181

Kintsch, W.A. et al. (1975): Comprehension and Recall of Text as a Function of Content Variables. In: Journal of Verbal Learning and Verbal Behavior, 14, 1975, 2, New York, NY: Academic Pr. S. 196-214

Kittelberger, Rainer; **Freisleben**, Immo (1994): Lernen mit Video und Film (2. Aufl.). Weinheim, Basel: Beltz Verlag.

Klapper, Joseph Thomas (1964): The Effects of Mass Communication, 4. Auflage, Glencoe - Illinois

Köck, Wolfram K. (1990): Wissenschaftstransfer durch Fernsehen: Ein Forschungsprojekt, in: **Meutsch**, Dietrich; **Freund**, Bärbel (Hrsg.) (1990): Fernsehjournalismus und die Wissenschaften. Opladen, S. 131-148

Köhler, Wolfgang (1971): Die Aufgabe der Gestaltpsychologie. Mit einer Einführung von Carroll C. Pratt. Berlin (u.a.): de Gruyter

Kohring, Matthias (2004): Was bin ich? Zum Selbstverständnis des Wissenschaftsjournalisten, in: WPK Quarterly I/2004, Magazin der Wissenschaftspressekonferenz e.V., S. 3-5, Internet: http://www.wissenschafts-pressekonferenz.de/cgi-bin/WebObjects/WPKCMS.woa/wa/berichtPDF?documentId=M9KJ10947 (Stand: 12.08.2004)

KREUZER, Helmut (1979): Von der Nipkow-Scheibe zum Massenmedium. Hinweise zur Geschichte und Situtation des Fernsehens - und zu diesem Band, in: **KREUZER**, Helmut; **PRÜMM**, Karl (Hrsg.): Fernsehsendungen und ihre Formen. Typologie, Geschichte und Kritik des Programms in der Bundesrepublik Deutschland. Stuttgart: Philipp Reclam jun., S. 9-24

KREUZER, Helmut; **PRÜMM**, Karl (Hrsg.) (1979): Fernsehsendungen und ihre Formen. Typologie, Geschichte und Kritik des Programms in der Bundesrepublik Deutschland. Stuttgart: Philipp Reclam jun.

KRUGMAN, Herbert E. (1965): The impact of TV advertising: Learning without involvement. In: Public Opinion Quarterly (POQ) 29, Oxford: Oxford Univ. Pr. 349-356

KWIATEK, K.K.; **WATKINS**, B. (1984): The systematic viewer: An inquiry into the existence of a television schema in children. In: Educational Communication and Technology Journal (ECTJ), 32. Washington DC: Association for Educational Communications and Technology. S. 61

LANGER, Inghard; **SCHULZ VON THUN**, Friedemann; **TAUSCH**, Reinhard (1974): Verständlichkeit in Schule, Verwaltung, Politik und Wissenschaft. München-Basel: Reinhardt.

LASSWELL, Harold Dwight (1927): Propaganda technique in the world war. London, New York: Kegan Paul, Trench, Trübner

LAZARSFELD, Paul Felix; **BERELSON**, Bernard; **GAUDET**, Hazel (1944): The People's Choice. New York.

LEFRANÇOIS, Guy R. (1986): Psychologie des Lernens. Übersetzt und bearbeitet von Peter K. **LEPPMANN**, W.F. **ANGERMEIER**, Th.J. **THIEKÖTTER**, 2. vollkommen überarbeitete und ergänzte Auflage. Berlin, Heidelberg, New York, Tokyo: Springer

LUDES, Peter; **SCHUMACHER**, Heidemarie; **ZIMMERMANN**, Peter (Hrsg.) (1994): Geschichte des Fernsehens in der Bundesrepublik Deutschland, Band 3: Informations- und Dokumentarsendungen. München

MAAS, G. (1994): Filmmusik. In: BRUHN, Herbert; **OERTER**, Rolf; **RÖSING**, Helmut (Hrsg.): Musikpsychologie. Ein Handbuch. Hamburg: Rowohlt Taschenbuch Verlag.

MANDER, Jerry (1978): Four arguments for the elimination of television. New York: Quill.

Mast, Gerald (1977): Film, cinema, movie. A theory of experience. New York: Harper & Row.

McLuhan, Marshall (1962): The Gutenberg Galaxy: The making of typographic man. Toronto: University of Toronto Press. (dt.: Die Gutenberg-Galaxis. Das Ende des Buchzeitalters. Aus d. Amerik. übers. von Max Nänny. 1968. Düsseldorf: Econ-Verl.)

McLuhan, Marshall (1995): Understanding media: The extensions of man, 2. printing. New York: McGraw-Hill. (dt.: Die magischen Kanäle. 1968. Düsseldorf: Econ.)

Merten, Klaus; **Giegler**, Helmut; **Uhr**, Friederike (1992): Grundlegende Ansätze und Methoden der Medienwirkungsforschung. Wiesbaden: Bundesinstitut für Bevölkerungsforschung.

Meutsch, Dietrich; **Eckgold**, Frank; **Sinofzik**, Detlef (1990): MEMFIS. Eine interaktive Apparatur zum Messen audio-visueller Verstehensprozesse. in: **Meutsch**, Dietrich; **Freund**, Bärbel (Hrsg.) (1990): Fernsehjournalismus und die Wissenschaften. Opladen: Westdeutscher Verlag.

Meutsch, Dietrich; **Freund**, Bärbel (Hrsg.) (1990): Fernsehjournalismus und die Wissenschaften. Opladen: Westdeutscher Verlag.

Meutsch, Dietrich; **Freund**, Bärbel; **Kaufmann**, Bettina; **Sinofzik**, Detlef; **Wittemann**, Sibylle (1990): Informieren mit Fernsehen: Ein Forschungsüberblick. Arbeitshefte Bildschirmmedien Nr.5, Universität-GH-Siegen

Mikat, Claudia (1992): Dramaturgie und Didaktik: die Vorgaben für pädagogische Filme und Fernsehsendungen / Claudia Mikat. - Weinheim : Deutscher Studien Verl.

Minsky, M. (1975): A framework for representing knowledge. In: Winston, Patrick Henry (Hrsg.) (1975): The psychology of computer vision. New York, S. 211-277

Mohl, Hans (1977): Medizin im ZDF, in: **ZDF**: Wissenschaft im Fernsehen, ZDF Schriftenreihe, Heft 18, Materialien zum Programm, Mainz, S. 37-45

Nelson, K. (1977): The conceptual basis for naming. In: MacNamara, ed., Language learning and thought. New York: Academic Press. S. 117-145.

Neverla, Irene (1992): Fernseh-Zeit. Zuschauer zwischen Zeitkalkül und Zeitvertreib. Eine Untersuchung zur Fernsehnutzung. München: Ölschläger.

NOELLE-NEUMANN, Elisabeth (1980): Die Schweigespirale. Öffentliche Meinung - unsere soziale Haut. München: Piper.

NOELLE-NEUMANN, Elisabeth (Hrsg.) (2000): Fischer Lexikon Publizistik. Massenkommunikation. Fischer: Frankfurt/M.

NOELLE-NEUMANN, Elisabeth; SCHULZ, Winfried; WILKE, Jürgen (Hrsg.) (1993): Fischer Lexikon: Publizistik Massenkommunikation. Frankfurt am Main.

PAIVIO, Allan (1971): Imagery and Verbal Processes. New York: Holt, Rinehart and Winston.

POPP, Manfred (1991): Einführung in die Grundbegriffe der Allgemeinen Psychologie. 4., verbesserte Auflage. München, Basel

POSTMAN, Neil (1985.1): Wir amüsieren und zu Tode. Urteilsbildung im Zeitalter der Unterhaltungsindustrie. Aus dem Amerikanischen übersetzt von Reinhard Kaiser. Frankfurt/Main: S. Fischer.

POSTMAN, Neil (1985.2): Das Zeitalter des Showbusiness, in: PIAS, Claus; VOGL, Joseph; ENGELL, Lorenz; FAHLE, Oliver; NEITZEL, Britta (Hrsg.): Kursbuch Medienkultur. Stuttgart, S. 223-233

PÜTZ, Jean (1990): Wissenschaft im Fernsehen: Grenzen, Möglichkeiten und Methoden, in: MEUTSCH, Dietrich; FREUND, Bärbel (Hrsg.): Fernsehjournalismus und die Wissenschaften. Opladen, S. 163-168

ROBERTS, D.F.; BACHEN, C.M. (1981): Mass communication effects. In: Annual review of Psychology, Ausg. 32, Palo Alto, Calif.: Annual Reviews Inc. S. 307-356

ROBINSON, John P.; LEVY, M.R. (Hrsg.) (1986): The Main Source. Learning from Television News. Beverly Hills: Sage Publ.

VON RÜDEN, Peter (1979): Was sind und zu welchem Ende produziert das Fernsehen Unterhaltungsprogramme? In: KREUZER, Helmut; PRÜMM, Karl (Hrsg.): Fernsehsendungen und ihre Formen. Typologie, Geschichte und Kritik des Programms in der Bundesrepublik Deutschland. Stuttgart: Philipp Reclam jun., S. 169-182

RUGE, Peter (1975): Praxis des Fernsehjournalismus. Ein Handbuch für Zuschauer, Kritiker und Publizisten. Freiburg, München.

RUSCH, G. (1993): Fernsehgattungen in der Bundesrepublik Deutschland. Kognitive Strukturen im Handeln mit Medien. In: **HICKETHIER**, Knut (Hrsg.): Institution, Technik und Programm. Rahmenaspekte der Programmgeschichte des Fernsehens. Geschichte des Fernsehens in der Bundesrepublik Deutschland (Band 1), München: F. Fink-Verlag, S. 289-321

RUß-MOHL, Stephan (Hrsg.) (1986): Wissenschaftsjournalismus – Ein Handbuch für Ausbildung und Praxis, List Verlag, München

SALOMON, Gavriel (1979): Interaction of media cognition and learning. San Francisco, Washington, London: Jossey-Bass.

SALOMON, Gavriel (1990): Kognitionswissenschaft und Bildungsfernsehen, in: **MEUTSCH**, Dietrich; **FREUND**, Bärbel (Hrsg.): Fernsehjournalismus und die Wissenschaften. Opladen, S. 169-186

SAUER, Karl (1976): Interesse, Motivation. In: **ROTH**, Leo (Hrsg.): Handlexikon zur Erziehungswissenschaft. Band 2: Informationstheorie - Zweiter Bildungsweg. Reinbek bei Hamburg: Rowohlt, S. 236-240

SCHANK, Roger C.; **ABELSON**, Robert P. (1977): Scripts, Plans, Goals and Understanding. An Inquiry into Human Knowledge Structures. Hillsdale. N.J.: Erlbaum.

SCHENK, Michael (1987): Medienwirkungsforschung, Tübingen: Mohr

SCHIEMANN, Heinrich (1977): Naturwissenschaft und Technik im ZDF, in: **ZDF**: Wissenschaft im Fernsehen, ZDF Schriftenreihe, Heft 18, Materialien zum Programm, Mainz, S. 46-48

SCHMITT, Roland (1990): Probleme und Methoden der Fernsehforschung, in: **MEUTSCH**, Dietrich; **FREUND**, Bärbel (Hrsg.): Fernsehjournalismus und die Wissenschaften. Opladen, S. 187-226

SCHNELL, Michael (2002): Bildungsfernsehen : Entwicklung und Gestaltung audiovisueller Lernangebote, Wiesbaden: Dt. Univ.-Verl.

SCHOLZ, Esther; **GÖPFERT**, Winfried (1997): Wissenschaft im Fernsehen - Eine Vergleichsstudie 1992 – 1997, Forschungsbericht, Freie Universität Berlin, Institut für Publizistik- und Kommunikationswissenschaft, Arbeitsbereich Wissenschaftsjournalismus, Internet: http://www.wissenschaftsjournalismus.de/scho_fobe.pdf (Stand: 24.06.2004)

SCHÖNPFLUG, W.; **BEIKE**, P. (1964): Einprägen und Aktivierung bei gleichzeitiger Variation der Absichtlichkeit des Lernens und der Ich-Bezogenheit des Lernstoffs. In: Psychologische Forschung, Zeitschrift für Psychologie und ihre Grenzwissenschaften, 27, Berlin, Göttingen, Heidelberg: Springer, S. 336-376

SCHRAMM, W. (1949): The Nature of News. Journalism Quarterly (JQ), 26, Columbia, SC: Association for Education in Journalism and Mass Communication. S. 259-269

SCHULT, Gerhard: Wissenschaft als Unterhaltung? - Zu einigen Präsentationsformen des Fernsehens, in: **MEUTSCH**, Dietrich; **FREUND**, Bärbel (Hrsg.): Fernsehjournalismus und die Wissenschaften. Opladen, S. 227-241

SCHULT, Gerhard; **BUCHHOLZ**, Axel (1986): Fernseh-Journalismus. Ein Handbuch für Ausbildung und Praxis. München: List.

SCHULZ, Winfried (1977): Die Konstruktion von Realität in den Nachrichtenmedien: Analyse der aktuellen Berichterstattung. 2. unveränderte Auflage. Freiburg, München: Alber.

SCHUMACHER, Heidemarie (1994): Ästhetik, Funktion und Geschichte der Magazine im Fernsehprogramm der Bundesrepublik Deutschland, in: **LUDES**, Peter; **SCHUMACHER**, Heidemarie; **ZIMMERMANN**, Peter (Hrsg.): Geschichte des Fernsehens in der Bundesrepublik Deutschland, Band 3: Informations- und Dokumentarsendungen. München

SEVERIN, W. (1967): The effectiveness of relevant pictures in multiple-channel communications. Audiovisual Communication Review 15. S. 386-401

SILBERMANN, Alphons; **HÄNSEROTH**, Albin (1989): Medienkultur, Medienwirtschaft, Medienmanagement. Frankfurt/Main, Bern, New York, Paris: Lang

SINUS SOCIOVISION (2004): Die Sinus-Milieus 2004, Internet: www.sinus-milieus.de, Stand: 03.11.2004

SNODGRASS, Joan G. (1984): Concepts and their Surface Representations. In: Journal of Verbal Learning and Verbal Behaviour, 23, 1984, New York, NY: Academic Pr., S. 3-22

SONTHEIMER, Kurt (1977): Entzauberung der Wissenschaft - Einige Überlegungen zum Problem der Präsentation von Wissenschaft im Fernsehen, in: **ZDF**: Wissenschaft im Fernsehen, ZDF Schriftenreihe, Heft 18, Materialien zum Programm, Mainz, S. 10-12

SPANDL, Oskar Peter (1972): Lernen im Schulalter. Psychologische Grundlagen und schulpädagogische Konsequenzen. München: Goldmann

STRAẞNER, Erich (1982): Fernsehnachrichten. Eine Produktions-, Produkt- und Rezeptionsanalyse. Tübingen: Niemeyer.

STRITTMATTER, Peter; **DÖRR**, Günter; **KIRSCH**, Beate; **RIEMANN**, Ralf (1988): Informelles Lernen: Bedingungen des Lernens mit Fernsehen. In: Unterrichtswissenschaft. Zeitschrift für Lernforschung 16, Heft 3, Weinheim: Juventa-Verl., S. 3-26

STRITTMATTER, Peter; **DÖRR**, Günter; **KIRSCH**, Beate; **RIEMANN**, Ralf (1990): Informelles Lernen: Bedingungen des Lernens mit Fernsehen, in: **MEUTSCH**, Dietrich; **FREUND**, Bärbel (Hrsg.): Fernsehjournalismus und die Wissenschaften. Opladen, S. 242-268

STURM, Hertha (1987): Das „Wie der Präsentation". Methoden und Ergebnisse zu Wirkungen der formalen medienspezifischen Angebotsweisen. In: **GREWE-PARTSCH**, Marianne; **GROEBEL**, Franz-Josef (Hrsg.): Mensch und Medien. Zum Stand von Wissenschaft und Praxis in nationaler und internationaler Perspektive; zu Ehren von Hertha Sturm. München: K.G. Saur, S. 33-41

STURM, Hertha (1989): Medienwirkungen – ein Produkt der Beziehungen zwischen Rezipient und Medium. In: **GROEBEL**, Franz-Josef; **WINTERHOFF-SPURK**, Peter (Hrsg.): Empirische Medienpsychologie. München: Psychologie-Verl.-Union. S. 33-44

STURM, Hertha (1990): Die grandiosen Irrtümer des Neil Postman, in: **KUNCZIK**, Michael; **WEBER**, Uwe (Hrsg.): Fernsehen: Aspekte eines Mediums. Köln, Wien: Böhlau. S. 240-262

TENBRUCK, Friedrich H. (1977): Warum und wie soll das Fernsehen über Wissenschaft berichten, in: **ZDF**: Wissenschaft im Fernsehen, ZDF Schriftenreihe, Heft 18, Materialien zum Programm, Mainz, S. 13-18

TICHENOR, P.J.; **DONOHUE**, G.A.; **OLIEN**, C.N. (1970): Mass media flow and differential growth in knowledge. In: Public Opinion Quarterly, 34, Oxford: Oxford Univ. Pr. S. 159-170

Travers, Robert Morris William (1970): Man's information system. A primer for media specialists and educational technologists. Scranton: Chandler Publishing Company.

Travers, Robert Morris William (1978): Grundlagen des Lernens (Essentials of learning). München.

Trebel, Claudia (1983): Wissenschaftsberichterstattung im Fernsehen der Bundesrepublik Deutschland. Zur Situation und Arbeitsweise der Wissenschaftsredaktionen in den Fernsehanstalten. Diplomarbeit, München

Türer, Cemal (1989): Wissenschaftlich-Technische Informationssendungen des Fernsehens - Eine Mediendidaktische Untersuchung zur Verständlichkeit der Informationssendung „Alternative Energiequellen" aus der Sendereihe „Bilder aus der Wissenschaft" (ARD). Heidelberg

Wachau, Tatjana (1999): Wissenschaft - Abenteuer oder Langeweile? Die Darstellungsformen von Wissenschaft im Fernsehen und ihre Rezeption, Freie Universität Berlin, Internet: http://www.kommwiss.fu-berlin.de/fileadmin/user_upload/wissjour/wachau_fobe1.pdf (Stand: 24.06.2004)

Wachtel, Stefan (1998): Sprechen und Moderieren in Hörfunk und Fernsehen (3. Aufl.), Konstanz: UVK Medien.

Wegener, Claudia (2001): Informationsvermittlung im Zeitalter der Unterhaltung : eine Langzeitanalyse politischer Fernsehmagazine, Wiesbaden: Westdt. Verl.

Weidenmann, Bernd (Hrsg.) (1993): Wissenserwerb mit Bildern. Instruktionale Bilder in Printmedien, Film/Video und Computerprogrammen. Bern, Göttingen, Toronto, Seattle: Verlag Hans Huber.

Weiner, Bernard (1984): Motivationspsychologie. Aus dem Amer. übers. von Rainer Reisenzein. Unter Mitarb. von Wilfried Prantner. Weinheim, Basel: Beltz Verlag.

Weingart, Peter (2001): Die Stunde der Wahrheit? - Zum Verhältnis der Wissenschaft zu Politik, Wirtschaft und Medien in der Wissensgesellschaft, Weilerswist: Velbrück Wissenschaft

Wember, Bernward (1973): Widerstände in die Bilderflut. Fragen und Thesen zu einer Mediendidaktik von Fernsehinformationssendungen. In: Süddeutsche Zeitung vom 3.3.1973

Wember, Bernward (1983): Wie informiert das Fernsehen, München: List Verlag

Wertheimer, Max (1967) Drei Abhandlungen zur Gestalttheorie. Unveränderter reprografischer Nachdruck der Ausgabe Erlangen 1925. Darmstadt : Wiss. Buchges., 1967 = 1925

Winterhoff-Spurk, Peter (1983): Fiktionen in der Fernsehnachrichtenforschung. Von der Text-Bild-Schere, der Überlegenheit des Fernsehens und vom ungestörten Zuschauer. In: Media-Perspektiven, 10/1983, S. 722-727

Winterhoff-Spurk, Peter (1986): Fernsehen: psychologische Befunde zur Medienwirkung, Verlag Hans Huber, Bern.

Winterhoff-Spurk, Peter (1989): Fernsehen und Weltwissen. Der Einfluß von Medien auf Zeit-, Raum- und Personenschemata. Opladen: Westdt. Verl.

Yogeshwar, Ranganathan (1990): Wissenschafft, die Wissen schafft ... ein paar Gedanken, in: **Meutsch**, Dietrich; **Freund**, Bärbel (Hrsg.): Fernsehjournalismus und die Wissenschaften. Opladen, S. 269-275

ZDF (1977): Wissenschaft im Fernsehen, ZDF Schriftenreihe, Heft 18, Materialien zum Programm, Mainz

ZDF (2003): ZDF-Staatsvertrag vom 31.8.1991, zuletzt geändert am 1.4.2003, Internet: http://www.zdf.de/ZDFde/download/0,1896,2000713,00.pdf, Stand: 01.11.2004

ZDF (2004): "PRAXIS" verabschiedet sich: Rückblicke auf das älteste Fachmagazin der Welt, Internet: http://www.zdf.de/ZDFde/inhalt/15/0,1872,2025743,00.html, Stand: 01.10.2004

7.2 Abbildungsverzeichnis

7.3 Tabellenverzeichnis

7.4 Material

7.4.1 Selbstdarstellungen der Sendereihen

7.4.1.1 BBC Exklusiv

Allgemeine Programmbeschreibung

BBC Exklusiv steht für hochwertige populärwissenschaftliche TV-Produktionen, spannende Dokumentationen, ungewöhnliche Reportagen und interessante Wissenschaftsfeature im deutschen Fernsehen. "BBC Exklusiv" hat sich in den letzten Jahren als erfolgreiche Marke mit regelmäßig hohen Einschaltquoten positioniert.

Quelle: http://www.dctp.de/formate-bbc.shtml, Stand 24.06.2004

Pressetext „5 Jahre BBC Exklusiv auf VOX"

London/Düsseldorf, 20.02.2003 - Am 02. März 2003 feiert BBC Exklusiv seinen fünften Geburtstag in Deutschland. Montags um 22.15 Uhr und samstags um 19.15 Uhr zeigt VOX auf DCTP-Sendeplätzen die besten BBC-Produktionen aus den Bereichen Wissenschaft, Geschichte und Natur - darunter Meilensteine des Genres wie "Das Wunderwerk Mensch" oder "Das Tier im Menschen". Innerhalb von fünf Jahren entwickelte sich BBC Exklusiv in Deutschland von einem reinen Sendeplatz zu einem umfassenden Angebot mit eigener deutscher Homepage (www.bbcexklusiv.de) und der Möglichkeit, über Video-On-Demand die Highlights des BBC Exklusiv-Programms problemlos vom Computer herunterzuladen.
2003 steht BBC Exklusiv so gut wie noch nie da. Schon zu Beginn des Jahres erreichten Sendungen wie "Gefährliche Biester" oder "Freak Waves - Riesenwellen aus dem Nichts" hervorragende Quoten von über 6% bei den Zuschauern zwischen 14 und 49 Jahren. Mit einer Fülle von interessanten Programmen aus allen Bereichen der Wissenschaft schafft der Sendeplatz auch in diesem Jahr das Kunststück, sowohl zu unterhalten wie auch auf hohem Niveau zu informieren. Zu den kommenden Highlights des BBC Exklusiv-Programms auf VOX zählt u.a. "Die Macht der Sinne", eine dreiteilige Serie über die menschlichen Wahrnehmungsorgane und ihre Bedeutung für die menschliche Evolution. Geplanter Sendetermin ist September 2003. Im Dezember folgt "Das Bewusstsein des Menschen", das ungewöhnliche Einsichten in die Prozesse innerhalb des Gehirns liefert. Bereits im Mai wird ein weiterer Programmhöhepunkt gesendet: Eine Reihe über "Moderne Apokalypsen". Den Auftakt dazu liefert "Dirty Bomb - Die Geheimwaffe des Terrors", das auf erschreckende Weise veranschaulicht, wie leicht Terroristen an radioaktives Material gelangen und als "Dirty Bomb" über einer westlichen Großstadt abwerfen könnten. Spannend wird es im Juli: Zur Hauptreisezeit gibt "Vorsicht! Lebensgefahr ..." Ratschläge in welche Urlaubsgebiete man besser nicht reisen sollte, wenn man kein Risiko eingehen möchte. Das Jahr klingt aus mit spektakulären Tieranimationen aus der Vorzeit des nordamerikanischen Kontinents: die dreiteilige Serie "Wild New World".
Anke Stoll, Head of German Speaking Territories bei BBC Worldwide: "Die faszinierenden Dokumentationen und Reportagen der BBC gehören mittlerweile zu den Markenzeichen der DCTP-Formate auf VOX und erzielen regelmäßig Spitzenquoten. Gemeinsam mit unserem

Partner DCTP haben wir den "Branded Slot" als eine Art der regelmäßigen Verabredung mit dem Zuschauer entwickelt - mit dem Ziel, unseren Sendeplatz als festen Termin in dem "TV-Kalender" der Zielgruppe zu etablieren."
Als die Verantwortlichen von BBC und DCTP im Herbst 1997 zum ersten Mal in London vor den Monitoren saßen und viele Stunden Programme sichteten, um die erste Staffel zusammenzustellen, wusste niemand, wie die deutschen Zuschauer reagieren würden. Heute, nach 5 Jahren Erfahrung, kann eine durchweg positive Bilanz gezogen werden: BBC Exklusiv hat sich bei dem deutschen Zuschauer fest als Marke für qualitativ hochwertige und spannende Dokumentationen und Reportagen etabliert und erfreut sich kontinuierlich wachsender Zuschauerzahlen in der werberelevanten Kernzielgruppe der 14- bis 49-jährigen. Inzwischen ist die Idee eines regelmäßigen Sendeplatzes, der ausschließlich den BBC-Programmen vorbehalten ist, auch in zahlreichen anderen Ländern mit Erfolg realisiert worden.
Jakob Krebs, in der Geschäftsführung der DCTP: "Der Branded Slot ist die konsequente Umsetzung des Herausgeberprinzips der DCTP, Fernsehen mit klarem Absender zu gestalten. Die DCTP hat in BBC Exklusiv einen Partner gefunden, der inzwischen zu einem der Programmhighlights auf VOX gehört und zu einem stabilen Pfeiler der Plattform für unabhängiges Qualitätsfernsehen geworden ist. Was mit der Dokumentation "Dem Traum vom schnellen Geld - Nick Leeson" am 2. März 1998 begann, hat sich mittlerweile zu einer veritablen Größe im deutschen Privatfernsehen etabliert. Auch bei der jüngsten Unternehmung von DCTP, dem TV Sender XXP, hat BBC Exklusiv seinen festen Sendeplatz am Mittwoch um 20:00 Uhr."

Quelle: http://www.dctp.de/aktuelles_5_j_bbc-exclusiv.shtml, Stand 24.06.2004

7.4.1.2 Abenteuer Wissen

Porträt „Wolf von Lojewski und das Abenteuer Wissen"

Ab 19. März 2003 gibt es "Abenteuer Wissen mit Wolf von Lojewski". Nach seiner langen Zeit als Frontmann des ZDF-"heute-journals" erklärt er nun nicht mehr das tägliche Weltgeschehen, sondern hilft den Wissensdurst auf anderen Gebieten zu stillen.
"Abenteuer Wissen" hatte schon bisher einen etwas anderen Weg eingeschlagen, der nun in "Abenteuer Wissen mit Wolf von Lojewski" mehr Biss bekommen wird. Konkrete Fälle im Alltag, auffällige Beobachtungen oder schon längst fällige Fragen werden aufgegriffen und nach detektivischem Muster verfolgt.
Lojewski über die neue Herausforderung:
Es gibt Fragen, denen wir uns zu selten stellen. Wir kommen meist nicht dazu, oft trauen wir uns auch nicht. Im Beruf bringen sie uns nicht weiter, weder die Politik noch die Wirtschaft werden von diesen Fragen bewegt. Und doch, etwa im Gespräch unter Freunden, erhitzen sie unser Gemüt: Wie kommt das eigentlich? Wie funktioniert das überhaupt? Kann es denn so etwas geben oder ist das nur unsere überreizte Fantasie?
Ich erinnere mich aus meiner Zeit "Rund um Big Ben" an einen wackeren Geistlichen in Schottland. Er stand neben jenem Loch Ness, dem berühmten Gebirgssee in Schottland, und sprach in eine deutsche Fernsehkamera: "Es war hier, am frühen Nachmittag, und ich hatte an diesem Tag noch keinen einzigen Sherry getrunken..." Wir ahnen, was der brave Gottesmann an jenem Nachmittag sah. Oder glaubte gesehen zu haben. Warum bewegen uns solche märchenhaften Geschöpfe wie Nessie, das Ungeheuer? Falls es sie je gegeben hat vor

Millionen Jahren - irgendwann müssten sie wirklich mal Ruhe geben. Da gibt es Rätsel oder Tiefen in der menschlichen Seele, die beunruhigen oder bewegen uns.
Welchen Einfluss hat das Wetter auf unser Gemüt oder das ganzer Völker? Sind wir von Geburt an gut oder böse? Bleibt ein netter, friedfertiger Mensch seinen noblen Instinkten treu oder können diese so manipuliert werden, dass er zu töten fähig wäre? Warum? Weshalb? Wieso? Es gibt so vieles, das ich mir nicht erklären kann. Wie oft habe ich in der Schule nicht aufgepasst, wie viele Bücher vergaß ich zu lesen. Vielleicht lässt sich ja noch einiges nachholen durch das "Abenteuer Wissen". Ich habe meine neuen Kollegen gewarnt: In Physik sei ich meinen Lehrern nie durch Fleiß oder besondere Leistung aufgefallen, in Chemie übrigens auch nicht. "Macht nichts", ermunterten sie mich fröhlich, "schließlich sind wir ja auch noch da!" Also, es wird ein Abenteuer. Für die Redaktion, für den Moderator und für die Zuschauer dieser Sendung. Hoffen wir gemeinsam, dass wir es bestehen.

Quelle: http://www.zdf.de/ZDFde/portraet/0,1946,2026716,00.html, Stand: 24.06.2004

Pressetext Markus Schächter „40 Jahre ZDF - 20 Jahre Duales System"

[...] Ein zweites Programmbein betrifft den gesamten Bereich von Kultur, Bildung und Wissen und zeichnet das ZDF zusätzlich als Kulturmedium aus. Dabei geht es nicht um den Luxus einer Elitekultur, sondern um die notwendige Vermittlung jener Alltagskultur, die ein breites Publikum betrifft: In einer von Wissenschaft und Technik dominierten Lebenswirklichkeit ist der Bedarf nach Aufklärung und Orientierung mit großer Dynamik gewachsen. Menschen brauchen Wegweiser und Wegbegleiter, um mit dem rasanten Innovationstempo Schritt zu halten. Kontinuierliches Lernen gehört heute zur Lebensgestaltung und Lebensbewältigung. Fernsehen als Medium aus Wort und Bild ist hierfür der optimale Vermittler komplizierter Sachverhalte auf anschauliche, also allgemein verständliche Weise.
In diesem Sinne hat das ZDF 2003 den Umfang seiner Wissens- und Wissenschaftssendungen weiter ausgebaut: Am 19. März 2003 hat Wolf von Lojewski, zuvor Frontmann des »heute-journals«, die Moderation von »Abenteuer Wissen« übernommen. Mit alter Neugier und neuem Biss hilft er seitdem, konkrete Fragen des Alltags aus Natur und Technik, Psychologie oder Geschichte sach- und fachgerecht, Interesse weckend und spannend zu verfolgen. Die behandelten Themen betreffen dabei nicht nur generelle, sondern bedarfsweise auch aktuelle Probleme, etwa in einem »Abenteuer Wissen spezial« die im Sommer 2003 ausgebrochene Lungenseuche SARS. Daneben hat »Abenteuer Forschung«, unter dem Namen seines Anchormans »Joachim Bublath«, ein modernes Relaunch mit aktuellen Forschungsthemen wie der jüngsten Landung von ersten Robotern auf dem Mars erfahren. Beide Sendungen, »Abenteuer Wissen« und »Abenteuer Forschung«, waren 2003 mit jeweils über zwei Millionen Zuschauern die akzeptanz- und imagekräftigsten Wissenschaftsmagazine des deutschen Fernsehens. Das ZDF wird seinen Kompetenzvorsprung in diesem Zukunftsgenre noch weiter ausbauen. [...]

Quelle: http://www.zdf-jahrbuch.de/2003/schwerpunkte/schaechter.htm, Stand: 24.06.2004

7.4.1.3 Quarks & Co

Programmbeschreibung „Quarks & Co - Philosophie"

Die Sendereihe Quarks & Co ist das Wissenschaftsmagazin des WDR-Fernsehens. Quarks & Co erscheint alle 14 Tage neu. 45 Minuten lang konzentriert sich Quarks & Co auf ein naturwissenschaftliches Thema, das in einer Fülle von Facetten und aus den verschiedensten Blickwinkeln beleuchtet wird. Ihr besonderes Augenmerk legen die Macher darauf, Wissenschaft unkompliziert zu vermitteln. Deshalb suchen sie immer den spannendsten Zugang zu einem Thema und vermitteln lieber dessen Grundlagen als unverdaute Neuigkeiten. Trotzdem bleibt Quarks & Co dabei immer aktuell. Die Themen lehnen sich oft an Geschehnisse des Tages an. Und das Team recherchiert jeden Inhalt für die Sendung ganz frisch - bei Quarks & Co wird nichts "aufgekocht". Denn die weltweite Forschung entdeckt täglich Neues, und manchmal ändern Wissenschaftler ja auch ihre Meinung zu altbekannten Phänomenen.
"Wissenschaft macht Spaß", könnte das Motto für Quarks & Co lauten, wie Ranga Yogeshwar, der Moderator und Chef des Teams gerne betont. Und damit sie auf jeden Fall den Zuschauern von Quarks & Co Spaß macht, fährt die Sendung alles auf, was das Fernsehen zu bieten hat: eine ebenso spannende wie ansprechende Präsentation, durchsetzt mit den interessantesten Schaustücken und Experimenten, modernste Grafiken und Computeranimationen, und – last but not least – spannende und aufwendig realisierte Filmbeiträge.
Also, lassen Sie sich einladen: Quarks & Co nimmt Sie mit auf eine spannende Entdeckungsreise. Enträtseln Sie gemeinsam mit Quarks & Co die Geheimnisse der Welt!

Quelle: http://www.quarks.de/dyn/2103.phtml, Stand: 24.06.2004

Porträt „Quarks & Co - Die Geburt einer Idee"

Oft werden wir gefragt, warum unsere Sendung Quarks & Co heißt und was genau diese "Quarks" denn eigentlich sind. Nein, für den Namen stand weder die Milchspeise Pate, noch ein Frosch mit rollendem "rrr", sondern die kleinsten Bausteine unserer Welt: die Quarks. Aber nicht die allein - auch alle anderen Elementarteilchen: die Elektronen, die Myonen, die Neutrinos etc.: Quarks & Co eben! Die sind nämlich überall. Ein Großteil hat sich zu der bekannten Materie zusammengefunden, aber es gibt auch Teilchen, die alleine unterwegs sind. Die sind allerdings so klein, dass man sie nicht sehen kann. Wir haben sie im Studio daher mit einem Trick sichtbar gemacht.
Da die Quarks und Co die gesamte Materie aufbauen - letztlich auch uns, das Fernsehen, den PC-Monitor, auf den Sie gerade schauen usw.- entstand die Idee, die Sendereihe nach ihnen zu benennen. Das war 1993. Ja, richtig gelesen - vor zehn Jahren. An dieser Stelle ein großes Dankeschön an unsere vielen treuen Zuschauer und Internetnutzer.
Ganz verschweigen kann man natürlich nicht, dass der Moderator und Redakteur der ersten Stunde, Ranga Yogeshwar, vor seiner Fernsehkarriere Experimentalphysiker war und selbst so manchem Quark hinterhergejagt ist. Außerdem standen die 1980er und 1990er Jahre im Zeichen der Elementarteilchen. Zum Beispiele wurde das schwerste Quark-Teilchen, das top-Quark, erst 1995 nachgewiesen. Seitdem sind die drei Quarks-Familien komplett und die Physiker glauben, die Welt ein wenig besser verstanden zu haben.
So viel zum Namen - aber das ist noch nicht alles. Wer genau hinschaut, sieht, dass in all unseren grafischen Elementen, das sind z. B. der Vorspann, die Ankündigung der Themen,

der Studioaushang etc. Teilchenspuren zu finden sind. Wir haben uns dabei von den Bildern inspirieren lassen, die Physiker in so genannten Blasenkammern aufgenommen haben. Da die Elementarteilchen zu klein sind, um sie mit bloßem Auge oder selbst mit einem leistungsstarken Mikroskop zu sehen, beobachtet man lediglich die Spuren, die sie auf ihrem Weg durch spezielle Detektoren hinterlassen. Einer dieser Detektoren ist die Blasenkammer. [...]

Quelle: http://www.quarks.de/dyn/2103.phtml, Stand: 24.06.2004

7.4.1.4 Vergleich der Selbstdarstellungen

Kategorie	BBC EXKLUSIV	ABENTEUER WISSEN	QUARKS & CO
spannend und interessant	• spannende Dokumentationen • interessante Wissenschaftsfeatures • interessante Programme • spannend	• Interesse weckend • spannend	• Macher suchen immer den spannendsten Zugang zu einem Thema • spannende, ansprechende Präsentation • interessanteste Schaustücke und Experimente • spannende Filmbeiträge
spektakulär und faszinierend	• *spektakulär* • *dramatische Geschichte* • spektakuläre Tieranimationen • faszinierende Dokumentationen	• *spektakuläre Zeugnisse*	• *spektakuläre Aufnahmen*
abenteuerlich	• *Abenteuerreise*	• es wird ein Abenteuer	• Entdeckungsreise
detektivisch	• *Detektivgeschichte* • *detektivische Kleinarbeit*	• nach detektivischem Muster verfolgt • *wie Detektive* • *mit detektivischem Eifer* • *fahndet, untersucht, ermittelt* • *auf der Spur* • auffällige Beobachtungen	• Enträtseln Sie die Geheimnisse der Welt • *sucht nach Antworten* • *ist auf der Spur*
Augenzeugenschaft	• *die Dokumentation ist mit dabei, wenn ...* • *man ist als Augenzeuge dabei*		
Informationsaspekt	• auf hohem Niveau informieren • *zeigt*	• hilft den Wissensdurst zu stillen • mit Neugier und Biss • *zeigt*	• *gibt Antworten auf viele Fragen* • *zeigt, erklärt, informiert*

Kategorie	BBC EXKLUSIV	ABENTEUER WISSEN	QUARKS & CO
inhaltlicher Anspruch	• qualitativ hochwertige populärwissenschaftliche Produktionen • auf hohem Niveau informieren	• sach- und fachgerecht • Biss	• besonderes Augenmerk darauf, Wissenschaft unkompliziert zu vermitteln
inhaltliche Vielfalt			• konzentriert sich auf ein Thema • Fülle von Facetten • verschiedenste Blickwinkel
gestalterische Vielfalt			• alles, was das Fernsehen zu bieten hat
Unterhaltungsaspekt	• unterhalten wie auch auf hohem Niveau informieren		• „Wissenschaft macht Spaß" könnte das Motto lauten
inhaltliche Konkretheit		• Konkrete Fälle im Alltag	• Macher vermitteln lieber Grundlagen statt unverdauter Neuigkeiten
Aktualitätsbezug		• nicht nur generelle, bedarfsweise auch aktuelle Probleme	• bleibt immer aktuell • Team recherchiert den Inhalt ganz frisch • es wird nichts aufgekocht
Ungewöhnlichkeit	• ungewöhnliche Reportagen • ungewöhnliche Einsichten	• hatte schon bisher einen etwas anderen Weg eingeschlagen	
Einzigartigkeit	• *einzigartiger Blick hinter die Kulissen* • *zum ersten Mal*	• *zeigt erstmals*	
Aufwand	• *aufwändiges Experiment* • *aufwändige Spezialeffekte*		• moderne Grafiken und Computeranimationen • aufwendig realisierte Filmbeiträge

Tabelle 9: Vergleich der Selbstdarstellungen

7.4.2 Abspanntexte der Sendungen

7.4.2.1 BBC Exklusiv

„Heilkraft der Gebete (Can Prayer heal?)"
(Sendezeit: 25.07.2004, 09:40-10:40 Uhr)

Buch und Regie: Christopher Morris, Anna Cox, Lydia Bendersky
Kamera: Neil Harvey, Gerry Law
Schnitt: Simon Meek, John Parker, Caroline Lynch-Blosse
Ton: Ronan Hill
Tonmischung: Steve Castle
Musik: John Rea
Redaktion BBC: Meike Holsten
Leitung: Anke Stoll
Wir danken Jakob Krebs für die freundliche Unterstützung
Eine Produktion der BBC für Discovery Health Channel
Deutsche Fassung: Docland
© BBC Worldwide MMIV

„Kinder unserer Zeit (Child of our Time): Die ersten Machtkämpfe"
(Sendezeit: 31.07. 2004, 09:55-10:50 Uhr)

Präsentiert von: Robert Winston
Regie: Sadie Holland, Jenny Williams
Recherche: Liz Allen
Kamera: Colin Skinner
Ton: Jeff Hawkins
Schnitt: Dave Monk
Tonmischung: Mark Whitfield
Musik: Elizabeth Parker, George Wilkins
Redaktion BBC: Meike Holsten
Leitung: Anke Stoll
Wir danken Jakob Krebs für die freundliche Unterstützung
Eine Produktion der BBC
Deutsche Fassung: Docland
© BBC Worldwide MMIII

„Teenager - Eine Art für sich (Teen Species): Vom Jungen zum Mann"

(Sendezeit: 31.07. 2004, 10:50-11:45 Uhr)

Buch und Regie: Page Shepherd
Recherche: Rebecca Chicot, Nicola Lees, Louisa Bowman
Kamera: John Howarth, Phil Ball, Peter Nelson, Allan Palmer, David Barlow
Schnitt: Jon Bignold, Russell Rees
Ton: Patrick Quirke, Ben Posnack, Percy Urgena, Kenny Clark
Tonmischung: Chris Graver
Grafik: Bernard Heyes Design
Musik: David Lowe
Redaktion BBC: Meike Holsten
Leitung: Anke Stoll, Peter Pas
Wir danken Jakob Krebs für die freundliche Unterstützung
Eine Koproduktion von BBC, The Learning Channel
Deutsche Fassung: Docland
© BBC Worldwide MMIII

„Die ersten Athleten - Die Geburt von Olympia (First Olympians)"

(Sendezeit: 31.07. 2004, 19:10-20:15 Uhr)

Buch und Regie: Cameron Balbirnie, Natalie Burke
Recherche: Sophie Wallace-Hadrill
Kamera: Ben Joiner, Rupert Prince
Location Fotografie: David Baillie, Chris Hartley, Neil Higginson, Paul Jenkins, Randy Love, Vaughan Matthews
Schnitt: Simon Holland, Mike Curd
Ton: George Camm, Malcolm Flynn, Gary Goodhand, Dave Lezynski, Michael O'Flynn, Ben Quinn, Keith Silva
Tonmischung: Danny Finn
Grafik: Aidan Farrell
Spezialeffekte: Mill TV
Art Direktor: Rachid Quiat
Regie Spielszenen: Nick Copus, Mick Pantaleo, Jamie Belmejd
Kostüme: Isolde Sommerfeldt, Tilly Luscombe, Bouazza Wardabi
Make Up: Jutta Russell, Khalid Alami
Stunt-Koordinator: Jordi Casares, Cedric Proust
Darsteller: Andrew East, Patrick Bauristhene, Kevin Howarth
Redaktion BBC: Meike Holsten
Leitung: Anke Stoll
Wir danken Jakob Krebs für die freundliche Unterstützung
Eine Koproduktion von BBC, Discovery Channel
Deutsche Fassung: Docland
© BBC Worldwide MMIV

„Zeitreisen - Traum oder Wirklichkeit (Time Trip)"
(Sendezeit: 01.08. 2004, 09:40-10:40 Uhr)

Buch und Regie: Malcolm Clark
Recherche: Tricia Power, Alom Shaha, Penny Palmer
Kamera: Mark Molesworth, Jeremy Pollard, Spike Gelinger
Schnitt: Cliff Homow
Ton: Caleb Mose, Mark Roy, Paul Parsons
Grafik: Melon Studios, Perry Gibbs
Tonmischung: Ben Young
Redaktion BBC: Meike Holsten
Leitung: Anke Stoll
Wir danken Jakob Krebs für die freundliche Unterstützung
Eine Produktion der BBC
Deutsche Fassung: Docland
© BBC Worldwide MMIV

7.4.2.2 Abenteuer Wissen

„Geheimakte M - Die Spur des Meisters"
(Sendezeit: 28.07.2004, 22:15-22:45 Uhr)

Idee: Uwe Kersken
Buch+Regie: Meike Hemschemeier
Kamera: Jörg Adams, Tibor Szalma
Ton: Rupert Scheele
Mitarbeit: Marc Rentmeister
Schnitt: Stefan Schneider
Moderationsdreh ZDF: Ernst Brouwer, Sven Powalla
Sprecher: Joachim Höppner
Produktionsleitung Gruppe 5: Silke Breidenbach
Produktionsleitung ZDF: Anna Bagiro
Produzent: Uwe Kersken
Redaktion: Christiane Götz-Sobel, Ute Kleineidam
Leitung: Günter Myrell
hergestellt von Gruppe 5 Filmproduktion im Auftrag des ZDF
© ZDF 2004

„Mission unter der Erde: Eroberung der Tiefenwelt" (Sendezeit: 11.08.2004, 22:15-22:45 Uhr)

Autoren: Jens Doumen, Wolfram Giese, Gunther Hainke
Kamera: Stephan Heinz, Jürgen Rumbuchner, Jochen Schmoll
Schnitt: Klaus Kübel, Frank Reichert, Daniel Zitto
Ton: Andreas Kurz, Bernhard Mayer, Ralf Wilhelm
Animation: Stefan Gruschke
Sprecher: Joachim Höppner
Studiokamera: Rüdiger Renke, Tanja Brausch
Bildtechnik: Ralf Mayer
Studio-Ton: Daniel Matejka
Lichttechnik: Thierry Zwiener
Bildschnitt: Romy Hirschmann
Produktionsleitung medi cine: Rudi Hofmann
Produktionsleitung ZDF: Anna Bagiro
Aufnahmeleitung: Yvonne Kalinowski, Carlos Gonzalo
Technische Leitung: Christoph Franz
Regie: Petra van Lelyveld-Schaffer
Redaktion: Stefanie Weinsheimer
Leitung: Günter Myrell
Dank an .....
© ZDF 2004

„Heimliche Eindringlinge - Einsatz gegen Biokiller" (Sendezeit: 15.09.2004, 22:15-22:45 Uhr)

Autor: Johannes Backes
Kamera: Jörg Adams, Erik Sick
Ton: Axel Schmidt
Schnitt: Stefan Kolbe
Sprecher: Joachim Höppner
Studiokamera: Holger Zimmermann, Thomas Henninger
Bildtechnik: Jörg Köver
Studio-Ton: Hans-Jürgen Dehn
Lichttechnik: Klaus Fink
Bildschnitt: Stefan Kampmann
Producer taglicht media: Konstanze Burkard
Produktionsleitung ZDF: Anna Bagiro
Aufnahmeleitung: Yvonne Kalinowski, Sebastian Fünder
Technische Leitung: Lothar Rößler
Studio-Regie: Juergen J. Grosse
Redaktion: Michael Gries, Annegret Schmidt
Leitung: Günter Myrell
Dank an .....
© ZDF 2004

„Ötzi - Die Mumie sagt aus"
(Sendezeit: 29.09.2004, 22:15-22:45 Uhr)

Autoren: Jens Doumen, Martina Schönfeld
Kamera: Klaus Medrow
Kameraassistenz und Ton: Jan Prillwitz
Schnitt: Daniel Zitto
Sprecher: Joachim Höppner
Studiokamera: Holger Zimmermann, Thomas Henninger
Bildtechnik: Jörg Köver
Studio-Ton: Hans-Jürgen Dehn
Lichttechnik: Klaus Fink
Bildschnitt: Stefan Kampmann
Produktionsleitung medi cine: Rudi Hofmann
Produktionsleitung ZDF: Anna Bagiro
Aufnahmeleitung: Yvonne Kalinowski, Sebastian Fünder
Technische Leitung: Lothar Rößler
Regie: Juergen J. Grosse
Redaktion: Michael Gries
Leitung: Günter Myrell
Dank an .....
© ZDF 2004

„Es geschah im Eis, Teil 1"
(Sendezeit: 13.10.2004, 22:15-22:45 Uhr)

Reportage von: Wolf von Lojewski
Kamera: Thomas Piechowski, Kerstin Luxenhofer ... und Hauke Trinks und Marie Tièche
Schnitt: Miriam Weinandi
Ton: Gerd Ramsbrock
Musik: Bernhard Hering, Martin Wester, Matthias Krüger
Mischung: Oliver Engelhardt
Produktionsleitung: Anna Bagiro, Sonja Wangemann
Aufnahmeleitung: Yvonne Kalinowski
Mitarbeit: Sabine Michalski, Jeanette Simon
Redaktion: Ute Kleineidam
Leitung: Günter Myrell
Basierend auf der Buchvorlage von Hauke Trinks „Das Spitzbergen-Experiment"
© ZDF 2004

7.4.2.3 Quarks & Co

„Das Rätsel von links und rechts"
(Sendezeit: 03.08.2004, 21:00-21:45 Uhr)

Moderation: Ranga Yogeshwar
Autoren: Axel Bach, Ilka aus der Mark, Corinna Sachs, Ismeni Walter, Silvio Wenzel
EB-Kamera: Tobias Baader, Jürgen Behrens, Harm Garlichs, Jan Ole Sieg, Michael Pindter
EB-Schnitt: Elke Christ, Michael Farquharson, Tim Gohle, Anderas Nöcker, Bernd Pick
Sprecher: Anja Ellermann, Ilona Polaschek, Dieter Schiffer, Charly Wagner
Studio: Johanna Gunkel, Annette Beck, Claudia Schmitz, Stefanie Bold
Günter Oberdörster, Detlef Büttner, Thilo Erdl, Ute Heep, Martin Basseng
Matthias Skorupa, Manfred Förster, Johann Krauthäuser, Heinz-Dieter Rhein
MAZ-Schnitt: Frank Schmidt
Grafik/Design/Trick: Werner Cechura, Bernd Tolksdorf, Elke Baulig
Sounddesign: Marcus Heimershoff, Thomas Schmidt
Aufnahmeleitung: Gaby Montag, Beate Pfaffen
Produktionsleitung: Jörg Grahlmann
Regie: Jürgen Rieger
Redaktion: Monika Grebe
Wir bedanken uns bei ...
Videotext Seite 393
Internet www.quarks.de
© Westdeutscher Rundfunk 2003

„Reise in den Darm"
(Sendezeit: 17.08.2004, 21:00-21:45 Uhr)

Moderation: Ranga Yogeshwar
Autoren: Carsten Binsack, Falko Daub, Ulrich Grünewald, Ilka aus der Mark, Harald Raabe
EB-Kamera: Paul Eisel, Heinz Engelstädter, Heribert Krath, Michael Norberg, Andreas Pattke, Irma Schreiber, Klaus Wetzel
EB-Schnitt: Eva Elsner, Georg von Kreissler, Roswitha Patommel, Bernd Pick, Bärbel Schwarz
Sprecher: Henning Freiberg, Rainer Hagedorn, Kordula Leiße, Andrea Riedl, Lutz Schulze, Christiane Wedel
Studio: Johanna Gunkel, Birgit Kuntze, Björn Liebeler, Stefanie Bold
Peter Lüdke, Ottmar Röger, Hans Schmitz, Martin Basseng, Hannelore Eisele
Jürgen Kerp, Manfred Albishausen, Stefan Blum, Harry Farkas, Michael Valder
MAZ-Schnitt: Elmar Götz-Meyn, Hans Richter
Grafik/Design/Trick: Elke Baulig, Werner Cechura, Rolf Koczorek, Ulrike Loy, Step Ani Motion
Sounddesign: Wolfgang Spittka
Aufnahmeleitung: Gaby Montag
Produktionsleitung: Jörg Grahlmann
Regie: Wasko-Karsten Krekow

Redaktion: Claudia Heiss
Wir bedanken uns bei ...
Videotext Seite 393
Internet www.quarks.de

„Das Geheimnis der Zugvögel"
(Sendezeit: 31.08.2004, 21:00-21:45 Uhr)

Moderation: Ranga Yogeshwar
Autoren: Carsten Binsack, Reinhart Brüning, Heinz Greuling, Ilka aus der Mark, Lars Westermann
EB-Kamera: Gottfried Betz, Frank Dietrich, Frank Hlawitschka, Uwe Hohls, Axel Jung, Peter Lilischkies, Hartmut Pitsch
EB-Schnitt: Roland Bauer, Axel Fischer, Irmtraud Hoffmann, Kascha Jankowska, Jochen Peters, Bernd Pick
Sprecher: Susanne Dobrusskin, Anja Ellermann, Lutz Göhnermeier, Christina-Maria Greve, Bernd Reheuser, Gudrun Schachtschneider, Charly Wagner
Virtuelles Studio: Eric Adamczak, Alpte Ergür, Stephan Grimm, Michael Reimer, Guido Retzerau, Heinz-Dieter Wieland
Studio: Johanna Gunkel, Birgit Kuntze, Pamela Gause, Stefanie Bold
Peter Lüdke, Gisela Halverscheid, Martina Erdl, Ulla Mangen
Jürgen Kerp, Harry Farkas, Walter Lebek, Tobias Prohl
MAZ-Schnitt: Angelika Ludwig
Grafik/Design/Trick: Elke Baulig, Werner Cechura
Aufnahmeleitung: Gaby Montag, Margarete Fuchs
Produktionsleitung: Jörg Grahlmann
Regie: Lauda Jordans
Redaktion: Claudia Heiss
Wir danken für die freundliche Unterstützung ...
Videotext Seite 393
Internet www.quarks.de

„Malaria – Mückenstich mit verhängnisvollen Folgen"
(Sendezeit: 14.09.2004, 21:00-21:45 Uhr)

Moderation: Ranga Yogeshwar
Autoren: Judith König, Hilmar Liebsch, Martin Rosenberg, Tanja Winkler
Mitarbeit: Angelika Kindler
EB-Kamera: Freddy Waldner, Robert Merten, Guido Schweren
Krzystof Hampel, Bernhard Schmitt
Ton: Silke Zeiller, Abdul Ramadhan
EB-Schnitt: Sybille Grünwald, Oliver Held, Martina Pille, Iris Pott, Reinold Specks
Sprecher: Detlef Dickmann, Lutz Göhnermeier, Kordula Leiße, Matthias Pommer

MAZ-Schnitt: Hermine Lüttgens
Grafik/Design/Trick: Lili Voigt, Step Ani Motion
Sounddesign: Wolfgang Spitka
Aufnahmeleitung: Jorge Bogalho
Produktionsleitung: Frank Strauß
Redaktion: Claudia Heiss
Dank an: ...
Videotext Seite 393
Internet www.quarks.de

„Risiko Zusatzstoffe?"

(Sendezeit: 28.09.2004, 21:00-21:45 Uhr)

Moderation: Ranga Yogeshwar
Autoren: Falko Daub, Ulrich Grünewald, Sandra Jolk, Jakob Kneser, Ilka aus der Mark
Mitarbeit: Angelika Kindler
EB-Kamera: Dennis Heinemann, Ackim Klinger, Dieter Liskutin, Werner von Mayer-Myrtenhain, Hans Peter Röder
EB-Schnitt: Inka Gradinger, Birgit Kansy, Nicole Kern, Tim McLeish, Frank Schmidt, Reinold Specks
Sprecher: Gilles Chevalier, Henning Freiberg, Elisabeth Hartmann, Matthias Ponnier
Studio: Johanna Gunkel, Elke Kühr, Michael Riebniger, Günter Oberdörster, Olaf Kannengießer, Thilo Erdel
Lichttechnik: Ute Braun, Andreas König, Hermy-Lore Schneider, Rolf Stolz, Jürgen Maß
MAZ-Schnitt: Eva Elsner
Grafik/Design/Trick: Elke Baulig, Step-Ani-Motion, Cony Theis, Lili Voigt
Sounddesign: Florian Ebrecht, Frank Balzer, Björn-Eric Kohnen
Aufnahmeleitung: Christian Gogos
Produktionsleitung: Frank Strauß
Regie: Wasko-Karsten Krekow
Redaktion: Daniele Jörg
Dank an: ...
Videotext Seite 393
Internet www.quarks.de

7.4.3 Analyse des Themenspektrums

7.4.3.1 Raster der Wissenschaftsbereiche und -disziplinen

Aufteilung der Themenfelder nach GÖPFERT 1996, S. 363f; Übersetzung aus dem Englischen nach GÖPFERT/KUNISCH 1999; ergänzt um die Fakultäts- / Fachbereichsbezeichnungen der zehn größten Universitäten Deutschlands (lt. http://www.hochschulkompass.de und Internet-Angebote der Universitäten, Stand: 01.10.2004); Ergänzungen kursiv.

1. Natur **„Natural sciences"**	Naturgeschichte, Erdgeschichte, Lebenswissenschaften, Biologie, Ökologie, Paläontologie, Geologie, Geographie, Meteorologie.
2. Medizin **„Medicine"**	Erforschung von Krankheit und Gesundheit, Epidemiologie, Genetik, medizinische Diagnose und Behandlungsverfahren, Medizintechnik, gentechnische Verfahren, Pharmakologie, Präventionsverfahren, Public Health, Ernährung, Veterinärmedizin. *Sportwissenschaft*
3. Technologie **„Technology"**	Technikwissenschaften, angewandte Wissenschaften, Industrieproduktions-Technologien, landwirtschaftliche Produktionstechnologien, Biotechnologie, Energieversorgung, Informationstechnologie, Verkehrstechnologien, Militärtechnologien. *Elektrotechnik* *Landwirtschaft* *Bauwissenschaft*

4. Sozialwissenschaften „Social sciences"	Soziologie, Politikwissenschaft, Betriebs- und Volkswirtschaftslehre, Psychologie, Psychiatrie (soziale Aspekte), Publizistik- und Kommunikationswissenschaft, Erziehungswissenschaft, Anthropologie, Ethnologie, Archäologie, Sozialgeographie, Verkehrswissenschaft (soziale Aspekte), Technologiefolgen-Abschätzung, Friedensforschung, Parapsychologie (soziale und psychologische Aspekte). *Rechtswissenschaft* *Kunstwissenschaft* *Kulturwissenschaft* *Musikwissenschaft* *Orientalistik* *Philologie* *Sprachwissenschaft* *Literaturwissenschaft* *Medienwissenschaft* *Bibliothekswissenschaft* *Gesellschaftswissenschaft* *Geisteswissenschaft* *Bildungswissenschaft* *Pädagogik* *Philosophie* *Theologie* *Geschichtswissenschaft* *Religionswissenschaft*
5. Umwelt „Environment"	Naturkatastrophen, Ausbeutung von Ressourcen, Abfall- und Müllbeseitigung, Natur- und Artenschutz, Schutz der Biosphäre, Bevölkerungswachstum, Erderwärmung, Stadt- und Landschaftsplanung, gefährliche Substanzen, Strahlenrisiken.
6. Naturwissenschaften „Pure science"	Grundlagenforschung, Physik, Chemie. *Mathematik* *Informatik* *Statistik*

7. Wissenschaft und Gesellschaft „Science in society"	Wissenschaftsgeschichte, Wissenschaftswissenschaft, Methodenlehre, wissenschaftliche Ethik, Wissenschaftspolitik, Forschungsförderung, Wissenschaftsdidaktik, Leben und Werk von Wissenschaftlern, Wissenschaftspublizistik, Wissenschaftsberichterstattung, öffentliches Verständnis von Wissenschaft.
8. Weltraum „Space"	Kosmologie, Astronomie, Weltraumfahrt.
9. Sonstiges „Others"	Sonstiges

Tabelle 10: Raster der Wissenschaftsbereiche und -disziplinen

7.4.3.2 Verteilung der Wissenschaftsbereiche

Wissenschaftsbereich	Abenteuer Wissen			BBC Exklusiv			Quarks & Co			Durchschnitt
	Rang	%	Index	Rang	%	Index	Rang	%	Index	%
1. Natur „Natural sciences"	1	41,4	79,4	1	66,1	126,9	1	48,8	93,7	52,1
4. Sozialwissenschaften „Social sciences"	4	23,8	77,6	2	51,4	167,6	4	16,8	54,8	30,7
6. Naturwissenschaften „Pure science"	5	23,7	87,8	4	20,9	77,5	2	36,3	134,7	27,0
2. Medizin „Medicine"	6	17,6	70,4	3	26,6	106,0	3	31,0	123,6	25,0
3. Technologie „Technology"	2	34,5	209,4	7	6,8	41,1	6	8,2	49,5	16,5
5. Umwelt „Environment"	3	25,7	193,7	5	9,6	72,3	8	4,5	34,0	13,3
8. Weltraum „Space"	8	1,4	20,7	6	7,3	109,6	5	11,4	169,6	6,7
7. Wissenschaft und Gesellschaft „Science in society"	7	2,5	68,9	8	3,4	93,5	7	5,0	137,6	3,6
9. Sonstiges „Others"	9	0,0		9	0,6		9	1,1		0,5

Tabelle 11: Verteilung der Wissenschaftsbereiche in den Sendereihen

7.4.3.3 Verteilung der Wissenschaftsdisziplinen

Thema (Bereich)	Abenteuer Wissen			BBC Exklusiv			Quarks & Co			Durchschnitt
	Rang	%	Index	Rang	%	Index	Rang	%	Index	
Biologie (1)	2	23,8	57,4	1	59,3	143,2	1	41,2	99,4	41,4
Psychologie (4)	11	6,3	38,9	2	38,4	237,2	10	3,9	23,9	16,2
Erforschung von Krankheit und Gesundheit (2)	4	9,6	72,5	4	12,4	93,5	3	17,8	134,0	13,3
Physik (6)	5	9,6	81,9	7	9,0	76,9	4	16,6	141,2	11,8
Chemie (6)	6	9,4	83,1	11	5,6	49,9	2	18,9	167,0	11,3
Verkehrstechnologien (3)	1	23,9	225,6	12	5,6	53,4	23	2,2	21,0	10,6
Soziologie (4)	14	5,5	58,5	3	21,5	230,0	41	1,1	11,4	9,3
Ernährung (2)	7	7,5	93,6	15	3,4	42,5	5	13,1	163,8	8,0
Geologie (1)	3	13,3	201,9	22	2,3	34,2	9	4,2	63,8	6,6
Pädagogik (4)	19	3,3	51,8	5	12,4	193,3	12	3,5	54,8	6,4
Natur- und Artenschutz (5)	15	5,3	98,4	8	7,9	146,0	17	3,0	55,7	5,4
medizinische Diagnose und Behandlungsverfahren (2)	35	1,1	21,2	6	11,9	226,8	18	2,7	51,9	5,2
Naturgeschichte (1)	12	5,6	106,8	9	7,3	141,3	19	2,7	51,9	5,2
Informatik (6)	9	6,5	147,5	23	2,3	51,4	8	4,4	101,1	4,4
Erdgeschichte (1)	21	3,0	69,3	10	6,8	156,1	15	3,2	74,6	4,3
Pharmakologie (2)	30	1,7	48,9	13	5,1	144,7	11	3,7	106,4	3,5
Astronomie (8)		0,0	0,0	24	2,3	68,6	6	7,6	231,4	3,3
Naturkatastrophen (5)	8	6,9	242,7	27	1,1	39,7	50	0,5	17,6	2,8
Rechtswissenschaft (4)	10	6,5	237,2		0,0	0,0	27	1,7	62,8	2,7
Kulturwissenschaft (4)	13	5,6	203,7		0,0	0,0	20	2,6	96,3	2,7
Weltraumfahrt (8)	32	1,4		16	3,4		16	3,0		2,6
Kosmologie (8)		0,0		20	2,8		7	4,6		2,5
Genetik (2)		0,0		14	4,5		21	2,5		2,3
gefährliche Substanzen (5)	16	4,9		32	0,6		39	1,1		2,2
Paläontologie (1)	22	2,8		33	0,6		22	2,5		1,9
angewandte Wissenschaften (3)	25	2,2			0,0		13	3,5		1,9
Stadt- und Landschaftsplanung (5)	17	4,6			0,0		51	0,5		1,7
Informationstechnologie (3)	18	4,5			0,0		52	0,5		1,7
Meteorologie (1)		0,0		17	3,4		28	1,6		1,7
Grundlagenforschung (6)		0,0		18	3,4		31	1,5		1,6
Leben und Werk von Wissenschaftlern (7)		0,0		28	1,1		14	3,3		1,5
Statistik (6)		0,0		19	3,4		48	0,6		1,3
Ausbeutung von Ressourcen (5)	20	3,3			0,0		55	0,4		1,3
Archäologie (4)	26	2,2		34	0,6		44	0,9		1,2
Geographie (1)	29	1,8			0,0		30	1,5		1,1
Betriebs- und Volkswirtschaftslehre (4)	27	2,0			0,0		34	1,1		1,1
Präventionsverfahren (2)		0,0		21	2,8			0,0		0,9
Ökologie (1)	42	0,8			0,0		24	2,0		0,9
Industrieproduktions-Technologien (3)	23	2,8			0,0			0,0		0,9

Thema (Bereich)	Abenteuer Wissen			BBC Exklusiv			Quarks & Co			Durch-schnitt
	Rang	%	Index	Rang	%	Index	Rang	%	Index	
Technikwissenschaften (3)	24	2,3			0,0		56	0,4		0,9
Militärtechnologien (3)	28	2,0			0,0		58	0,4		0,8
Veterinärmedizin (2)		0,0		25	2,3			0,0		0,8
Elektrotechnik (3)		0,0		26	2,3			0,0		0,8
Erderwärmung (5)	31	1,6			0,0		53	0,5		0,7
Energieversorgung (3)	39	0,9			0,0		35	1,1		0,7
Religionswissenschaft (4)		0,0			0,0		25	2,0		0,7
Wissenschaftspublizistik (7)	33	1,4		35	0,6			0,0		0,7
Public Health (2)		0,0			0,0		26	1,8		0,6
Sportwissenschaft (2)		0,0		29	1,1		46	0,7		0,6
Sonstiges (9)		0,0		36	0,6		40	1,1		0,5
Geschichtswissenschaft (4)		0,0			0,0		29	1,6		0,5
Epidemiologie (2)	40	0,9		37	0,6			0,0		0,5
Abfall- und Müll-beseitigung (5)	41	0,9			0,0		54	0,5		0,5
Bauwissenschaft (3)	34	1,4			0,0			0,0		0,5
Anthropologie (4)		0,0			0,0		32	1,3		0,4
Mathematik (6)		0,0			0,0		33	1,2		0,4
gentechnische Verfahren (2)		0,0			0,0		36	1,1		0,4
Philosophie (4)		0,0			0,0		37	1,1		0,4
Wissenschaftsdidaktik (7)		0,0			0,0		38	1,1		0,4
Theologie (4)		0,0		30	1,1			0,0		0,4
Wissenschaftsbericht-erstattung (7)		0,0		31	1,1			0,0		0,4
Biotechnologie (3)	36	1,1			0,0			0,0		0,4
Publizistik- und Kommuni-kationswissenschaft (4)	37	1,1			0,0			0,0		0,4
Wissenschaftspolitik (7)	38	1,1			0,0			0,0		0,4
Medienwissenschaft (4)		0,0			0,0		42	1,0		0,3
Medizintechnik (2)		0,0			0,0		43	1,0		0,3
Geschichte (4)		0,0			0,0		45	0,8		0,3
Bevölkerungswachstum (5)	43	0,7			0,0			0,0		0,2
Schutz der Biosphäre (5)	44	0,7			0,0			0,0		0,2
Psychiatrie (soziale Aspekte) (4)		0,0			0,0		47	0,7		0,2
Methodenlehre (7)		0,0			0,0		49	0,6		0,2
wissenschaftliche Ethik (7)		0,0		38	0,6			0,0		0,2
Verkehrswissenschaft (soziale Aspekte) (4)		0,0			0,0		57	0,4		0,1

Tabelle 12: Verteilung der Wissenschaftsdisziplinen in den Sendereihen

Rang	Abenteuer Wissen		BBC Exklusiv		Quarks & Co	
	Thema	%	Thema	%	Thema	%
1	Verkehrstechnologien (3)	23,9	Biologie (1)	59,3	Biologie (1)	41,2
2	Biologie (1)	23,8	Psychologie (4)	38,4	Chemie (6)	18,9
3	Geologie (1)	13,3	Soziologie (4)	21,5	Erforschung von Krankheit und Gesundheit (2)	17,8
4	Erforschung von Krankheit und Gesundheit (2)	9,6	Erforschung von Krankheit und Gesundheit (2)	12,4	Physik (6)	16,6
5	Physik (6)	9,6	Pädagogik (4)	12,4	Ernährung (2)	13,1
6	Chemie (6)	9,4	medizinische Diagnose und Behandlungsverfahren (2)	11,9	Astronomie (8)	7,6
7	Ernährung (2)	7,5	Physik (6)	9,0	Kosmologie (8)	4,6
8	Naturkatastrophen (5)	6,9	Natur- und Artenschutz (5)	7,9	Informatik (6)	4,4
9	Informatik (6)	6,5	Naturgeschichte (1)	7,3	Geologie (1)	4,2
10	Rechtswissenschaft (4)	6,5	Erdgeschichte (1)	6,8	Psychologie (4)	3,9

Tabelle 13: am häufigsten vertretene Themen je Sendereihe

Abenteuer Wissen		BBC Exklusiv		Quarks & Co	
Thema	%	Thema	%	Thema	%
Verkehrstechnologien (3)	23,9	Biologie (1)	59,3	Chemie (6)	18,9
Geologie (1)	13,3	Psychologie (4)	38,4	Erforschung von Krankheit und Gesundheit (2)	17,8
Naturkatastrophen (5)	6,9	Soziologie (4)	21,5		
Informatik (6)	6,5	Pädagogik (4)	12,4	Physik (6)	16,6
Rechtswissenschaft (4)	6,5	medizinische Diagnose und Behandlungsverfahren (2)	11,9	Ernährung (2)	13,1
Kulturwissenschaft (4)	5,6			Astronomie (8)	7,6
gefährliche Substanzen (5)	4,9			Kosmologie (8)	4,6
		Natur- und Artenschutz (5)	7,9		
		Naturgeschichte (1)	7,3		
		Erdgeschichte (1)	6,8		
		Pharmakologie (2)	5,1		
		Genetik (2)	4,5		

Tabelle 14: Themen, die die jeweilige Sendereihe am stärksten abdeckt

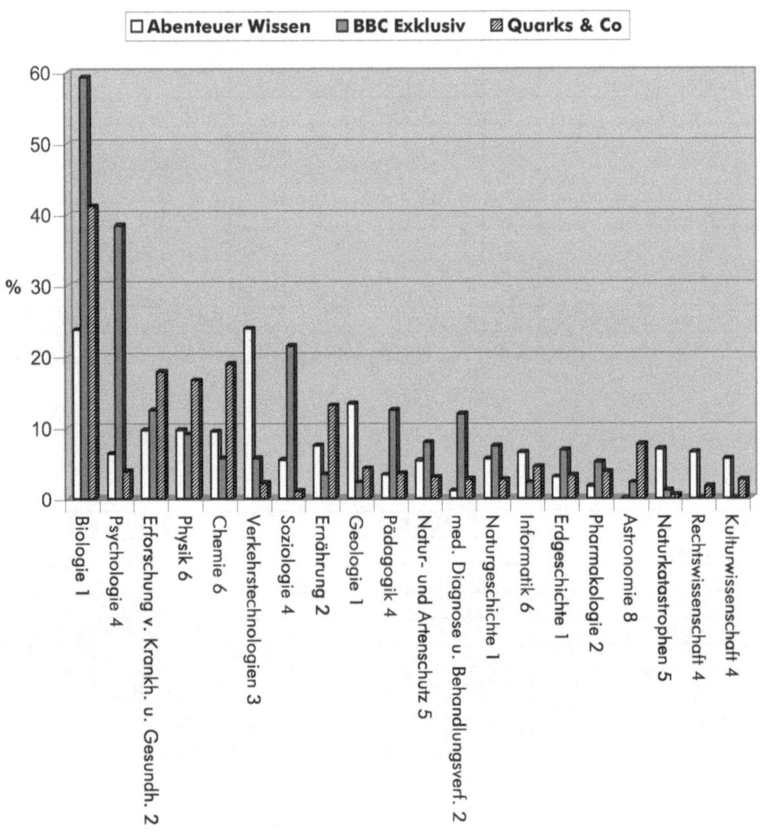

Abbildung 7: Verteilung der häufigsten Wissenschaftsdisziplinen (%)

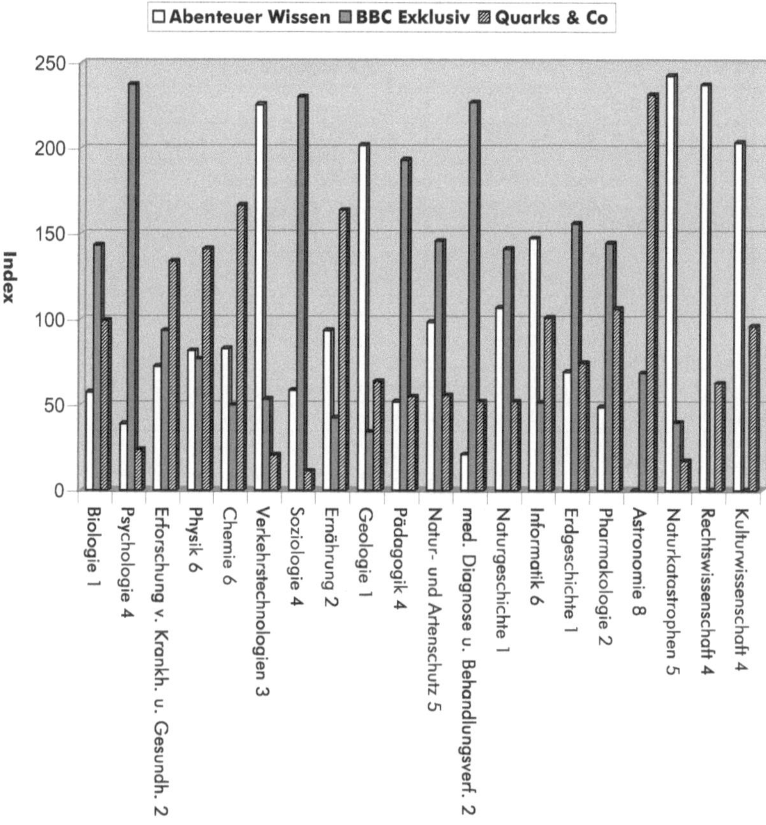

Abbildung 8: Verteilung der häufigsten Wissenschaftsdisziplinen (Index)

7.4.4 Einteilung der Sendungen in Abschnitte

7.4.4.1 BBC Exklusiv

„Heilkraft der Gebete (Can Prayer heal?)“
(Sendezeit: 25.07.2004, 09:40-10:40 Uhr)

Nr.	Länge	%	Beschreibung
	00:15	**0,6**	Vorspann
1	**01:44**	**4,0**	Exposition (Fallbeispiel, kurze Vorstellung der Studie)
2	**03:01**	**6,9**	kurze Vorstellung verschiedener Gebetsgruppen Beten u. Wissenschaft, Expertenmeinungen (pro u. contra) Vorstellung Betexperiment „Mantra-Studie“ Vorstellung Initiatoren der Studie Vorgehensweise der Studie
3	**06:53**	**15,8**	Vorstellung Patient: Oscar Fain weitere Informationen zur Vorgehensweise Aufzählung der verschiedenen Gebetsgruppen Ablauf der Operation, medizinische Erklärungen nach der Operation: alles gut gelaufen, mögliche Komplikationen
4	**03:41**	**8,5**	konträre Sichtweise bei Geistlichen und Medizinern Vorgeschichte / Vorgängerstudien der „Mantra-Studie“
5	**06:49**	**15,7**	Vorstellung Patient: Don Chapman Operation mit Problemen, medizinische Erklärungen nach der Operation
6	**04:40**	**10,7**	Ursprung der Mantra-Studie: Krankenhaus in Indien Übertragung auf westliche Welt? Gebetsgruppen: Was bewirken Gebete?
7	**03:52**	**8,9**	Probleme mit der Studie: viele Patienten nötig kurze Vorstellung zweier Patienten kontroverse Meinungen, Probleme mit Ablehnung durch Patienten zusätzliche Gebetsgruppen
8	**03:11**	**7,3**	Vorstellung Patient: Dennis Johnston Gebetsgruppe OP-Bilder kritische Äußerungen von Wissenschaftler und Patienten
9	**02:23**	**5,5**	Nachuntersuchung: Bericht was aus den 5 Patienten geworden ist Gebetsgruppen Statistiker werten Daten aus
10	**06:30**	**14,9**	Ergebnisse Interpretationen, Fazit, Ausblick, Schluss
	00:33	**1,3**	Abspann

„Kinder unserer Zeit (Child of our Time): Die ersten Machtkämpfe"
(Sendezeit: 31.07. 2004, 09:55-10:50 Uhr)

Nr.	Länge	%	Beschreibung
	00:15	**0,6**	Vorspann
1	**01:30**	**3,5**	Exposition (Vorstellung der Sendereihe und der aktuellen Folge)
2	**04:45**	**11,0**	Vorstellung der ersten Familie Mit 15 Monaten: Gene bestimmen den Charakter, Weinen ist instinktiv Zubettgehen als Machtkampf, Nacht-Aufnahmen
3	**04:37**	**10,7**	Experiment zur Selbsterkenntnis mit Erklärung anhand eines Hundes Test an verschiedenen Kindern Kinder werden berechnend statt instinktiv
4	**03:04**	**7,1**	Vorstellung der zweiten Familie psychische Probleme der Mutter
5	**05:52**	**13,6**	menschliches Verhalten (z.B. Schlaf) auch durch Hormone bestimmt Tag- oder Nachtmensch: durch Gene bestimmt Experiment zum Schlafverhalten Darstellung anhand der beiden Familien
6	**04:25**	**10,2**	Einfühlungsvermögen existiert schon ab Geburt Demonstration an Neugeborenem Fragebogen zum Einfühlungsvermögen der Eltern Experiment mit verschiedenen Kindern
7	**05:50**	**13,5**	Kampf um Unabhängigkeit Vorstellung der dritten Familie Rücksichtslosigkeit und Disziplin Exkurs: Kinder wie Welpen behandeln
8	**05:29**	**12,7**	Kinderpsychologin besucht verschiedene Kinder Experimente mit Psychologenbeobachtung (erste Familie)
9	**06:19**	**14,6**	weitere Experimente (zweite und dritte Familie)
10	**00:24**	**0,9**	Ausblick, Schluss
	00:42	**1,6**	Abspann, Vorschau auf nächste Folge

„Teenager - Eine Art für sich (Teen Species): Vom Jungen zum Mann"

(Sendezeit: 31.07. 2004, 10:50-11:45 Uhr)

Nr.	Länge	%	Beschreibung
	00:15	**0,6**	Vorspann
1	**01:57**	**4,5**	Exposition, kurze Vorstellung der fünf Jungen
2	**03:57**	**9,2**	Vorstellung Andy Vergleich zwischen Jungen und Mädchen Geschlechtshormone, insb. Testosteron
3	**04:42**	**10,9**	Unterschiede in Längenwachstum, Vorstellung Mark soziale Aspekte der Körpergröße Ablauf des Längenwachstums
4	**05:27**	**12,7**	Vorstellung Dominic Wachstum der Stimmbänder, Stimmbruch Untersuchung Stimmbänder durch HNO-Arzt
5	**04:14**	**9,8**	Vorstellung Jesse Muskelwachstum Probleme bei Spätentwicklern
6	**05:28**	**12,7**	Schlafrhythmus, Aufstehprobleme Exkurs: Schlafexperiment bei Schlafforscherin Einfluss des Melatoninspiegels
7	**03:52**	**9,0**	Launen während der Pubertät Wichtigkeit körperlicher Betätigung Probleme mit dem Stimmbruch Veränderungen der Kopfform
8	**04:33**	**10,6**	Topthema Mädchen treffen Hodenentwicklung, Erektion Sex und Partnerschaft
9	**03:48**	**8,8**	materielle Aspekte des Erwachsenwerdens Vorstellung Matthew Kriminalität, Drogen, Gesetzesbruch als Nervenkitzel Steigerung der Aggressionsbereitschaft durch Testosteron Resozialisierung
10	**04:10**	**9,7**	Zusammenfassung Rückblick auf die Entwicklung der fünf Jungen: Vergleich vorher-nachher
	00:41	**1,6**	Abspann

„Die ersten Athleten - Die Geburt von Olympia (First Olympians)"

(Sendezeit: 31.07. 2004, 19:10-20:15 Uhr)

Nr.	Länge	%	Beschreibung
	00:15	**0,6**	Vorspann
1	**01:13**	**2,8**	Exposition
2	**04:00**	**9,2**	Skelettfund eines antiken Athleten Rückblick auf berühmte Athleten der Antike Skelettfund hilft, einige Rätsel zu lösen
3	**02:58**	**6,8**	Gaspare Baggieri (Paläo-Pathologe) untersucht Skelett Rückblick auf Ernährung der Profi-Athleten
4	**05:33**	**12,7**	Matt Pain (Kinesiologe) rekonstruiert Körperbau Lebensgeschichte des Athleten: Untersuchung des Grabs Rückschlüsse auf Disziplinen aus Bildern auf Amphoren
5	**06:32**	**15,0**	Ablauf der antiken olympischen Spiele Fünfkampf, Diskuswerfen Untersuchung der möglichen Leistung anhand der Knochen Speerwerfen
6	**06:20**	**14,5**	Weitsprungtechnik der Antike mit Gewichten Vergleich der antiken Athleten mit heutigen Spitzensportlern am Beispiel Weitsprung, Nutzung eines Computermodells
7	**04:35**	**10,5**	Kampfsport, Ringen
8	**06:18**	**14,4**	Laufwettbewerb, Startmechanismus Siegerehrung Knochenverschleiß als Preis des Ruhms
9	**03:44**	**8,6**	Wagenrennen
10	**01:25**	**3,2**	Schluss, Ausblick
	00:47	**1,8**	Abspann

„Zeitreisen - Traum oder Wirklichkeit (Time Trip)"
(Sendezeit: 01.08. 2004, 09:40-10:40 Uhr)

Nr.	Länge	%	Beschreibung
	00:15	**0,6**	Vorspann
1	**01:02**	**2,4**	Exposition
2	**05:21**	**12,4**	Rückblick: Zeit war unfassbar, Gott herrschte über die Zeit verschiedene Versuche, die Zeit zu verstehen Newtons Theorien und deren Konsequenzen
3	**06:32**	**15,1**	Einstein widerspricht Newton Zeit ist relativ, Zeitreisen sind möglich Zeitreisen finden bereits statt: Raumstation Mir, Satelliten (aber nur vorwärts)
4	**03:34**	**8,2**	Reise rückwärts in der Zeit? Das Universum ist verrückt, gesunder Menschenverstand hinderlich
5	**04:10**	**9,6**	Suche nach möglichen Wegen in die Vergangenheit Kurt Gödel: drehendes Universum, Zeitschleife aber Universum dreht sich nicht
6	**06:04**	**14,0**	Frank Tipler: Nutzung schwarzer Löcher rotierende Zeitmaschine, basierend auf Gödel inzwischen gibt es zahlreiche theoretische Zeitmaschinen
7	**05:00**	**11,6**	Richard Gott und sein Pizza-Modell Exkurs über kosmische Strings, Bildung einer Zeitschleife Erklärung anhand einer Pizza
8	**02:25**	**5,6**	größtes Problem: riesige Energiemengen nötig nur Zeitschleifen, aber keine Reisen in die Vergangenheit möglich
9	**06:42**	**15,5**	Zeitreisen mittels virtueller Realität und mögliche Konsequenzen
10	**01:41**	**3,9**	Schluss, Zusammenfassung
	00:30	**1,2**	Abspann

7.4.4.2 Abenteuer Wissen

„Geheimakte M - Die Spur des Meisters"
(Sendezeit: 28.07.2004, 22:15-22:45 Uhr)

Nr.	Länge	%	Beschreibung
	00:24	**1,4**	Vorspann
1	**01:32**	**5,3**	Begrüßungsmoderation (Moderation 1)
2	**04:00**	**13,9**	Beitrag 1, Teil 1 (rätselhafte Tischplatte)
3	**03:15**	**11,3**	Beitrag 1, Teil 2 (Brandpfeile)
4	**04:11**	**14,5**	Beitrag 1, Teil 3 (Gold)
5	**01:08**	**3,9**	Moderation 2
6	**04:49**	**16,7**	Beitrag 2, Teil 1 (rätselhafte Tischplatte)
7	**04:02**	**14,0**	Beitrag 2, Teil 2 (Brandpfeile)
8	**04:20**	**15,0**	Beitrag 2, Teil 3 (Gold)
9	**00:38**	**2,2**	Verabschiedung (Moderation 3)
	00:30	**1,7**	Abspann

„Mission unter der Erde: Eroberung der Tiefenwelt"
(Sendezeit: 11.08.2004, 22:15-22:45 Uhr)

Nr.	Länge	%	Beschreibung
	00:24	**1,3**	Vorspann
1	**00:37**	**2,0**	Einführung: MAZ+Moderation (Moderation 1)
	01:07	**3,6**	Begrüßungsmoderation im Studio (Moderation 1)
2	**06:44**	**21,6**	Beitrag 1 (U-Bahn München)
3	**01:06**	**3,5**	Moderation 2
4	**06:01**	**19,3**	Beitrag 2 (Erdlöcher Ruhrgebiet)
5	**01:00**	**3,2**	Moderation 3
6	**06:03**	**19,4**	Beitrag 3 (Tunnel-Sicherheit)
7	**01:08**	**3,6**	Moderation 4
8	**06:00**	**19,3**	Beitrag 4 (Tunnelprojekt in den Alpen)
9	**00:26**	**1,4**	Verabschiedung (Moderation 5)
	00:30	**1,6**	Abspann

„Heimliche Eindringlinge - Einsatz gegen Biokiller"
(Sendezeit: 15.09.2004, 22:15-22:45 Uhr)

Nr.	Länge	%	Beschreibung
	00:24	**1,3**	Vorspann
1	**02:35**	**8,4**	Begrüßungsmoderation (Moderation 1)
2	**07:54**	**25,6**	Beitrag 1 (Tropenkrankheiten)
3	**01:15**	**4,0**	Moderation 2
4	**07:49**	**25,3**	Beitrag 2 (Quallen)
5	**01:05**	**3,5**	Moderation 3
6	**07:56**	**25,7**	Beitrag 3 (Bienen)
7	**01:27**	**4,7**	Verabschiedung (Moderation 4)
	00:29	**1,6**	Abspann

„Ötzi - Die Mumie sagt aus"
(Sendezeit: 29.09.2004, 22:15-22:45 Uhr)

Nr.	Länge	%	Beschreibung
	00:24	**1,3**	Vorspann
1	**00:34**	**1,8**	Einführung: MAZ+Moderation (Moderation 1)
	01:30	**4,9**	Begrüßungsmoderation im Studio (Moderation 1)
2	**05:59**	**19,4**	Beitrag 1 (Konservierungsprobleme)
3	**01:00**	**3,2**	Moderation 2
4	**06:30**	**21,1**	Beitrag 2 (Gletscher-Suchtrupp)
5	**01:12**	**3,9**	Moderation 3
6	**05:24**	**17,5**	Beitrag 3 (Wie lebte Ötzi)
7	**01:02**	**3,4**	Moderation 4
8	**06:08**	**19,9**	Beitrag 4 (Wie starb Ötzi)
9	**00:36**	**1,9**	Verabschiedung (Moderation 5)
	00:30	**1,6**	Abspann

„Es geschah im Eis, Teil 1"
(Sendezeit: 13.10.2004, 22:15-22:45 Uhr)

Nr.	Länge	%	Beschreibung
	00:24	**1,4**	Vorspann
1	**01:19**	**4,7**	Einführung: MAZ+Moderation (Moderation 1)
	00:44	**2,6**	Begrüßungsmoderation (Moderation 1)
2	**05:28**	**19,7**	Treffen historischer Rückblick Interview Abfahrt Richtung Nordpol
3	**05:47**	**20,8**	Landung in der Mäusebucht (mit Interview)
4	**02:23**	**8,6**	Rückblick auf erste Expedition
5	**06:19**	**22,7**	Vorbereitung der zweiten Expedition
6	**04:53**	**17,6**	Verabschiedung, Fahrt und Ankunft am Ziel
	00:30	**1,8**	Abspann

7.4.4.3 Quarks & Co

„Das Rätsel von links und rechts"
(Sendezeit: 03.08.2004, 21:00-21:45 Uhr)

Nr.	Länge	%	Beschreibung
	00:24	**0,9**	Vorspann
1	**00:19**	**0,7**	Begrüßungsmoderation (Moderation 1)
	01:19	**3,1**	Themenüberblick (Moderation 1)
	00:51	**2,0**	Moderation (Moderation 1)
2	**03:30**	**8,2**	Beitrag 1 (gespiegelte Duftstoffe)
3	**02:30**	**5,9**	Moderation 2
4	**03:21**	**7,9**	Beitrag 2 (Pasteur)
5	**01:06**	**2,6**	Moderation 3
6	**02:58**	**7,0**	Beitrag 3 (Contergan)
7	**02:11**	**5,1**	Moderation 4
8	**02:59**	**7,0**	Beitrag 4 (Doping-Verdacht)
9	**00:34**	**1,3**	Moderation 5
10	**03:04**	**7,2**	Beitrag 5 (Altersbestimmung an Zähnen)
11	**01:17**	**3,0**	Moderation 6
12	**02:59**	**7,0**	Beitrag 6 (Dreh-Richtungen)
13	**02:07**	**5,0**	Moderation 7
14	**03:58**	**9,3**	Beitrag 7 (Zuschauer-Selbstversuch)
15	**01:26**	**3,4**	Moderation 8
16	**04:31**	**10,6**	Beitrag 8 (Umlernen Rechts- auf Linkshänder)
17	**00:28**	**1,1**	Verabschiedung (Moderation 9)
	00:37	**1,5**	Abspann

„Reise in den Darm"
(Sendezeit: 17.08.2004, 21:00-21:45 Uhr)

Nr.	Länge	%	Beschreibung
	00:23	**0,9**	Vorspann
1	**00:47**	**1,9**	Begrüßungsmoderation (Moderation 1)
	00:44	**1,8**	Themenüberblick (Moderation 1)
	00:15	**0,6**	Moderation (Moderation 1)
2	**01:18**	**3,2**	Beitrag 1 (Vorstellung Darm)
3	**01:39**	**4,0**	Moderation 2
4	**02:18**	**5,6**	Beitrag 2 (Verdauungsprozess)
5	**00:55**	**2,2**	Moderation 3
6	**02:53**	**7,0**	Beitrag 3 (Verdauungssysteme verschiedener Tiere)
7	**02:45**	**6,7**	Moderation 4
8	**02:41**	**6,6**	Beitrag 4 (Verdauung aus Sicht eines Schwarzbrotes)
9	**03:23**	**8,3**	Moderation 5
10	**02:35**	**6,3**	Beitrag 5 (Verdauungsprobleme)
11	**02:28**	**6,0**	Moderation 6
12	**02:50**	**6,9**	Beitrag 6 (Immunsystem im Darm)
13	**03:37**	**8,8**	Moderation 7
14	**02:42**	**6,6**	Beitrag 7 (Nahrungsmittel in unterschiedlichen Kulturen)
15	**01:31**	**3,7**	Moderation 8
16	**03:35**	**8,8**	Beitrag 8 (Reizdarm-Syndrom)
17	**00:56**	**2,3**	Verabschiedung (Moderation 9)
	00:40	**1,6**	Abspann

„Das Geheimnis der Zugvögel“
(Sendezeit: 31.08.2004, 21:00-21:45 Uhr)

Nr.	Länge	%	Beschreibung
	00:24	**0,9**	Vorspann
1	**00:54**	**2,1**	Begrüßungsmoderation (Moderation 1)
	00:43	**1,7**	Themenüberblick (Moderation 1)
	01:01	**2,4**	Moderation (Moderation 1)
2	**03:08**	**7,4**	Beitrag 1 (Das hässliche Entlein)
3	**03:23**	**8,0**	Moderation 2
4	**02:44**	**6,5**	Beitrag 2 (Zugvögel, die hier bleiben)
5	**02:34**	**6,1**	Moderation 3
6	**03:12**	**7,6**	Beitrag 3 (Zugvogelforschung)
7	**01:44**	**4,1**	Moderation 4
8	**03:01**	**7,1**	Beitrag 4 (Vergleich Zugvogel - Flugzeug)
9	**00:44**	**1,7**	Moderation 5
10	**03:07**	**7,4**	Beitrag 5 (Taubenrennen)
11	**00:37**	**1,5**	Moderation 6
12	**04:07**	**9,7**	Beitrag 6 (Fitis)
13	**00:47**	**1,9**	Moderation 7
14	**02:55**	**6,9**	Beitrag 7 (Formationsflug)
15	**02:20**	**5,5**	Moderation 8
16	**03:55**	**9,3**	Beitrag 8 (Training Zwerggänse)
17	**00:25**	**1,0**	Verabschiedung (Moderation 9)
	00:32	**1,3**	Abspann

„Malaria – Mückenstich mit verhängnisvollen Folgen"
(Sendezeit: 14.09.2004, 21:00-21:45 Uhr)

Nr.	Länge	%	Beschreibung
	00:24	0,9	Vorspann
1	01:09	2,6	Begrüßungsmoderation (Moderation 1)
	00:43	1,6	Themenüberblick (Moderation 1)
	00:34	1,3	Moderation (Moderation 1)
2	02:28	5,6	Beitrag 1 (Vorstellung Land und Krankheit)
3	00:17	0,6	Moderation 2
4	03:06	7,0	Beitrag 2 (Geschichte der Malaria)
5	00:41	1,6	Moderation 3
6	03:06	7,0	Beitrag 3 (Infektionskreislauf der Malaria)
7	00:40	1,5	Moderation 4
8	03:04	7,0	Beitrag 4 (Gefährlichkeit besonders für Kinder)
9	00:19	0,7	Moderation 5
10	02:16	5,1	Beitrag 5 (Vorstellung Krankenhaus)
11	00:48	1,8	Moderation 6
12	03:09	7,1	Beitrag 6 (Impfstoff-Tests an Menschen)
13	00:33	1,2	Moderation 7
14	01:14	2,8	Beitrag 7 (kenianisches Forschungszentrum)
15	00:41	1,6	Moderation 8
16	03:13	7,3	Beitrag 8 (Geschichte der Malaria-Heilmittel)
17	00:56	2,1	Moderation 9
	00:21	0,8	kurze MAZ+Mod. (Moderation 9)
	00:42	1,6	Moderation 9 (Forts.)
18	02:29	5,6	Beitrag 9 (Geschichte einer Mücke)
19	00:29	1,1	Moderation 10
20	00:33	1,2	Interview (Beitrag 10)
21	04:08	9,4	Beitrag 10 (Experimente am Forschungszentrum)
22	00:45	1,7	Moderation 11
23	02:43	6,2	Beitrag 11 (Geschichte DDT)
24	01:54	4,3	Verabschiedung (Moderation 12)
	00:41	1,6	Abspann

„Risiko Zusatzstoffe?"
(Sendezeit: 28.09.2004, 21:00-21:45 Uhr)

Nr.	Länge	%	Beschreibung
	00:23	**0,9**	Vorspann
1	**01:20**	**3,0**	Begrüßungsmoderation, Demonstration Tomate (Moderation 1)
	00:43	**1,6**	Themenüberblick (Moderation 1)
	00:32	**1,2**	Moderation 1
2	**03:13**	**7,2**	Beitrag 1 (Gedankenspiel: Ein Leben ohne Zusatzstoffe)
3	**03:38**	**8,2**	Moderation 2
4	**03:36**	**8,1**	Beitrag 2 (Zusatzstoff-Bilanz zweier Personen)
5	**03:21**	**7,5**	Moderation 3
6	**03:16**	**7,4**	Beitrag 3 (Geschmackstest)
7	**01:18**	**2,9**	Moderation 4
8	**03:12**	**7,2**	Beitrag 4 (Geschichte der Zusatzstoffe)
9	**01:23**	**3,1**	Moderation 5
10	**03:06**	**7,0**	Beitrag 5 (Prüfverfahren für ein „E")
11	**01:34**	**3,5**	Moderation 6
12	**03:24**	**7,7**	Beitrag 6 (Glutamat)
13	**01:30**	**3,4**	Moderation 7
14	**03:05**	**6,9**	Beitrag 7 (Aspartam)
15	**00:44**	**1,7**	Moderation 8
16	**03:28**	**7,8**	Beitrag 8 (zusatzstofffreie Nahrungsmittel)
17	**00:33**	**1,2**	Moderation 9
	00:21	**0,8**	Anleitung Quarks-Skript
	00:08	**0,3**	Verabschiedung (Moderation 9)
	00:38	**1,4**	Abspann

7.4.5 Kategorien der Konzeptions- und Inhaltsanalyse

Analysekriterium	Analyse-einheit	Maßein-heit	Erläuterung
		ALLGEMEINE DATEN	
Laufzeit Sendung	**Sendung**	**Min:Sek**	Laufzeit einer Sendung von Anfang Vorspann bis Ende Abspann, ohne Werbeblöcke
Laufzeit Moderationen	**Sendung**	**Min:Sek**	Laufzeit aller Moderationsblöcke einer Sendung
Laufzeit Beiträge	**Sendung**	**Min:Sek**	Laufzeit aller Beiträge der Sendung bzw. des gesamten Stücks zwischen Vor- und Abspann in den Dokumentationen
Länge des Vorspanns	**Sendung**	**Sekunden**	Länge des Vorspanns
Anzahl Moderationen	**Sendung**	**Anzahl**	Anzahl der Moderationsblöcke einer Sendung
Anzahl Beiträge	**Sendung**	**Anzahl**	Anzahl der Beiträge einer Sendung
Anzahl Teile	**Sendung**	**Anzahl**	Anzahl der Teile einer Sendung, ohne Moderationen (entspricht bei QUARKS & CO der Anzahl der Beiträge, bei ABENTEUER WISSEN der Anzahl der Beiträge bzw. Beitrags-Teile (in der ersten und fünften Sendung), bei BBC EXKLUSIV den Teilen, in die die Sendungen für die genauere Analyse eingeteilt wurden)
Sendezeitanteil Moderationen	**Sendung**	**%**	$= \frac{\text{Laufzeit Moderationen}}{\text{Laufzeit Sendung}}$
Sendezeitanteil Beiträge	**Sendung**	**%**	$= \frac{\text{Laufzeit Beiträge}}{\text{Laufzeit Sendung}}$
Moderation im Studio	**Sendung**	**ja / nein**	Moderationen finden in der normalen Studioumgebung statt
		ANFANG UND SCHLUSS	
Einblendung Sendungsthema	**Sendung**	**ja / nein**	Thema bzw. Titel der Sendung (nicht der Sendereihe) wird als Schrift eingeblendet
expliziter / impliziter Themenüberblick	**Sendung**	**ex / im**	Die Sendung bietet einen expliziten Themenüberblick (als Videozuspielung) oder implizite Hinweise auf die Themen der Sendung
Bildteilung im Abspann	**Sendung**	**ja / nein**	Der Bildschirm ist während des Abspanns zweigeteilt: In der linken Hälfte läuft der Abspann, in der rechten werden andere Informationen gegeben
Verweis auf nächste Folge im Abspann	**Sendung**	**ja / nein**	Im Abspann der Sendung wird auf die nächste Folge der Sendereihe verwiesen
Länge der Exposition	**Sendung**	**Sekunden**	Laufzeit vom Ende des Vorspanns bis zum Ende der Exposition
Nennung des Sendungstitels durch ...	**Sendung**	**Schrift / Mod.**	Der Titel bzw. das Thema der Sendung wird durch eine Schrifteinblendung oder den Moderator genannt

Analysekriterium	Analyse-einheit	Maßein-heit	Erläuterung
Laufzeit bis Nennung Sendungstitel	**Sendung**	**Sekunden**	Laufzeit vom Ende des Vorspanns bis zur erstmaligen Nennung des Titels bzw. Themas der Sendung
Explizite Ankündigungen	**Sendung**	**ja / nein**	Zu Beginn der Sendung wird explizit auf die im Lauf der Sendung zu erwartenden Inhalte hingewiesen
Besonderheiten Schluss	**Sendung**	**ja / nein**	Vorhandensein eines oder mehrerer der Konzeptionselemente Zusammenfassung, Ausblick sowie Hinweise auf Internet-Angebot, nächste Folge, anschließende Sendung u.a.
STRUKTURIERUNG			
Exkurse	**Sendung**	**ja / nein**	Einschieben von Nebenhandlungen / -informationen
Hervorhebung wichtiger Informationen	**Sendung**	**Anzahl**	explizite Herausstellung wichtiger Informationen z.B. durch „entscheidend ist ..."
Eingestreute Fragen	**Sendung**	**Anzahl**	Einfügen von Fragen zur Hervorhebung von Informationen oder zur Anregung von Interesse und Aufmerksamkeit
kurze Pause (fehlende Halbsekunde)	**Teil**	**ja / nein**	Einfügen kurzer Pausen am Ende von Sinnabschnitten, um den Verständnisprozess zu erleichtern
Gestaltung der Übergänge	**Sendung**	**ja / nein**	Gestaltung des Übergangs zwischen Sinnabschnitten durch Musikwechsel, Bildwiederholungen, Text, Toneffekte oder spezielle Bildübergänge
VERMITTLUNG / INSZENIERUNG			
Vermittlung der Inhalte	**Teil**	**realistisch fiktional spielerisch**	Vermittlung der Inhalte in realistischer Form, als fiktionale Handlung oder durch spielerische Elemente
journalistische Darstellungsformen	**Teil**	**Bericht Reportage Interview etc.**	journalistische Darstellungsformen, die in einer Analyseeinheit zum Einsatz kommen
„Verpackung" wissenschaftlicher Inhalte in andere Geschichte	**Teil**	**ja / nein**	Vermittlung wissenschaftlichen Inhalte innerhalb einer anderen Handlung
Erzählhaltung Beiträge	**Teil**	**auktorial personal**	Erzählhaltung des Off-Erzählers im Beitrag bzw. der Dokumentation
Erzählhaltung Moderationen	**Moderation**	**auktorial personal**	Erzählhaltung des Moderators im Moderationsblock
Spannungsaufbau	**Teil**	**ja / nein**	Nutzung von Gestaltungsmitteln zum Spannungsaufbau
Konflikte	**Teil**	**ja / nein**	Darstellung von Konflikten zwischen Personen oder Handlungsmöglichkeiten

Analysekriterium	Analyse-einheit	Maßein-heit	Erläuterung
Action-Elemente	**Teil**	**ja / nein**	auffällige Nutzung von Gestaltungsmitteln aus Action-Filmen (schnelle Schnitte und Bewegungen, Explosionen etc.)
Elemente anderer Medienproduktionen	**Teil**	**ja / nein**	Verwendung von Elementen oder Ausschnitten anderer Medienproduktionen
VISUALISIERUNG			
Visualisierungen	**Sendung**	**Anzahl**	Darstellung von Unsichtbarem durch Grafiken, Spezialaufnahmen etc.
Aufnahmen von Technik	**Teil**	**ja / nein**	Zeigen technischer Geräte zur Veranschaulichung wissenschaftlicher Inhalte
Erklärung / Demonstration am Anschauungsobjekt	**Sendung**	**Anzahl**	Der Moderator oder ein Experte erklärt bzw. demonstriert einen Sachverhalt anhand eines Anschauungsobjekts.
Erklärung anhand Grafik / Animation	**Sendung**	**Anzahl**	Ein Sachverhalt wird anhand einer Grafik oder Animation gezeigt und aus dem Off vom Moderator oder einem Off-Sprecher kommentiert.
eigene Experimente der Macher	**Sendung**	**Anzahl**	Mitglieder des Produktionsteams der Sendung führen eigene Experimente durch
Darstellung durch Spielszenen	**Teil**	**ja / nein**	Darstellung der Inhalte (vollständig oder teilweise) in Form einer Spielszene
Bezugnahme auf tägliches Leben	**Sendung**	**Anzahl**	Bezugnahme auf Sachverhalte, die aus dem täglichen Leben bekannt sind
Verwendung von Analogien	**Sendung**	**Anzahl**	Vergleich eines unbekannten Phänomens durch Vergleich mit einem bekannten

Analysekriterium	Analyse-einheit	Maßein-heit	Erläuterung
PERSONALISIERUNG			
Hervorhebung einzelner Wissenschaftler	**Teil**	**ja / nein**	Darstellung der Inhalte anhand der Arbeit einzelner Wissenschaftler im Gegensatz zur Darstellung des Wissenschaftssystems als Institution
Personalisierung	**Teil**	**keine**	Personen, Namen und Titel werden nicht genannt, rein sachliche Tatsachenbeschreibung
		geringe	Personen werden genannt, sind aber ohne Bedeutung, Kern der Berichterstattung sind sachliche Vorgänge bzw. Tatsachen
		mittlere	Personen und Sachverhalte sind gleichrangig, Äußerung bzw. Auseinandersetzung der Personen dreht sich um abstrakte Vorgänge
		hohe	Einige oder wenige namentlich genannte oder genau bezeichnete Personen stehen im Mittelpunkt
Anzahl der explizit erwähnten Personen	**Sendung**	**Anzahl**	Anzahl der Personen, die namentlich oder vergleichbar explizit erwähnt werden
Fallbeispiele	**Sendung**	**Anzahl**	Zeigen von Personen bzw. Sachverhalten, die repräsentativ oder exemplarisch für einen Zusammenhang stehen
Ansprache / Einbeziehung des Publikums	**Teil**	**Sie / Wir**	Wird der Zuschauer in Beiträgen persönlich mit „Sie" angesprochen oder mit „Wir" indirekt einbezogen?
Ansprache / Einbeziehung des Publikums	**Moderation**	**Sie / Wir**	Wird der Zuschauer in Beiträgen Moderationen persönlich mit „Sie" angesprochen oder mit „Wir" indirekt einbezogen?
Bezugnahme auf Produktionsteam	**Sendung**	**ja / nein**	implizite oder explizite Bezugnahme auf das Produktionsteam in der Form „Wir haben untersucht ..." o.ä.
namentliche Erwähnung an der Sendung Beteiligter	**Sendung**	**ja / nein**	Nennung von Namen an der Sendung Beteiligter (z.B. Autoren der Beiträge, nicht jedoch der Moderator) außer im Abspann
Bezugnahme Moderator auf sich selbst	**Moderation**	**ja / nein**	Moderator bezieht sich selbst ein mit Formulierungen wie „ich zeige Ihnen ..."
Aufforderungen an Publikum	**Sendung**	**Anzahl**	explizite Aufforderungen an das Publikum, aufzupassen oder etwas zu tun

Analysekriterium	Analyse-einheit	Maßein-heit	Erläuterung
EMOTION / MOTIVATION			
Einsatz emotionalisierender und unterhaltender Gestaltungsmittel	**Teil**	**ja / nein**	Steigerung der Emotionalität oder Unterhaltsamkeit durch Musik, emotionale oder drastische Bilder, Bildgestaltung, Geräusche bzw. Toneffekte, Spielszenen, Äußerung oder Darstellung von Gefühlen, etc.
Bezug auf praktische Anwendung / Vorwissen des Alltags	**Teil**	**ja / nein**	Bezugnahme auf die praktische Anwendung der Erkenntnisse oder auf Vorwissen des Alltags, um die Motivation zu erhöhen
offensichtliches Vorenthalten der Antwort	**Teil**	**ja / nein**	offensichtliche Vorenthalten der Antwort auf eine explizit gestellte oder implizit aufgeworfene Frage, um die Spannung zu steigern
BILDGESTALTUNG			
auffällige Kameraführung	**Teil**	**ja / nein**	auffälliger Einsatz von Fahrten, Schwenks, Perspektiven, Tiefenunschärfe bzw. Schärfeverlagerung, Low-Key-Aufnahmen oder subjektiver Kamera
Umsetzung als Trickfilm	**Teil**	**ja / nein**	Vermittlung der Inhalte durch einen Trickfilm statt Kameraaufnahmen
Bildbearbeitung	**Teil**	**ja / nein**	auffällige Bildveränderung durch Compositing, Zeitlupe, -dehnung, -raffer, Einfärben, Negativ, Spiegeln, Unschärfe u.a.
bildliche Steuerungscodes	**Sendung**	**Anzahl**	Elemente, die auf bestimmte Bildteile hinweisen sollen, z.B. Vergrößerung, Hervorhebung, Pfeil u.a.
Auffälligkeiten im Schnitt	**Teil**	**ja / nein**	Einsatz von Parallelmontage, auffällig schnellen Schnitten, Jumpcuts, Übergangseffekten u.a.
symbolische / abstrakte Bilder	**Teil**	**ja / nein**	Einsatz von Bildern mit symbolischen Bedeutungen bzw. abstrakten Bildern im Gegensatz zu konkreten Bildern
TONGESTALTUNG			
Toneinsatz	**Teil**	**ja / nein**	Einsatz von Musik, Atmo, Originalgeräuschen oder Toneffekten
Originalgeräusch-Einsatz in Beiträgen	**Teil**	**vollständig teilweise nicht**	Einsatz von Originalgeräuschen in einem Beitrag bzw. einer Analyseeinheit
Musik-Einsatz in Beiträgen	**Teil**	**vollständig teilweise nicht**	Einsatz von Musik in einem Beitrag bzw. einem Teil einer Dokumentation
Musik-Einsatz in Moderationen	**Moderation**	**vollständig teilweise nicht**	Einsatz von Musik in einem Moderationsblock
Verwendung der Musik	**Teil**	**konnotativ denotativ**	Einsatz der Musik als Stimmungsuntermalung (konnotativ) oder handlungstragendes Element (denotativ)

Analysekriterium	Analyse-einheit	Maßein-heit	Erläuterung
Fehlen von Musik als Gestaltungsmittel	**Teil**	**ja / nein**	bewusstes Weglassen von Musik zur Erzielung einer bestimmten Wirkung
TEXT-BILD-VERHÄLTNIS			
Verweise auf das Bild durch den Text	**Sendung**	**Anzahl**	explizite Bezugnahmen oder Verweise auf das Bild durch den Text, z.B. „hier sehen Sie ..."
Sendungsteile unabhängig	**Sendung**	**ja / nein**	Fehlen von Bezügen zwischen den einzelnen Sendungsteilen, so dass sie unabhängig voneinander verständlich sind
WISSENSCHAFTSBILD			
Nennung wissenschaftlicher Disziplinen	**Sendung**	**Anzahl**	explizite oder implizite Nennung wissenschaftlicher Disziplinen
Namenseinblendungen in Wissenschaftler- O-Tönen	**Sendung**	**Anzahl**	Einblendung von Namen und Zusatzinformationen wie Beruf bzw. Fachrichtung, Institution, Ort
Fokussierung auf Forschungsergebnissen bzw. Forschungsprozessen	**Teil**	**Prozesse Ergebnisse keines**	Konzentration auf die Darstellung von Forschungsprozessen oder Forschungsergebnissen
Relevanz für alltägliches Leben	**Sendung**	**Anzahl**	Aufzeigen einer Relevanz für das alltägliche Leben oder Herstellung von Relevanz wissenschaftlicher Ergebnisse durch Bezugnahme darauf
Bezug zu Anwendungsmöglichkeiten	**Sendung**	**Anzahl**	Herstellung eines Bezugs zu Anwendungsmöglichkeiten der Erkenntnisse
Darstellung möglicher Folgen	**Sendung**	**Anzahl**	Darstellung möglicher Folgen der Anwendung wissenschaftlicher Erkenntnisse
Gegenüberstellung unterschiedlicher Meinungen	**Sendung**	**Anzahl**	Gegenüberstellung unterschiedlicher Meinungen innerhalb der Wissenschaft

Tabelle 15: Kategorien der Konzeptions- und Inhaltsanalyse

7.4.6 Ergebnisse der Konzeptions- und Inhaltsanalyse

7.4.6.1 Ergebnisse je Sendung

Kategorie		Maß-Einheit	BBC 1	BBC 2	BBC 3	BBC 4	BBC 5
ALLGEMEINE DATEN							
Laufzeit	**Sendung**	**Min:Sek**	43:32	43:11	43:03	43:39	43:16
	Moderationen	**Min:Sek**	-	-	-	-	-
		%	-	-	-	-	-
	Beiträge	**Min:Sek**	42:44	42:13	42:07	42:37	42:31
		%	98,2	97,8	97,8	97,6	98,3
Anzahl	**Moderationen**	**Anzahl**	-	-	-	-	-
	Beiträge	**Anzahl**	(1)	(1)	(1)	(1)	(1)
	Teile	**Anzahl**	10	10	10	10	10
Moderation im Studio			-	-	-	-	-
ANFANG UND SCHLUSS							
explizit / implizit Themenüberblick			nein	im	im	nein	im
Bildteilung im Abspann			nein	nein	nein	nein	nein
Verweis auf nächste Folge im Abspann			nein	(ja)	nein	nein	nein
Länge der Exposition (ohne Vorspann)		**Min:Sek**	01:44	01:30	01:56	01:13	01:02
Nennung des Sendungstitels durch ...			Schrift	Schrift	Schrift	Schrift	Schrift
Laufzeit bis Nennung Sendungstitel		**Sekunden**	96	45	43	69	55
Explizite Ankündigungen			nein	ja	ja	nein	ja
Besonderheiten Schluss[1]			Z A	Z A V	Z A	Z A	Z A
STRUKTURIERUNG							
Exkurse			ja	ja	ja	ja	nein
Hervorhebung wichtiger Informationen		**Anzahl**	2	2	0	2	0
Eingestreute Fragen		**Anzahl**	8	8	5	4	5
kurze Pause (fehlende Halbsekunde)		**Anteil**[2]	7/10	5/10	6/10	10/10	7/10
Gestaltung der Übergänge	**Musikwechsel**			x	x	x	x
	Bildwiederholungen		x		x		
	Text			x			x
	Toneffekt		x		x	x	
	spezielle Bildübergänge					x	x

[1] Z = Zusammenfassung, A = Ausblick, I = Hinweis Internet-Angebot, V = Vorschau nächste Folge, H = Hinweis anschließende Sendung, S = Hinweis Spendenkonto, Q = Hinweis Quarks-Skript

[2] Anteil der Beiträge bzw. Sendungsteile, auf die das betreffende Merkmal zutrifft bzw. die es wenigstens einmal aufweisen

AW[3] 1	AW 2	AW 3	AW 4	AW 5	Q&C 1	Q&C 2	Q&C 3	Q&C 4	Q&C 5
28:49	31:07	30:55	30:50	27:47	42:29	40:55	42:19	44:05	44:26
03:18	05:24	06:23	05:54	02:03	14:08	18:59	15:14	11:32	16:44
11,5	17,4	20,6	19,1	7,4	33,3	46,4	36,0	26,2	37,7
24:37	24:49	23:39	24:02	24:51	27:19	20:51	26:09	31:28	26:20
85,4	79,8	76,5	77,9	89,4	64,3	51,0	61,8	71,4	59,3
3	5	4	5	1	9	9	9	12	9
2	4	3	4	1	8	8	8	11	8
6	4	3	4	5	8	8	8	11	8
nein	ja	ja	ja	nein	ja	ja	ja	nein	ja
nein	im	nein	nein	nein	ex	ex	ex	ex	ex
ja	ja	ja	ja	nein	ja	ja	ja	ja	ja
ja	ja	ja	ja	(ja)[4]	ja	ja	ja	nein	ja
01:32	01:15	01:45	01:46	02:03	02:04	01:31	01:38	01:53	02:03
Schrift	Schrift	Schrift	Schrift	Schrift	Mod.	Mod.	Mod.	Mod.	-
146	28	156	29	53	47	31	46	52	-
nein	nein	ja	ja	ja	ja	ja	ja	ja	ja
Z	H	I S	A I V	Z V	I	Z I	I	Z A	Z Q
nein	nein	nein	ja	ja	nein	nein	nein	nein	nein
0	0	0	1	0	0	1	0	2	0
7	6	7	11	0	7	4	5	3	3
-	4/4	1/3	4/4	4/5	2/8	5/8	3/8	9/11	7/8
x	x	x	x	x		x	x	x	x
							x	x	x
	x	x		x			x		x
			x			x			x
x	x	x	x		x	x		x	

3 BBC = BBC EXKLUSIV, AW = ABENTEUER WISSEN, Q&C = QUARKS & CO

4 (ja) in Klammern bedeutet: Verweis auf nächste Folge im Abspann, aber nicht wie im Text geschildert mit geteiltem Bildschirm

Kategorie / Sendung			Maß-Einheit	BBC 1	BBC 2	BBC 3	BBC 4	BBC 5
VERMITTLUNG / INSZENIERUNG								
Vermittlung der Inhalte	realistisch		Anteil	10/10	10/10	10/10	10/10	10/10
	fiktional		Anteil	-	-	-	-	-
	spielerisch		Anteil	-	-	-	-	-
journalistische Darstellungsformen	Bericht / Reportage		Anteil	10/10	10/10	10/10	10/10	10/10
	Interview		Anteil	-	-	-	-	-
	Dialog		Anteil	-	-	-	-	-
	Spielhandlung		Anteil	-	-	-	-	-
„Verpackung" wissenschaftlicher Inhalte in andere Geschichte			Anteil	3/10	4/10	9/10	1/10	-
Erzählhaltung Beiträge	auktorial		Anteil	10/10	10/10	10/10	10/10	10/10
	personal		Anteil	-	3/10	-	-	-
Erzählhaltung Moderationen	auktorial		Anteil	-	-	-	-	-
	personal		Anteil	-	-	-	-	-
Spannungsaufbau			Anteil	4/10	-	1/10	6/10	6/10
Konflikte			Anteil	7/10	5/10	4/10	0	6/10
Action-Elemente			Anteil	4/10	8/10	10/10	9/10	9/10
Elemente anderer Medienproduktionen			Anteil	-	-	2/10	10/10	4/10
VISUALISIERUNG								
Visualisierungen			Anzahl	6	6	16	5	1
Aufnahmen von Technik			Anteil	8/10	1/10	3/10	3/10	-
Erklärung / Demonstration am Anschauungsobjekt	Moderator		Anzahl	-	-	-	-	-
	Experte		Anzahl	2	7	-	6	1
Erklärung anhand Grafik / Animation	Moderation		Anzahl	-	-	5	-	-
	Beitrag		Anzahl	-	-	-	-	-
eigene Experimente der Macher			Anzahl	-	4	-	-	-
Darstellung durch Spielszenen			Anteil	-	1/10	-	10/10	2/10
Bezugnahme auf tägliches Leben			Anzahl	2	4	-	-	-
Verwendung von Analogien			Anzahl	3	3	2	1	1
PERSONALISIERUNG								
Hervorhebung einzelner Wissenschaftler			Anteil	6/10	5/10	2/10	4/10	5/10
Personalisierung	keine		Anteil	-	-	-	-	1/10
	geringe		Anteil	-	1/10	-	2/10	3/10
	mittlere		Anteil	10/10	2/10	4/10	8/10	6/10
	hohe		Anteil	-	7/10	6/10	-	-
Anzahl der explizit erwähnten Personen (inkl. Moderator)			Anzahl	24	30	11	9	9
Fallbeispiele			Anzahl	12	13	5	3	-
Ansprache / Einbeziehung des Publikums	Beiträge	Sie	Anteil	1/10	1/10	-	-	3/10
		Wir	Anteil	1/10	3/10	-	4/10	5/10
	Moderationen	Sie	Anteil	-	-	-	-	-
		Wir	Anteil	-	-	-	-	-

AW 1	AW 2	AW 3	AW 4	AW 5	Q&C 1	Q&C 2	Q&C 3	Q&C 4	Q&C 5
6/6	4/4	3/3	4/4	5/5	6/8	6/8	6/8	11/11	6/8
-	-	-	-	-	1/8	2/8	2/8	-	2/8
-	-	-	-	-	1/8	-	-	-	-
6/6	4/4	3/3	4/4	5/5	6/8	8/8	8/8	11/11	7/8
-	-	-	-	3/5	-	-	-	2/11	-
-	-	-	-	-	2/8	-	-	-	-
-	-	-	-	-	-	-	-	-	1/8
6/6	4/4	1/3	2/4	5/5	6/8	7/8	5/8	2/11	6/8
6/6	4/4	3/3	4/4	3/5	8/8	8/8	8/8	11/11	8/8
-	-	-	-	2/5	1/8	1/8	1/8	3/11	2/8
3/3	5/5	4/4	5/5	-	9/9	9/9	9/9	12/12	9/9
-	-	-	-	1/1	3/9	1/9	1/9	2/12	2/9
6/6	4/4	3/3	3/4	2/5	2/8	3/8	2/8	1/11	3/8
2/6	2/4	3/3	3/4	1/5	3/8	4/8	3/8	5/11	4/8
3/6	4/4	2/3	4/4	nein	2/8	5/8	3/8	7/11	1/8
1/6	1/4	-	3/4	-	2/8	2/8	2/8	1/11	2/8
3	6	1	1	4	8	12	7	7	4
4/6	4/4	2/3	2/4	1/5	5/8	1/8	3/8	6/11	3/11
1	-	-	-	-	15	18	11	9	14
1	-	4	1	2	-	-	-	1	-
1	2	1	-	-	8	7	6	1	3
-	-	-	-	1	3	5	7	-	3
-	-	-	-	-	1	-	-	-	1
1/6	1/4	-	3/4	-	3/8	2/8	2/8	-	1/8
-	2	1	-	-	5	5	2	1	5
3	1	-	-	1	1	6	4	-	-
6/6	3/4	3/3	4/4	5/5	1/8	nein	2/8	4/11	1/8
-	-	-	-	-	3/8	5/8	1/8	4/11	2/8
-	1/4	-	-	-	2/8	1/8	2/8	3/11	4/8
6/6	3/4	3/3	4/4	-	2/8	2/8	4/8	4/11	1/8
-	-	-	-	5/5	1/8	-	1/8	-	1/8
9	11	12	9	4	12	4	13	14	12
2	2	3	2	-	5	4	2	3	3
-	-	-	-	-	1/8	1/8	1/8	-	1/8
-	-	-	-	1/5	1/8	-	-	-	-
		1/4	2/5	-	8/9	8/9	7/9	5/12	8/9
2/3	4/5	4/4	4/5	-	7/9	7/9	5/9	5/12	8/9

Kategorie / Sendung		Maß-Einheit	BBC 1	BBC 2	BBC 3	BBC 4	BBC 5
Bezugnahme auf Produktionsteam	**Beiträge**	**Anzahl**	-	11	4	-	-
	Moderationen	**Anzahl**	-	-	-	-	-
namentliche Erwähnung an der Sendung Beteiligter (ohne Moderator / Abspann)			nein	nein	nein	nein	nein
Bezugnahme Moderator auf sich selbst		**Anteil**	-	-	-	-	-
Aufforderungen an Publikum		**Anzahl**	-	-	-	-	-
EMOTION / MOTIVATION							
Einsatz emotionalisierender und unterhaltender Gestaltungsmittel	**Musik**	**Anteil**	10/10	10/10	10/10	10/10	10/10
	emotionale / drastische Bilder	**Anteil**	7/10	10/10	8/10	10/10	1/10
	Bildgestaltung	**Anteil**	-	5/10	10/10	10/10	10/10
	Geräusche / Toneffekte	**Anteil**	10/10	4/10	-	-	-
	Spielszene	**Anteil**	-	-	-	10/10	2/10
	Äußerung / Darstellung von Gefühlen	**Anteil**	-	9/10	9/10	8/10	-
	gemeinsame Beobachterrolle	**Anteil**	2/10	5/10	-	-	-
Bezug auf praktische Anwendung / Vorwissen des Alltags		**Anteil**	nein	3/10	nein	nein	1/10
offensichtliches Vorenthalten der Antwort		**Anteil**	6/10	5/10	1/10	2/10	3/10
BILDGESTALTUNG							
auffällige Kameraführung	**Fahrt**	**Anteil**	5/10	-	1/10	5/10	4/10
	Schwenk	**Anteil**	-	-	1/10	2/10	-
	Perspektive	**Anteil**	4/10	2/10	1/10	1/10	3/10
	Tiefenunschärfe	**Anteil**	5/10	1/10	7/10	9/10	6/10
	davon Schärfeverlagerung	**Anteil**	-	1/10	-	3/10	2/10
	Low-Key-Aufnahmen	**Anteil**	3/10	-	1/10	6/10	1/10
	subjektive Kamera	**Anteil**	-	-	-	-	-
Umsetzung als Trickfilm		**Anteil**	-	-	-	-	-

AW 1	AW 2	AW 3	AW 4	AW 5	Q&C 1	Q&C 2	Q&C 3	Q&C 4	Q&C 5
-	2	-	-	2	1	1	-	2	1
1	4	3	5	2	6	6	9	2	5
ja	ja	ja	ja	nein	nein	nein	nein	nein	nein
-	-	-	1/5	-	4/9	4/9	2/9	4/12	2/9
-	-	-	-	-	5	2	2	1	3
6/6	4/4	3/3	4/4	5/5	5/8	7/8	5/8	7/11	7/8
-	3/4	3/3	-	3/5	1/8	1/8	2/8	5/11	1/8
-	4/4	1/3	4/4	-	3/8	6/8	4/8	11/11	5/8
2/6	-	2/3	-	-	3/8	5/8	4/8	4/11	3/8
1/6	-	-	1/4	-	1/8	1/8	1/8	-	1/8
-	-	-	-	4/5	3/8	-	3/8	3/11	2/8
6/6	1/4	-	4/4	1/5	-	-	2/8	-	3/8
nein	nein	1/3	nein	nein	6/8	4/8	2/8	1/11	5/8
6/6	2/4	2/3	4/4	nein	2/8	1/8	2/8	1/11	nein
6/6	4/4	2/3	3/4	2/5	3/8	2/8	2/8	8/11	2/8
2/6	2/4	1/3	2/4	2/5	2/8	-	1/8	4/11	4/8
2/6	-	-	2/4	1/5	1/8	1/8	1/8	-	3/8
6/6	2/4	3/3	4/4	1/5	1/8	3/8	2/8	6/11	2/8
2/6	1/4	2/3	2/4	-	-	-	-	3/11	-
4/6	1/4	1/3	-	-	2/8	1/8	3/8	1/11	-
-	-	-	-	-	-	-	-	1/11	2/8
-	-	-	-	-	1/8	1/8	-	-	1/8

Kategorie / Sendung		Maß-Einheit	BBC 1	BBC 2	BBC 3	BBC 4	BBC 5
Bildbearbeitung	**Compositing**	**Anteil**	8/10	1/10	1/10	1/10	9/10
	Zeitlupe	**Anteil**	-	1/10	2/10	9/10	6/10
	Zeitdehnung[5]	**Anteil**	-	-	4/10	-	2/10
	Zeitraffer	**Anteil**	-	2/10	1/10	-	4/10
	Rückwärts	**Anteil**	-	-	-	-	5/10
	∑ Zeitveränderung	**Anteil**	-	3/10	6/10	9/10	9/10
	Einfärben	**Anteil**	2/10	-	-	-	1/10
	Negativ	**Anteil**	-	-	-	-	5/10
	gespiegeltes Bild	**Anteil**	-	-	-	-	2/10
	unscharfes Bild	**Anteil**	2/10	-	3/10	9/10	1/10
	Bewegungsunschärfe-Effekt	**Anteil**	-	-	1/10	-	4/10
	auffälliges Standbild	**Anteil**	-	1/10	-	-	-
bildliche Steuerungscodes	**Vergrößerung**	**Anzahl**	1		1		1
	Hervorhebung	**Anzahl**	-	-	-	-	-
	Pfeil	**Anzahl**	-	-	-	-	-
	sonst Markierung	**Anzahl**	-	-	-	-	-
	Zeigen mit Finger	**Anzahl**	-	-	-	1	1
	Denkblase	**Anzahl**	-	-	-	-	-
	Gesamt	**Anzahl**	1	-	1	1	2
Auffälligkeiten im Schnitt	**Parallelmontage**	**Anteil**	3/10	1/10	1/10	2/10	-
	schnelle Schnitte	**Anteil**	4/10	2/10	-	2/10	4/10
	Jumpcuts	**Anteil**	-	1/10	3/10	-	-
	Stoptrick[6]	**Anteil**	-	-	3/10	-	-
	Weißblende / -blitz	**Anteil**	-	1/10	1/10	6/10	1/10
	Schwarzblende / -bild	**Anteil**	-	-	-	-	-
	Übergangseffekt[7]	**Anteil**	-	-	1/10	-	1/10
	langsame Blende	**Anteil**	-	-	-	1/10	-
symbolische / abstrakte Bilder		**Anteil**	9/10	5/10	4/10	10/10	10/10

[5] zur Unterscheidung zwischen Zeitlupe und Zeitdehnung: Zeitdehnungsaufnahmen sind Spezialaufnahmen, die mit höherer Geschwindigkeit aufgenommen wurden (mehr als 25 Bilder pro Sekunde), Zeitlupen dagegen können aus jedem Material hergestellt werden, indem es langsamer (also mit weniger als 25 Bildern pro Sekunde) abgespielt wird. Das Ergebnis ist oft ähnlich, aber Zeitdehnungsaufnahmen bilden Bewegungen sauberer ab als Zeitlupen. Die getrennte Erfassung kann z.B. dazu dienen, Rückschlüsse auf den produktionstechnischen Aufwand zu ziehen.

[6] Die Kamera wird mehr oder weniger lange angehalten, ohne den Bildausschnitt zu verändern, der Bildinhalt ändert sich aber. Das Ergebnis wirkt so, als ob Gegenstände oder Personen plötzlich aus dem Nichts auftauchen oder verschwinden (in den vorliegenden Fällen in Form einer Überblendung ausgeführt).

[7] besondere Übergänge, z.B. Blenden, in denen das Bild zusätzlich noch unscharf wird

AW 1	AW 2	AW 3	AW 4	AW 5	Q&C 1	Q&C 2	Q&C 3	Q&C 4	Q&C 5
-	1/4	2/3	1/4	-	3/8	3/8	4/8	1/11	3/8
-	-	1/3	2/4	-	-	-	2/8	1/11	-
-	-	-	1/4	-	-	-	-	-	-
2/6	-	-	-	-	1/8	-	-	-	1/8
-	-	-	-	-	-	-	-	-	-
2/6		-	2/4	-	1/8	-	2/8	1/11	1/8
-	-	-	-	-	-	-	-	-	-
-	-	-	-	-	-	-	-	-	-
-	-	-	-	-	-	-	-	-	-
-	-	-	-	-	-	-	-	-	-
-	-	-	1/4	-	-	-	-	-	-
-	-	1/3	-	-	1/8	-	-	-	-
-	-	-	1	-	-	-	1	1	1
1	-	-	1	2	2	1	1	2	3
1	-	-	-	1	3	-	-	-	-
-	-	-	-	-	-	2	-	-	-
-	-	-	-	-	-	-	-	-	-
-	-	-	-	-	-	-	1	-	1
2	-	-	2	3	5	3	3	3	5
-	-	-	1/4	-	-	-	-	1/11	-
-	-	-	-	-	-	-	-	-	-
-	-	-	-	1/5	-	1/8	-	1/11	-
-	-	-	1/4	-	-	2/8	-	-	-
1/6	-	1/3	4/4	-	1/8	1/8	-	1/11	-
-	-	-	-	-	-	-	-	3/11	1/8
-	1/4	-	2/4	-	1/8	1/8	-	-	2/8
-	-	-	-	-	-	-	-	-	-
-	-	-	4/4	-	-	5/8	2/8	-	4/8

Kategorie / Sendung		Maß-Einheit	BBC 1	BBC 2	BBC 3	BBC 4	BBC 5
TONGESTALTUNG							
Toneinsatz	Musik	Anteil	10/10	10/10	10/10	10/10	10/10
	Atmo	Anteil	10/10	10/10	10/10	10/10	6/10
	O-Geräusche	Anteil	10/10	10/10	10/10	4/10	6/10
	Toneffekte	Anteil	10/10	1/10	9/10	10/10	6/10
Originalgeräusch-Einsatz in Beiträgen	vollständig	Anteil	-	1/10	-	-	-
	teilweise	Anteil	10/10	9/10	10/10	4/10	6/10
	nicht	Anteil	-	-	-	6/10	4/10
Musik-Einsatz in Beiträgen	vollständig	Anteil	-	-	-	1/10	4/10
	teilweise	Anteil	10/10	10/10	10/10	9/10	6/10
	nicht	Anteil	-	-	-	-	-
Musik-Einsatz in Moderationen	vollständig	Anteil	-	-	-	-	-
	teilweise	Anteil	-	-	-	-	-
	nicht	Anteil	-	-	-	-	-
Verwendung der Musik	konnotativ	Anteil	10/10	10/10	10/10	10/10	10/10
	denotativ	Anteil	4/10	1/10	1/10	-	1/10
Fehlen von Musik als Gestaltungsmittel		Anteil	-	-	2/10	3/10	4/10
TEXT-BILD-VERHÄLTNIS							
Verweise auf das Bild durch den Text	Beiträge	Anzahl	1	4	5	4	2
	Moderationen	Anzahl	-	-	-	-	-
Sendungsteile unabhängig			nein	nein	nein	nein	nein
WISSENSCHAFTSBILD							
Nennung wissenschaftlicher Disziplinen		Anzahl	6	1	3	5	5
Namenseinblendungen in Wissenschaftler- O-Tönen	Beruf / Fachrichtung	Anzahl	6	-	2	5	-
	Institution	Anzahl	-	-	-	-	-
	Beruf / Fachrichtung und Institution	Anzahl	-	-	-	-	6
	Beruf / Fachrichtung und Ort	Anzahl	-	-	1	-	-
Fokussierung auf Forschungsergebnissen bzw. Forschungsprozessen	Prozesse	Anteil	5/10	4/10	1/10	3/10	5/10
	Ergebnisse	Anteil	1/10	5/10	9/10	7/10	5/10
	keines	Anteil	4/10	2/10	1/10	0	0
Relevanz für alltägliches Leben		Anzahl	1	1	0	0	1
Bezug zu Anwendungsmöglichkeiten		Anzahl	1	0	2	0	3
Darstellung möglicher Folgen		Anzahl	0	0	1	0	1
Gegenüberstellung unterschiedlicher Meinungen		Anzahl	5	0	0	0	3

Tabelle 16: Ergebnisse der Konzeptions- und Inhaltsanalyse je Sendung

AW 1	AW 2	AW 3	AW 4	AW 5	Q&C 1	Q&C 2	Q&C 3	Q&C 4	Q&C 5
6/6	4/4	3/3	4/4	5/5	6/8	7/8	5/8	7/11	7/8
6/6	4/4	3/3	4/4	5/5	5/8	3/8	8/8	11/11	6/8
6/6	4/4	3/3	4/4	5/5	8/8	6/8	8/8	9/11	7/8
6/6	1/4	3/3	4/4	5/5	6/8	7/8	2/8	3/11	5/8
-	-	-	-	2/5	1/8	-	3/8	4/11	1/8
6/6	4/4	3/3	4/4	3/5	7/8	6/8	5/8	5/11	6/8
-	-	-	-	-	-	2/8	-	2/11	1/8
-	-	-	4/4	-	1/8	1/8	-	-	3/8
6/6	4/4	3/3	-	5/5	5/8	6/8	5/8	7/11	4/8
-	-	-	-	-	2/8	1/8	3/8	4/11	1/8
3/3	-	-	-	-	-	-	-	-	-
-	1/5	-	1/5	1/1	1/9	2/9	1/9	1/12	1/9
-	4/5	4/4	4/5	-	8/9	7/9	8/9	11/12	8/9
6/6	4/4	3/3	4/4	5/5	5/8	6/8	4/8	6/11	7/8
-	-	2/3	-	-	2/8	3/8	2/8	1/11	1/8
2/6	-	-	-	-	1/8	3/8	1/8	-	-
3	-	3	1	10	6	2	3	4	1
1	1	2	1	1	10	12	12	10	10
nein	ja	ja	ja	nein	nein	ja	ja	nein	ja
-	-	4	4	1	4	-	1	2	3
-	1	2	-	-	-	-	-	-	-
2	4	4	-	-	-	-	1	2	-
-	-	1	-	-	-	-	-	-	-
-	-	-	3	-	-	-	-	-	-
6/6	2/4	3/3	4/4	2/5	4/8	2/8	2/8	6/11	3/8
0	2/4	1/3	0	1/5	2/8	6/8	6/8	2/11	4/8
0	0	0	0	2/5	2/8	0	0	3/11	1/8
0	1	1	0	0	5	6	0	1	5
0	0	2	1	0	2	1	1	4	0
0	0	1	0	0	1	0	0	2	1
0	0	0	0	0	0	0	0	1	1

7.4.6.2 Ergebnisse je Sendereihe

Kategorie		Maßeinheit	BBC Exklusiv	Abenteuer Wissen	Abenteuer Wissen ohne Ausnahmen (1+5)	Quarks & Co	Quarks & Co ohne Ausnahmesendung (4)
ALLGEMEINE DATEN							
durchschnittliche Laufzeit	Sendung	Min:Sek	43:20	29:54	30:57	42:51	42:32
	Moderation	Min:Sek	-	01:17	01:16	01:36	01:48
	Beitrag	Min:Sek	-	08:43	06:35	03:04	03:09
Länge des Vorspanns		Sek.	15	24	24	24	24
durchschnittliche Anzahl Beiträge		Anzahl	(1)	2,8	3,7	8,6	8
Sendezeitanteil	Moderationen	%	-	15,4	19,0	35,8	38,3
	Beiträge	%	(97,9)	81,6	78,1	61,7	59,2
ANFANG UND SCHLUSS							
Einblendung Sendungsthema			ja	ja	ja	nein	nein
expliziter Themenüberblick			nein	nein	nein	ja	ja
durchschnittliche Länge der Exposition		Min:Sek	1:29	1:40	1:35	1:50	1:49
Zeit bis Nennung Sendungstitel		Sek.	62	82	71	30	25
STRUKTURIERUNG							
Eingestreute Fragen		Anzahl	30	31	——[1]	22	——
kurze Pause (fehlende Halbsekunde)		%	70	59	82	60	53
VERMITTLUNG / INSZENIERUNG							
Vermittlung der Inhalte	realistisch	%	100	100	100	81	75
	fiktional	%	-	-	-	16	22
	spielerisch	%	-	-	-	2	3
journalistische Darstellungsformen	Bericht / Reportage	%	100	100	100	93	91
	Interview	%	-	14	-	5	-
	Dialog	%	-	-	-	5	6
	Spielhandlung	%	-	-	-	2	3
„Verpackung" wissenschaftlicher Inhalte in andere Geschichte		%	34	82	64	60	75
Erzählhaltung Beiträge	auktorial	%	100	91	100	100	100
	personal	%	6	9	-	19	16

[1] Angabe eines Wertes hat keinen Sinn bzw. keine Aussagekraft.

Kategorie			Maßeinheit	BBC EXKLUSIV	ABENTEUER WISSEN	ABENTEUER WISSEN ohne Ausnahmen (1+5)	QUARKS & CO	QUARKS & CO ohne Ausnahmesendung (4)
Erzählhaltung Moderationen	auktorial		%	-	94	100	100	100
	personal		%	-	6	-	19	19
Spannungsaufbau			%	34	82	91	26	31
Konflikte			%	44	50	73	44	44
Action-Elemente			%	80	59	91	42	34
VISUALISIERUNG								
Visualisierungen			Anzahl	30	15	——	38	——
Erklärung / Demonstration am Anschauungsobjekt	Moderator		Anzahl	-	1	——	67	——
	Experten		Anzahl	16	8	——	1	——
Erklärung anhand Grafik / Animation	Moderation		Anzahl	-	1	——	18	——
	Beiträge		Anzahl	5	4	——	24	——
eigene Experimente der Macher			Anzahl	4	-	——	2	——
Bezugnahme auf tägliches Leben			Anzahl	6	3	——	18	——
Verwendung von Analogien			Anzahl	10	5	——	11	——
PERSONALISIERUNG								
Hervorhebung einzelner Wissenschaftler			%	44	95	91	19	13
Personalisierung	keine		%	2	-	-	35	34
	geringe		%	12	5	9	28	28
	mittlere		%	60	73	91	30	28
	hohe		%	26	23	-	7	9
durchschnittliche Anzahl der explizit erwähnten Personen (inkl. Moderator)			Anzahl	16,6	9	10,7	11	10,3
Fallbeispiele			Anzahl	33	10	——	17	——
Ansprache / Einbeziehung des Publikums	Beiträge	Sie	%	14	-	-	9,3	12,5
		Wir	%	26	4,5	-	2,3	3,1
	Moderationen	Sie	%	-	16,7	21,4	75,0	86,1
		Wir	%	-	77,8	85,7	66,7	75,0
Bezugnahme auf Produktionsteam	Beiträge		%	15	4	——	5	——
	Moderationen		%	-	15	——	28	——
Bezugnahme Moderator auf sich selbst			%	-	6	7	33	33
EMOTION / MOTIVATION								
Bezug auf praktische Anwendung / Vorwissen des Alltags			%	8	5	9	42	53
offensichtliches Vorenthalten der Antwort			%	34	64	73	14	16

Kategorie		Maßeinheit	BBC EXKLUSIV	ABENTEUER WISSEN	ABENTEUER WISSEN ohne Ausnahmen (1+5)	QUARKS & CO	QUARKS & CO ohne Ausnahme-sendung (4)
BILDGESTALTUNG							
auffällige Kamera-führung	**Fahrt**	%	30	77	82	40	28
	Schwenk	%	6	41	45	26	22
	Perspektive	%	22	23	18	14	19
	Tiefenunschärfe	%	56	73	82	33	25
	davon Schärfeverlagerung	%	12	32	45	7	-
	Low-Key-Aufnahmen	%	22	27	18	16	19
Bildbearbeitung	**Compositing**	%	40	18	36	33	41
	Zeitveränderung	%	54	23	27	12	13
	Einfärben	%	6	-	-	-	-
	Negativ	%	10	-	-	-	-
	gespiegeltes Bild	%	4	-	-	-	-
	unscharfes Bild	%	30	5	9	-	-
	Bewegungsunschärfe-Effekt	%	10	5	9	-	-
	auffälliges Standbild	%	2	5	9	2	3
bildliche Steuerungscodes		**Anzahl**	5	7	——	19	——
Auffälligkeiten im Schnitt	**Parallelmontage**	%	14	5	9	2	-
	schnelle Schnitte	%	24	-	-	-	-
	Jumpcuts bzw. Stop-trick	%	14	9	9	9	9
	Übergangseffekte	%	22	32	55	26	22
symbolische / abstrakte Bilder		%	76	23	45	28	38
TONGESTALTUNG							
Toneinsatz	**Musik**	%	100	100	100	74	78
	Atmo	%	92	100	100	77	69
	O-Geräusche	%	80	100	100	88	91
	Toneffekte	%	72	86	73	53	63
Originalgeräusch-Einsatz in Beiträgen	**vollständig**	%	2	9	0	21	16
	teilweise	%	78	91	100	67	75
	nicht	%	20	0	0	12	9
Musik-Einsatz in Beiträgen	**vollständig**	%	10	18	36	12	16
	teilweise	%	90	82	64	63	63
	nicht	%	0	0	0	26	22
Musik-Einsatz in Moderationen	**vollständig**	%	-	17	0	0	0
	teilweise	%	-	17	14	13	14
	nicht	%	-	67	86	88	86
Verwendung der Musik	**konnotativ**	%	100	100	100	65	69
	denotativ	%	14	9	18	21	25
Fehlen von Musik als Gestaltungsmittel		%	18	9	0	12	16

Kategorie		Maßeinheit	BBC Exklusiv	Abenteuer Wissen	Abenteuer Wissen ohne Ausnahmen (1+5)	Quarks & Co	Quarks & Co ohne Ausnahmesendung (4)
TEXT-BILD-VERHÄLTNIS							
Verweise auf das Bild durch den Text	**Beiträge**	**Anzahl**	16	17	4	16	12
	Moderationen	**Anzahl**	0	6	4	54	44
WISSENSCHAFTSBILD							
Nennung wissenschaftlicher Disziplinen		**Anzahl**	20	9	8	11	9
Namenseinblendungen in Wissenschaftler- O-Tönen	**Beruf / Fachrichtung**	**Anzahl**	13	3	3	-	-
	Institution	**Anzahl**	-	10	8	3	1
	Beruf / Fachrichtung und Institution	**Anzahl**	6	1	1	-	-
	Beruf / Fachrichtung und Ort	**Anzahl**	1	3	3	-	-
Fokussierung auf Forschungsergebnissen bzw. Forschungsprozessen	**Prozesse**	**%**	36	77	82	40	34
	Ergebnisse	**%**	54	18	27	47	56
	keines	**%**	14	9	0	14	9
Relevanz für alltägliches Leben		**Anzahl**	3	2	2	17	16
Bezug zu Anwendungsmöglichkeiten		**Anzahl**	6	3	3	8	4
Darstellung möglicher Folgen		**Anzahl**	2	1	1	4	2
Gegenüberstellung unterschiedlicher Meinungen		**Anzahl**	8	0	0	2	1

Tabelle 17: Ergebnisse der Konzeptions- und Inhaltsanalyse je Sendereihe

7.4.7 Rezeptionsdaten

7.4.7.1 Die Sinus-Milieus

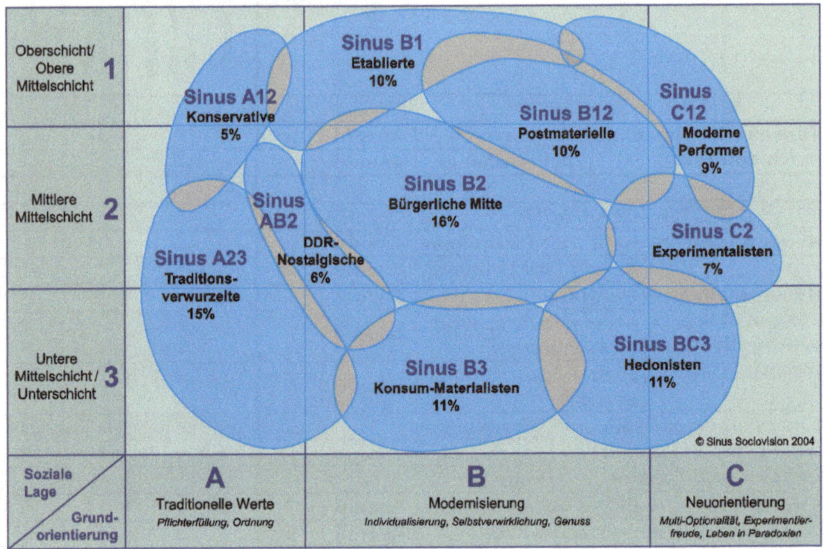

Abbildung 9: Sinus-Milieus in Deutschland 2004 (SINUS SOCIOVISION 2004)

7.4.7.2 Auswertung der Rezeptionsdaten

Sendereihe (Sender)	Sendereihe		Durchschnitt Sender		MA-Vergleich
	Mio	MA %	Mio	MA %	
ABENTEUER WISSEN (ZDF)	2,24	10,7	1,42	13,9	-3,2
BBC EXKLUSIV (VOX)	0,44	4,2	0,38	3,7	+0,5
QUARKS & CO (WDR)	0,52	7,9	0,16	7,1	+0,8

Tabelle 18: Vergleich der Zuschauerzahlen der Sendereihen und Sender

Milieu	ABENTEUER WISSEN		ZDF Gesamt		Index-Vergleich
	MA %	MA-Index	MA %	MA-Index	
Bürgerliche Mitte	8,9	83,2	13,2	95,0	87,6
DDR-Nostalgische	8,2	76,6	13,4	96,4	79,5
Etablierte	13,9	129,9	17,0	122,3	106,2
Experimentalisten	6,3	58,9	7,4	53,2	110,6
Hedonisten	8,3	77,6	12,1	87,1	89,1
Konservative	18,4	172,0	20,8	149,6	114,9
Konsum-Materialisten	8,0	74,8	12,0	86,3	86,6
Moderne Performer	8,9	83,2	10,1	72,7	114,5
Postmaterielle	16,2	151,4	17,9	128,8	117,6
Traditionsverwurzelte	12,0	112,1	18,8	135,3	82,9
Zuschauer Gesamt	10,7	100,0	13,9	100,0	100,0

Tabelle 19: Rezeptionsdaten ABENTEUER WISSEN / ZDF

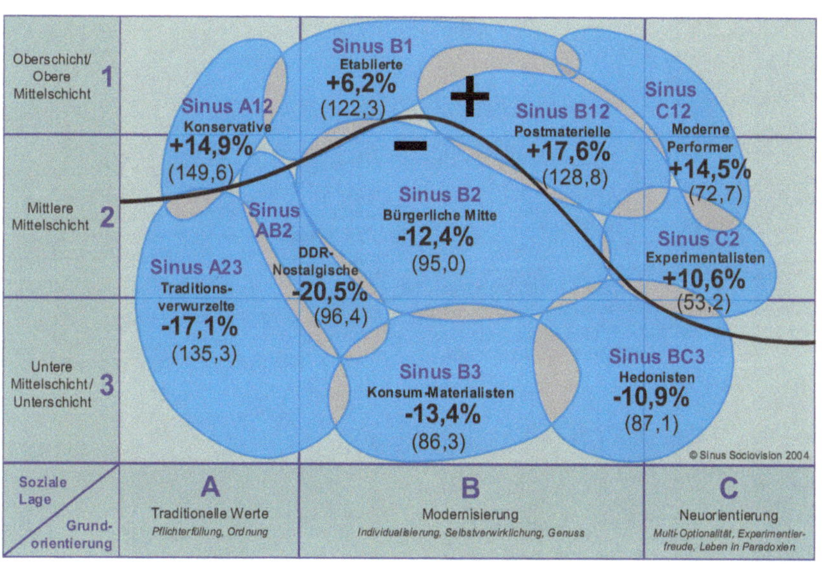

Abbildung 10: Vergleich Marktanteil-Index ABENTEUER WISSEN / ZDF (in Klammern Marktanteil-Index ZDF)

Milieu	BBC EXKLUSIV		VOX Gesamt		Index-Vergleich
	MA %	MA-Index	MA %	MA-Index	
Bürgerliche Mitte	4,0	94,9	3,8	103,5	91,7
DDR-Nostalgische	4,7	112,2	3,3	90,7	123,6
Etablierte	4,2	100,0	3,1	84,7	118,1
Experimentalisten	6,1	146,7	6,0	164,7	89,0
Hedonisten	4,1	97,5	3,8	103,8	93,9
Konservative	2,4	57,9	2,0	54,0	107,2
Konsum-Materialisten	5,1	120,8	4,3	118,3	102,2
Moderne Performer	5,9	140,1	5,0	136,0	103,0
Postmaterielle	6,7	160,2	3,7	100,9	158,7
Traditionsverwurzelte	2,9	69,0	2,5	67,9	101,6
Zuschauer Gesamt	4,2	100,0	3,7	100,0	100,0

Tabelle 20: Rezeptionsdaten BBC EXKLUSIV / VOX

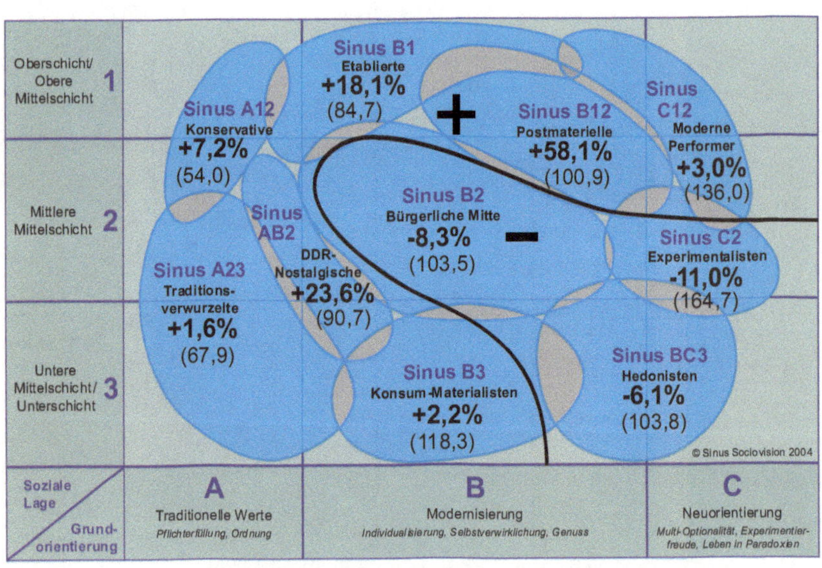

Abbildung 11: Vergleich Marktanteil-Index BBC EXKLUSIV / VOX (in Klammern Marktanteil-Index VOX)

Milieu	QUARKS & CO		WDR Gesamt		Index-Vergleich
	MA %	MA-Index	MA %	MA-Index	
Bürgerliche Mitte	5,2	66,0	6,7	94,2	70,1
DDR-Nostalgische	-[2]	-	-	-	-
Etablierte	9,1	115,0	7,9	110,1	104,5
Experimentalisten	6,2	78,1	4,4	62,0	125,9
Hedonisten	8,9	112,3	6,9	96,1	116,9
Konservative	10,3	130,9	11,2	156,9	83,5
Konsum-Materialisten	4,9	62,5	6,5	91,3	68,5
Moderne Performer	6,8	86,3	4,7	65,2	132,4
Postmaterielle	12,8	162,5	8,7	122,4	132,8
Traditionsverwurzelte	9,9	125,4	10,1	142,0	88,3
Zuschauer Gesamt	7,9	100,0	7,1	100,0	100,0

Tabelle 21: Rezeptionsdaten QUARKS & CO / WDR

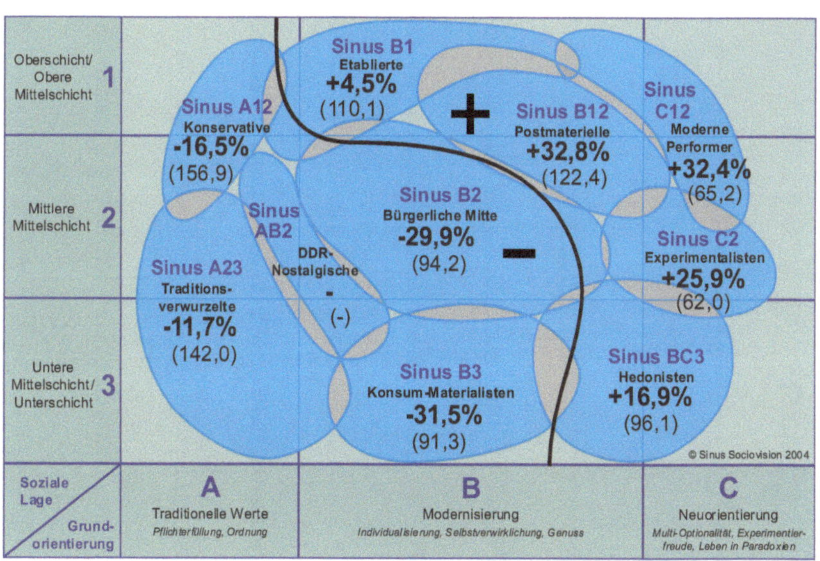

Abbildung 12: Vergleich Marktanteil-Index QUARKS & CO / WDR (in Klammern Marktanteil-Index WDR)

[2] Für dieses Milieu lagen keine Werte vor.

Zeitfracht Medien GmbH
Ferdinand-Jühlke-Straße 7
99095 Erfurt, Deutschland
produktsicherheit@kolibri360.de